主　编：贾益民

编　著：贾益民　胡建刚　蔡　丽
　　　　张凤芝　熊玉珍　郭楚江

海外华文教育系列教材

总主编　贾益民

华文教育概论

HUAWEN JIAOYU GAILUN

贾益民　主编

暨南大学出版社
JINAN UNIVERSITY PRESS

中国·广州

图书在版编目（CIP）数据

华文教育概论/贾益民主编．—广州：暨南大学出版社，2012.10（2024.1 重印）
（海外华文教育系列教材/贾益民总主编）
ISBN 978－7－5668－0178－4

Ⅰ.①华…　Ⅱ.①贾…　Ⅲ.①华文教育—教材　Ⅳ.①G749

中国版本图书馆 CIP 数据核字（2012）第 071040 号

华文教育概论
HUAWEN JIAOYU GAILUN
主　编：贾益民

出 版 人：阳　翼
策　　划：人　文
责任编辑：崔军亚　佟晓彤
责任校对：黄　颖
责任印制：周一丹　郑玉婷

出版发行：暨南大学出版社（511443）
电　　话：总编室（8620）37332601
营销部（8620）37332680　37332681　37332682　37332683
传　　真：（8620）37332660（办公室）　37332684（营销部）
网　　址：http：//www.jnupress.com
排　　版：广州市新晨文化发展有限公司
印　　刷：广东虎彩云印刷有限公司
开　　本：787mm×960mm　1/16
印　　张：15.5
字　　数：312 千
版　　次：2012 年 10 月第 1 版
印　　次：2024 年 1 月第 2 次
定　　价：36.00 元

总 序

改革开放以来的30多年，是中华民族走向复兴的历史时期，也是汉语大步走向国际、海外华文教育复兴的历史机遇期。曾几何时，在东南亚某些国家，华文书籍与毒品、枪支一起被列入海关查禁的范围，华人传承本民族的语言和文化，要冒巨大的生命危险。直到20世纪80年代末90年代初，随着中国经济的发展，经贸往来带动了语言的需求，汉语的国际交往价值显著提升。中国和平崛起的事实以及和谐外交、睦邻外交政策，使得汉语更为快速和稳健地在东南亚乃至全球得以传播。东南亚国家与中国的经济往来密切，地缘政治和文化上的关系紧密相连，东南亚又是华侨华人最为集中的区域。落地生根的华人一方面积极地融入居住国的主流文化、投身所在国的经济文化建设，一方面也对保留和传承自身的民族性十分重视，他们对华文教育的复兴和发展充满了期待，也投入了巨大的热情。从某种程度上来说，30多年来东南亚华文教育的复兴，在汉语的国际传播中是最为引人注目的。

海外华文教育的需求，极大地鼓舞了中国对外汉语教学院校、机构和专业人士的工作热情。仅在印度尼西亚，从20世纪90年代末暨南大学华文教育专家首度应邀进行大范围的师资培训，到如今已有全国众多高校，为印度尼西亚的汉语教学提供了多方面的支持，印度尼西亚的华文教育呈现出良好的发展势头。国际形势的不断发展，也对中国高校协助、支持有需要的国家开展华文教育和汉语教学提出了新要求，其中师资和教材的本土化是最为突出的问题。就师资而论，我们认为，要解决有关国家普遍存在的汉语师资紧缺问题，实现华文教育和汉语教学的可持续发展，本土化师资的培养是关键。海外华文教育和汉语国际教育对师资的需求是多方面的，在印度尼西亚和其他一些东南亚国家，华文教育被禁锢几十年之后的复苏时期，短期师资培训是解决师资燃眉之急最有效的方法。从长远看，开展各种学位层次的学历教育，则是师资培养专业化、规范化的必由之路。海外一部分有志于华文教育工作的华裔子弟，有条件到中国留学并接受全日制学历教育，而更多无法离开工作岗位的在职教师也迫切希望接受正规的华文教学、汉语国际教育的学历教育，希望中国高校能送教上门。正是在这样的背景下，我们提出了多层次、多类型培养海外华文教师的思路，并采取了一系列举措。

所谓多层次，就是学历教育与非学历教育并举。其中学历教育包括专科、本科、研究生等不同学历，学士、硕士、博士等不同学位层次的华文教育师资培养；非学历主要是时间长短不一的各种师资培训班教学。多类型是指既有科学学位又有专业学位教育，既有全日制又有业余兼读制办学，既有面授教学又有远程网络教学，多种形式结合的组织教学方式，师资培养既“请进来”也“走出去”。为此，暨南大学在2005年向中国教育部申请开设了大学招生目录外新专业——“华文教育”本科专业，并建立了全国首个华文教育系，每年招收一批海外华裔子弟，接受正规的四年本科师范性教育；在研究生教育层次，除了在语言学及应用语言学专业招收科学学位“对外汉语教学与华文教育”硕士研究生之外，又在全国首批招收了“汉语国际推广”方向科学学位硕士，并成为全国首批招收“汉语国际教育”专业学位硕士研究生的高校。在学士和硕士培养的基础上，目前正在筹划目录外自主设立“海外华语研究与华文教学”的二级学科博士生培养学位点。在走出去办学方面，除了开设孔子学院之外，暨南大学先后在新加坡、美国、印度尼西亚设立了研究生培养海外教学点，在印度尼西亚、泰国、菲律宾、德国、英国等国的20多个城市设立了华文教育本科教学点，在澳大利亚、德国、菲律宾等国建立了一批以推广教材教法为目的的海外实验学校。以这些海外教学点、实验学校为依托，暨南大学的海外华文教育工作在本世纪头十年得以在世界许多国家蓬勃开展。同时，我们也欣喜地看到，国内许多高校也纷纷与国外教育机构签署协议，在当地教育机构的协助下就地办学，为海外华文师资的培养提供了实实在在的支持，从而在一定程度上有效地缓解了世界上许多国家，特别是东南亚国家汉语教师不足的燃眉之急，并为海外华文教育的可持续发展打下了一定的基础。

海外办学的开展，对教材建设提出了新要求。由于教学对象、教学环境、学习方式具有特殊性，国内全日制办学使用的教材未必完全适合于海外教学点。我们除了组织编写像《中文》这样的学汉语教材、《海外华文师资培训教程》等短期师资培训教材之外，也迫切需要编写一套海外教学点适用的本科、研究生教材。暨南大学的海外教学点本科华文教育、对外汉语专业从2001年在印度尼西亚开始招生，到目前办学已有10年之久。10年前，为了满足教学需要，我们编写了相关专业的教学计划，并组织一批年轻教师编写了其中10多门核心课程和主干课程的讲义。这些讲义经过多年的试用，不断修订和完善，目前已基本达到出版要求，在暨南大学出版社的大力支持下，拟于近期以“海外华文教育系列教材”的形式陆续推出。首批出版的教材涵盖汉语言文字本体知识、华语运用、华语修辞、华语教学、华文教育学、语言心理学、计算机辅助华文教学等几个方面。考虑到海外华人，特别是东南亚华人的习惯，各册讲义原以“汉语”命名的均改称“华语”。

这套“海外华文教育系列教材”的适用对象是海外兼读制华文教育、对外汉语、汉语言文学、汉语言等专业的成人教育系列本科生。教材在内容上力求做到符合海外学习者的需要。海外学习者一方面需要学习汉语言及其教学的基础知识，需要掌握教育学、心理学、第二语言教学的基础理论和基本原理，更重要的是要能够学以致用。

为此，我们要求教材尽可能富有针对性和实用性。具体而言，在以下几个方面特别注意与国内全日制教材有所区别：第一，在教学内容上体现文化的包容性，尽可能避免政治文化、宗教文化、民俗文化等方面的冲突，淡化意识形态色彩。第二，在内容的深浅、难度把握上，在保证知识的完整性、常规性基础上，从海外教学对象的实际需要出发，做到难易适度。第三，强调教学内容的更新和创新。更新表现在及时吸收相关学科常规知识化了的新的研究成果，淘汰国内教材中陈旧过时了的内容，对尚属探索性、学界还未取得共识的内容，尽量不编入教材或者不作为教材传播的主体知识；创新主要表现在针对海外学习者的特殊性，编写一些适合他们需要的内容，以收到释疑解惑的效果。第四，在知识的表述方面，尽可能做到具体易懂。我们特别强调教材多用实例说明抽象的理论问题，多采用案例教学方式，使教学内容具体形象。第五，在教材语言上，尽可能避免晦涩难懂，同时在遵循现代汉语规范的基础上，适当吸收海外华语有生命力的语言成分，使学习者在学习学科专业知识的同时，也能受到标准汉语的熏陶，培养汉语语感。各册教材的编写者，经过多次讲授，在讲义的基础上修订完成这套教材，我们希望无论是教还是学，这套教材都能真正做到实用、合用，能尽可能符合海外华文教育师资培养的实际需要。

本套教材的出版，得到了暨南大学出版社的大力支持，责任编辑更是付出了许多辛勤的劳动，在此特致以由衷谢忱！我们也恳切希望教材的海内外使用者能及时反馈有关信息，多多给予批评指正，以便我们日后修订完善，不断提高。

是为序。

贾益民
2011 年 7 月 28 日

目　录

第一章　绪　论

第一节　华文教育的发展形势

20世纪下半叶以来，中国实行改革开放政策，无论是社会发展还是经济建设，都取得了举世瞩目的成就，目前经济总量已经位列世界第二，紧随美国之后，成为世界经济发展的重要引擎之一。中国国力的日益增强，国际地位的显著提高，极大地推动了国际汉语教学的发展。在世界范围内，如今学习汉语正成为一股新兴的潮流。如美国政府的教育部门定下要在10年内至少有50%的高中生学习中文的目标；在印度尼西亚，华文教育在自20世纪60年代中期被禁绝数十年后，又重新得以发展，并在部分地区逐渐被纳入了国民教育体系，不少国民中学的高中已经开设华文课程；在泰国，政府决定在中小学开设汉语课；在韩国，汉语已逐渐取代英语成为韩国学习人数最多的外语；在西班牙等国家，一些公立学校已经开设中文课，还有一些学校也已将开设中文课程列入教学计划之中。目前，全球共有85个国家的2 300余所高校开设汉语课程，而正在学习汉语的外国人人数更是达3 000万之多。2010年，全球以汉语教学为主要课程的孔子学院达到322所，孔子课堂达369个。

在中国国际地位日益提升、全球“汉语热”的大背景下，海外华文教育事业也迎来了重要的历史发展机遇期。

人们常说：“有海水的地方就有华人。”中国在唐代时就开始了海外移民的历史。19世纪末20世纪初期，海外移民达到了高峰。目前，在海外生存发展的海外华侨华人有几千万，他们分布在世界各地。而有华侨华人的地方就会有华文教育。虽客居海外，但长期以来，无论世界风云如何变幻，广大的华侨华人始终维系着对祖（籍）国的强烈感情，重视华文教育。华文教育伴随着华侨华人的出现而产生，历史悠久，源远流长。

贾益民（2009）在给《海外华文教师培训教程》所作的“序言”中指出：“几百年来，无数的海外先贤为发展华文教育出钱出力，奔走呼号，甚至流血牺牲。海外华文教育历经磨难，几起几落，但是，其发展的血脉从未中断过。”经历了长期的发展演变后，如今海外华侨华人的第二代和第三代许多已经不大会甚至是完全不懂华文了，华文教育已成为华侨华人培育后代安身立命的头等大事，成为海外华裔族群传承中华文化、保持华侨华人民族特性、促进海外华侨华人社会发展、增强华侨华人竞争力、增进华侨华人同祖（籍）国交往与感情的重要纽带。

当前，华文教育发展势头迅猛，主要表现在以下方面：

第一，华侨华人为祖（籍）国的繁荣昌盛备感自豪与骄傲，华侨华人及其子女学习华文的人数逐年增多，热情也持续高涨。菲律宾著名华商、侨领陈永栽先生在第二届世界华文教育大会（2011，西安）上坦言，百余年来，海外侨胞从没有像现在这样扬眉吐气，对国家和民族的未来充满自信和自豪。他指出，随着中国的和平崛起，华文/华语逐渐成为世界各国学生的首选语言之一。据有关调查显示，从某种程度上看，海外“汉语热”的主体其实是“华文热”，因为海外学习汉语的主体人群其实是华侨华人及其子女。“1. 海外汉语学习人数 = 华裔学习者人数 + 非华裔学习者人数；2. 华裔学习者人数和非华裔学习者人数之间有一个比例，目前行内较为认可的一个比值是70%∶30%。”①也就是说，海外大约4 000万的汉语学习者中，70%即大约2 800万是华裔。从学习人数上看，“华文热”可见一斑。

第二，海外各类华文学校及华文补习班的数量不断增加，华文教育的质量与水平不断提高。创办于1920年的美国旧金山南侨学校，至今已经拥有42个中文班，学生人数达1 500多人，其教学类型涵盖从幼稚班至高中三年级的各个阶段。针对旧金山地区老侨人数多，粤语使用范围广的特点，该校还在课程设置方面因势利导，分别开设了广州话班和普通话班，并且在广州话班教授繁体汉字，而普通话班则教授简体汉字，以满足不同学习群体的需求。该校因为办学成绩优良，被中国国务院侨办选定为首批海外“华文教育示范学校”。

第三，华文教育的层次与办学形式日益丰富与多样化。目前，华文教育的办学形式既有学历教育，也有非学历教育；既有全日制教育、半日制教育，也有课余形式的周末和夜校教育；既有学校教育，也有家庭式教育；既有为幼儿开设的幼儿（稚）园，也有为成人开设的华文补习班；既有只教华文的周末制中文学校，也有同时教华文、英语、印尼语的三语学校。当前，华文教育各种形式的办学都有很大的发展。

第四，华文教育日益得到华侨华人所在国教育部门的关注、理解和支持。华文教育曾长期游离于华侨华人居住国的主流教育管理体制之外，自我管理，自我生存，自我发展。但如今，越来越多国家的政府主管部门主动加强了与当地华文教育界的沟通交流，积极为华文教育工作提供必要的支持；不少国家的相关部门甚至主动与中国政府有关部门联系，并组织访问团等前来中国考察汉语教学。同时，各地华文学校的教学也逐渐得到主流教育的接受与认可，日益融入当地主流教育体制，开始在学区学分认可等方面取得进展。如美国旧金山新意中文学校与所在地的高中学区达成协议，凡该学区所辖高中9年级至12年级的学生，每年在新意中文学校上课120小时，并通过

① 《全球到底有多少人学汉语?》，http：//www. douban. com/group/topic/7897261/。

中文程度鉴定测验者，每年即可转换成 10 个高中学分，最高可转换 30 个高中学分。至今已有 80 多名在新意中文学校就读的高中生获得当地高中的学分认可。

第五，华文教师队伍日益壮大，水平不断提高，华文师资培训日益深化。拥有一支数量充足、质量保证的华文师资队伍，是华文教育持续发展的必要前提。当前，华文教师队伍正不断发展壮大，师资队伍也越来越年轻化、专业化。并且，通过形式多样的师资培训，华文教师的质量不断提高，学历层次水平也不断提升。中国政府侨务部门以及各省、地市级政府都不定期举办针对不同国家和地区的华文学校校长培训班、华文教师正音班、华文教师普通话水平测试班、资深华文教师培训班、《中文》教材教法培训班等，极大地提升了华文教师的整体教学水平。“自 2004 年起，中国国务院侨办和广东省侨办联合举办面向东南亚各国的华文幼师培训班，学制 1 年，已成功举办了 3 期，为东南亚各国培养了 148 名华文幼师。目前，第四期华文幼师培训班已经开学。……这一期的学员来自更多的国家，其中包括印度尼西亚、马来西亚、泰国、缅甸、菲律宾、老挝、柬埔寨等 7 个国家，有 75 名学员，而在第一、第二期仅有来自印度尼西亚的学员。2001 年，广东省海外交流协会与印度尼西亚教育部社会教育司签订协议，共同在印度尼西亚举办华文教师培训班。从 2001 年至 2005 年，广东省连续 5 年向印度尼西亚派出汉语言专家团，为当地培训了华文教师 3 500 名，有力地推动了印度尼西亚华文教育的发展。”①

第六，越来越多的社会贤达人士及华侨华人社团等关心、支持华文教育事业。海外越来越多的热心人士关注华文教育，他们出钱出力，捐资捐物，甚至创办华文学校，为华文教育贡献力量。如菲律宾著名侨领、中国海外交流协会“热心华文教育杰出人士”荣誉称号获得者陈永栽先生就呼吁海外侨胞们有钱出钱、有力出力，尽己所能地帮助并支持所在国的华文教育，让子孙后代学好中文。陈永栽指出，菲律宾华人企业家不仅对菲律宾的经济发展作出了重大的贡献，而且对菲律宾华文教育的发展起到了举足轻重的作用。他们不仅在华校的创办过程中发挥了巨大的作用，而且对学校的发展倾注了大量的心血。旅菲华人企业家十分重视华校办学条件的改善与充实。特别是对那些规模较小经营困难的华校，热心教育的社会人士的捐赠也是华校一项重要的经济来源。另外，陈永栽先生还设立了“陈延奎基金会”，每年资助菲华青年来华留学。2001 年以来，陈先生连续 11 年共资助近 7 700 名菲律宾华裔学生来福建参加“菲律宾华裔青少年学中文夏令营活动”；并且拨专款用于华文教师培训，每年暑期资助华语教师赴中国大陆短期进修等。此外，重视教师的奖励与福利，以鼓舞华文教师的士气，也是菲律宾华人企业家支持华教的一个方面。陈永栽指出，“为鼓励华文教师努力钻研业务，安心华教事业，不少华人团体和机构制定了奖励政策，也有不少华

① 《中国广东积极为东南亚国家培养华文教师》，http://news.xinhuanet.com/newscenter/2007－09/15/content_6724969.htm。

人企业家以个人的名义颁赠奖教金。其中比较著名的是宿务无名氏施维鹏优秀华校校长奖和模范华语教师奖等”①。

第二节　华文教育发展的有利条件

世界各地华文教育正蓬勃发展。华文教育之所以能够出现当前这种大发展的局面，主要得益于以下一些有利条件：

第一，中国政府大力支持华文教育工作。中国政府一向高度重视华文教育工作，中国国家主席胡锦涛先生在2004年3月的全国政协会议上明确指出：“有的华侨就提到了怎么使得中华的传统文化能够传承下去的问题，希望祖国能够在华文教育问题上，给予帮助、给予支持。我觉得这是我们义不容辞的责任，无论是从我们民族优秀传统文化的传承角度考虑，还是从对我们骨肉同胞的亲情考虑，因为毕竟文化这是个纽带啊。”“我非常赞成刚才大家讲的这个问题，在华文教育这个问题上，从政府来讲要加大投入，另外一个，我想，我们还需要动员各方面的力量来支持这件事情。”

在胡锦涛主席讲话之后，中国全国政协主席贾庆林先生亲自主持召开国家华文教育联席会议，研究加强华文教育工作和筹建华文教育基金会。随后，中国“国家华文教育联席会议”成立，并下设办公室，统一组织协调华文教育工作；同时成立了海外华文教育基金会，专门负责筹集资金用于支持、帮助华文教育和推动华文教育事业的发展。该基金会目前已成为推动华文教育事业发展的一支重要力量。其作为华文教育主渠道有益补充的作用日益显现，社会影响力和公信力不断增强，赢得了海内外的广泛关注和积极评价。据中国华文教育基金会副理事长兼秘书长左志强先生介绍，“2011年，该基金会坚持以项目带动募捐的模式，努力拓宽筹资渠道，深入开展募资工作，全年募集资金总额达7 868万元人民币。……2011年，中国华文教育基金会共开展了52个各类工作项目，其中32个系当年的新项目，使海外数千名华裔师生受益，有力地推动了海外华文教育的发展。……2011年，中国华文教育基金会资助54所海外华文教育示范学校共540万元人民币，用于其改善办学条件。2012年，基金会还将再出资460万元人民币，支持第二批14个国家的46所同类学校开展华文教育，两年的受益学校将达到100所”②。

2008年5月9日，正在日本访问的中国国家主席胡锦涛参观了横滨山手中华学

① 《陈永栽呼吁华人企业家支持海外华文教育》，http：//www. chinanews. com/hwjy/2011/11 -01/3430192. shtml。

② 《中国华文教育基金会2011年募集资金7 868万元》，http：//www. gqb. gov. cn/news/2012/0110/25238. shtml。

校，成为访问海外华校的第一位中国国家元首。这也充分表明了中国政府高度重视海外华文教育工作，高度关心海外华侨华人的生存与发展。

与此同时，中国政府还在师资培养与培训、教材编写等多方面为华文教育事业提供帮助与支持，如设立了专门为海外华文教育培养师资的华文教育本科专业，并提供一定数量的全额政府奖学金支持；每年举办多个针对不同地区、不同教学类型的华文教师培训班，如普通话正音班、《中文》教材教法培训班、中华文化体验班等，着力提升华文教师的整体素质；组织编写了《中文》、《汉语》、《千岛娃娃学华语》、《中国文化常识》、《中国地理常识》、《中国历史常识》等从语言学习到文化认知、从幼儿园到中学的一系列立体化的华文教材，基本满足了海外华文教学的需要；根据不同学校的特色，中国政府相关部门在国内几十所大中小院校中设立了华文教育基地，基地任务涉及华文教育多个领域，开展了形式多样、内容广泛的各类活动。

近几年来，中国国务院侨办建设了一批海外华文教育示范学校，给予重点扶持。此外，每年将有计划、有步骤地资助一批贫困华校，帮助其改善办学条件；帮助200所华文学校建立“育侨中文图书室”，并为之配置适用的中文图书及音像制品；资助、支持全国性或地域性的华文教育组织改善工作条件，提高服务质量。

第二，海外的华侨华人越来越重视华文教育。华文教育是功在当代、利在千秋的伟大事业，它直接关系到华侨华人的切身利益，越来越受到海外华侨华人的重视。为了海外华侨华人子女能够传承中华民族的文化，许多有识之士义无反顾地投入到了华文教育事业中，如德国柏林华德中文学校校长付春平先生，就因为目睹众多华侨华人的孩子（包括其自己的儿子在内）几乎完全西化，部分孩子汉语都讲不好，有的甚至很难与父母用母语进行沟通，他便下定决心，“为了把中华民族的根留住，使祖国的母语在华裔中代代相传，中文学校非办不可”①。付春平先生在年过半百、本可以安享生活之际创办了柏林华德中文学校，无怨无悔地投入大量精力和财力，使学校不断成长，日益发展壮大，成为华文教育的重要阵地。

新西兰奥克兰侨胞张赛瑛在与中国国务院侨办访问团座谈时说道：“中华文化是我们的根，是我们的尊严。……不仅要教孩子懂汉字，更重要的是教孩子们怎么做一个海外华人。要把中华民族的优良文化传承给孩子。”② 可以看出，海外广大的华侨华人对华文教育和中华文化的传承都是一往情深，极其重视的。这是华文教育得以存在和发展的动力之源。

第三，海外华文教育的办学环境越来越宽松。随着中国综合国力的不断增强，国

---

① 《柏林华德中文学校付春平：用华文把中华的根留住》，http：//www. gqb. gov. cn/news/2012/0121/25354. shtml。

② 《中国侨务高官连访中文学校　期盼中华文的留根海外》，http：//news. china. com. cn/rollnews/2012－02/05.

际地位和国际影响力日益提高，汉语和中华文化在更大范围内得到了更多友族朋友的认同，华文教育得到了越来越多国家政府的理解、认可与支持。原来不太支持华侨华人举办华文教育的国家，不少已经将华文教育纳入国家语言文化发展规划，作为国家多元文化建设的重要组成部分。作为一种民族继承语，华文在越来越多的华侨华人所在国受到保护甚至重视，如在澳大利亚，“当前澳大利亚华文教育的蓬勃发展，不仅有赖于在澳华人人口的快速增长，而且是与澳大利亚政府现行的多元文化政策分不开的。……1986 年制定了全国语言政策，将包括汉语在内的 9 种语言列为对澳大利亚有用的语言，1988 年进一步制订了语言文化研究计划，并制定《全国中文课程规划》，于 1993 年起正式实施”①。而原来完全禁止华侨华人开办华文教育的国家，如印度尼西亚、泰国等，也已经基本对华文解禁，华文教学在这些国家也不再受到打压。如在印度尼西亚，印度尼西亚教育部从 2007 年开始，把华文列为高中选修课程，在苏北省，国立苏北大学和一些高等院校纷纷开设华文课程，私立国民中小学校中开设华文课者已超过 50 所，且有继续增加的趋势。各种华文学校、华文补习班、三语学校等在印尼如雨后春笋般地复办或者创办起来。

中国政府有关部门也把加强与华侨华人所在国政府和主流教育部门的沟通与合作，为开展华文教育创造良好的政策环境作为一项重要的工作，而且卓有成效。印度尼西亚、澳大利亚、加拿大等许多国家教育主管部门都主动与中国高等院校等商洽开展汉语教学或者华文教育事宜；一些国家的政要或者自己学华文，或者鼓励自己的亲属学习华文。“据马来西亚《南洋商报》报道，马来西亚首相纳吉 4 日在主持于关丹斗母宫举行的孝亲敬老派发红包仪式时指出，中国将会是 21 世纪最强大的经济强国，各国欲发展经济贸易都需与中国保持良好的关系，他因此鼓励国人勤学中文。他在鼓励国人踊跃地学习中文时，还以自己的儿子为例，他说自己的儿子正在北京学习中文且能够说得一口流利的华语。首相在致词完毕后，现场说了三句华语，祝贺华裔同胞‘恭喜发财’、‘新年快乐’及‘新年好’。”② 各国宽松的政策环境，为华文教育的发展提供了广阔的空间与平台。

第四，华文的实用性越来越强。经过 30 多年的改革开放和经济建设，中国经济建设取得了巨大成就，成为世界第二大经济体，和世界各国的经贸往来频繁，中国大陆及港澳台地区的企业也不断走出国门，在海外投资设厂；东南亚及世界其他国家和地区华侨华人在经济领域的卓越表现，特别是一大批华人企业、华商的崛起，促使华文的经济实用功能越来越强。印度尼西亚苏北华联会副理事长廖章然先生介绍说：“近年来，随着大量中国企业在印度尼西亚投资设厂，急需懂得华文的当地人才。据

---

① 孙浩良：《海外华文教育》，上海：上海人民出版社 2007 年版，第 32 页。

② 《马首相鼓励国人踊跃学中文　其子能说流利华语》，http：//www. hwjyw. com/info/content/2012/02/07/23465. shtml。

印度尼西亚中资企业协会提供的资料，该协会已有700多家注册会员。该院（注：指亚洲友好国际学院）华文系师范汉语、商贸汉语和旅游汉语的毕业生最快明年7月毕业，目前已有多家中资公司、银行及当地知名企业向他们伸出了橄榄枝。"①

因此，学习华文，学好华文，对华侨华人子女，在当地的生存与发展是大有益处的。这种实用性在欧洲也得到了体现，如在欧洲的意大利，"说到使用中文，最先开始的是罗马、佛罗伦萨、普拉托、米兰等一些华人主要聚集区的政府、警察局、医院和商业机构。现今，在这些部门中配备中文翻译、设立中文服务窗口、提供中文服务已经常规化。中文在意大利的行政管理和商业服务中，完全成为社会服务不可缺少的语种，而且中文的使用范围正在不断扩大。

走进意大利的超市，特别是旅游区的品牌商店和酒店，进门的瞬间你就会发现，服务生马上会用一句'您好'和'欢迎光临'来表示问候。接下来便有懂中文的服务员走上前来提供服务。设立中文服务在意大利不仅仅是一种时尚，随着华人社会购买力的不断增强，提供汉语服务在意大利已经成为必备的服务项目。

中文成为意大利商业服务的第二大语言是趋势也是必然，华人聚集区如此，非华人聚集区的商场、社会服务机构为了方便对华人的服务，更确切地说，是为吸引华人的购买欲，也逐渐开始设立中文服务，并雇用懂汉语的工作人员"②。

甚至在远离中国的非洲大陆，华文的实用性价值也日益显现。如在津巴布韦，"在一家中餐馆，记者发现了一件有趣的事：厨房的门框上分别用中文和汉语拼音写着'厨房重地　闲人免进'。中餐馆里用中文也就算了，汉语拼音是给谁看的呢？记者想当然地认为：中国人不需要，外国人又看不懂。了解之后才知道，原来当地的绍纳语和汉语拼音很相近，中餐馆的老板一家子不会讲外语，只好想尽办法训练当地雇员说中文了。你别说，效果还不错。中式的建筑、中式的摆设，再来一声'你好'、'欢迎光临'，要不是肤色差异太大，还真以为回到了中国。

最近几年，非洲各国学习汉语的热情普遍高涨，有相当一部分原因是由于中非之间贸易往来增加，无论是到中国做生意，还是在当地的中资企业上班，只要懂中文就有了一定的优势。

在毛里求斯，有一所历史悠久的汉语教育学校——新华学校。2012年，这所学校即将迎来90华诞。校长林努宏对记者说，20世纪五六十年代是学汉语的高峰。后来，随着学生的减少，班级一减再减。但是，最近几年，学生又多起来，每个班级都是满员。学校现在正趁着放假整修房屋，打算明年加盖一层楼。

---

① 《致力华教　培养师资——访印尼苏北华联会副理事长》，http：//big5. hwjyw. com/info/content/2011/11/07/22144. shtml。

② 《汉语热持续升温　中文成意大利商业服务第二大语种》，http：//www. chinanews. com/hwjy/2012/02－21/3685662. shtml。

毛里求斯旅游和休闲部部长杨尊绍是本届政府中唯一的华人部长。他的爷爷是来自广东梅县的第一代移民，……但到了他这一代，已只能听懂客家话而不能讲和写了。他告诉我们，中国和毛里求斯的旅游合作有很大的空间，他正在致力于中国市场的开拓。而他自己，也已经决定明年起要开始学说普通话"①。不管是中餐馆老板训练非洲的雇员说华文，还是政府的部长为了开拓中国的旅游市场而决定"明年起要开始学说普通话"，都极好地说明了华文作为一种语言其极高的实用价值。②

另一方面，华人企业的经营文化、华人的经营理念也越来越被重视与认同，中国传统文化中的"商道"及其他管理理论、经营理论也被越来越多的外国人学习与借鉴。"华文教育在坚持传承、弘扬中华优秀文化的前提下，其经济功能必须充分应用，为所在国培养具有华商气质的经济管理人才，为当地经济作出更大的贡献。"③

华文的实用性越强，华文教育可持续发展的内在动力也就越大，华文教育凭借自身条件生存、发展的前景就越广阔。

第三节　华文教育的学科建设

贾益民（1998）指出："随着海内外华文教育事业的发展，建立华文教育学学科已势在必行。……从学术角度讲，确定一个学术领域或教学科目是否是一门学科，主要标准有三个：一是要有独具的性质和特点，即学科的基本属性；二是要有独具的研究对象和范畴；三是要有本学科所承担的独特任务。华文教育学就其学术领域层面而言，显然它具有充分的理由和无可辩驳的事实，而理所当然地成为一门学科，华文教育的学科建设已经逐渐起步，并取得了显著的成果。"④

在国内，华文教育作为一个独立学科日益受到重视，其学科定位日益清晰，越来越多的专家学者投身于这一领域的研究。华文教育学科建设成果表现在：为海外编写了十几套适应性强的华文教材，出版了不少华文教育学术专著，发表了为数众多的华文教育学术论文；不少院校在本科阶段开设了华文教育课程，有些院校开始招收培养华文教育方向的硕士研究生、博士研究生和海外函授生；中国国务院侨办在全国设立

---

① 《非洲各国民众及华裔子女学汉语热情高涨》，http：//www. chinanews. com/hwjy/2012/02 -21/3686172. shtml。

② 《非洲各国民众及华裔子女学汉语热情高涨》，http：//www. chinanews. com/hwjy/2012/02 -21/3686172. shtml。

③ 张向前等：《世界华文教育发展趋势及影响研究》，《云南师范大学学报》（对外汉语教学版），2005 年第 4 期。

④ 贾益民：《华文教育学学科建设刍议——再论华文教育学是一门科学》，《暨南大学学报》（哲学社会科学版），1998 年第 4 期。

了21个华文教育基地以推动华文教育工作，华文教育的专业期刊也相继出版发行；一批华文教育研究课题已被列为省部或市级重点科研项目，华文教育的专门性学术会议也先后召开。对华文教育的研究，已成为学界公认的一个不可或缺的人文科研领域。

在海外，华文教育的发展主要表现在华校的数量显著增加，各类华文教育的社团不断涌现；通过积极参加进修、培训等方式，华文师资的水平正在逐步提高；在相关单位的支持下，一些地区正尝试组织编写适合本地区的自用教材；通过学术会议、专刊通讯等形式，海外华文教育工作者的管理和教学的理论研究工作也正逐渐开展起来。

第四节　华文教育发展中存在的问题

华文教育目前正处在一个大发展时期。海外华侨华人对华文教育的重视，为华文教育发展提供了源源不断的动力；中国自改革开放以来政治、经济、社会文化等各方面取得的伟大成就，为华文教育营造了宽松的国际环境。但华文教育在大发展的同时，也存在着一些问题，需要我们在前进中不断克服和解决。这些问题主要有：

1. 世界范围内华文教育发展不平衡

第一，地区间发展不平衡。目前，华文教育发展比较快的地区主要有北美、西欧、东南亚、日、韩、澳、新等，这些地区也是华侨华人分布相对比较集中的地区。而在南美、非洲、东欧、中东、南亚等地区，华文教育基础相对比较薄弱，发展较慢。同时在同一地区也存在发展不平衡现象，如东南亚各国中，马来西亚的华文教育基础好，发展快，印度尼西亚、泰国的华文教育近十年来也获得了长足发展，而缅甸、越南、老挝等国家发展相对慢一些。

第二，教学上发展不平衡。有的地区华文教学已经进入多媒体、网络化教学阶段，而有的地区受办学条件所限，仍然是一支粉笔一块黑板的传统课堂教学方式，现代教育技术手段尚未能介入课堂教学发挥作用。针对教学性质由第一语言教学向第二教学的转变，有的地区的华文教学积极转向，开始在教学中吸收、采用第二语言教学的理念和方法；而有的地区则仍然按照第一语言教学的模式从事第二语言教学性质的华文教学，导致教学效率低下，教学效果不理想。有些国家和地区的华文教学课程类型日益更新，语言课程教学内容针对性日益增强，文化课程推陈出新，极大地丰富了华文教育的内容；而有的国家和地区课程设置陈旧简单，长期缺乏改良和创新，难以满足学习者日益变化的学习需要。

第三，教育组织不平衡。有的华教组织机构健全，组织严密，统筹得力，管理有序，如马来西亚的董教总，对马来西亚的华文学校及华文教育工作进行了有效的统筹管理，被誉为“马来西亚的民间教育部”；柬埔寨的柬华理事总会，在协调、统一柬埔寨的华文教育方面也发挥了重要的作用。但有的国家或地区，目前仍未建立健全、统一的华文教育组织机构，从而限制了华文教育向更高层次发展。

2. 华文师资数量匮乏，整体水平亟待提高

华文教学师资的问题，主要表现在两个方面：一个是数量不足，另一个是质量不高。华文师资数量的匮乏主要是指在海外华文教学都普遍存在师资短缺、人手不够或者师资年龄严重老化等问题。如在印度尼西亚、泰国、菲律宾等东南亚国家，由于历史原因，华文教育都曾经遭遇了严重的打压，其发展普遍中断了三四十年，导致了华文人才的断层。20 世纪 90 年代以来，华文教育在各国逐渐重恢复后，师资严重断层的问题就凸显出来。老一辈的教师虽有心重拾华文教学，也有较高的华文水平，但普遍已经力不从心了，而且受时代发展的影响，其教学观念也普遍较为落后；同时，新一代的师资又跟不上需求，因为新一代的华人很多都已经以所在国语言为第一语言，甚至为唯一的能够交际的语言，他们很多都不能够用华文来进行交际了，遑论从事华文教学。

华文师资在质量上的问题主要是指海外部分华文师资缺乏专业训练，教学水平不高。如在西欧、北美等一些发达国家和地区，新移民数量庞大，而且新移民大都是学有专长的专业人士，整体素质较高，对与子女密切相关的民族语言文化教育也都充满热情，他们往往是这些国家和地区课后或者周末制华文学校师资的主要来源。但是，这类师资大都没有经过华文教学的专业培养和训练，专业水平参差不齐，许多教师的原有专业与华文教学完全不对口，华文教学质量难以得到有效保证。

要彻底解决华文教育师资存在的问题，就应该两手抓，一手抓培养，一手抓培训。所谓“培养”，即指各个国家自己培养更多的本土化的专业教师，尤其是高层次的“种子教师”。所谓“培训”，即指对现有教师进行针对性的不定期的集中授课和培训，以增强他们的教学能力，提高他们的教学水平。“非专业出身的教师专业基础不够，主要是在实践中摸索总结，形成了自己的教学方法；中文专业毕业的教师对华语/汉语作为第二语言或外语教学的理论和方法并不熟悉，完全按照母语教学的方法也行不通，因为海外的华文教学毕竟有自己的特点和规律，已不是华侨教育；学习第二语言教学理论和方法出身的教师，也要有一个适应不同国家教学环境的过程，因为华文教学并不等于汉语作为第二语言/外语教学或对外汉语教学。即使是在国内专门从事对外汉语教学的教师，也需要适应国外的教学环境，并改变教学方法。如何调动各种因素和手段激发起华人子弟学习华文的热情和兴趣，是非常重要的问题，墨守成规显然不行。”①

① 见吴勇毅：《新时期海外华文教育面临的形势及主要变化》，《浙江师范大学学报》（社会科学版），2010 年第 2 期。

3. 华文教材的针对性、本土化不足

近20年来，华文教材建设已经取得了长足的进步，海峡两岸都为海外的华文教育编写了一系列的华文教材，如《中文》（修订版）、《汉语》（修订版）、《中国文化常识》、《千岛娃娃学华语》等。这些教材品种丰富，质量上乘，较好地满足了不同地区、不同层次华文教学的需要。但华文教材的编写仍需完善与提高，如目前缺乏适应所在国本土语言、文化特色、满足多层次需求，尤其是针对少年儿童的高质量教材；现有华文教材主要都是通用型的，不能体现国别针对性和教学对象针对性，有时会产生水土不服的毛病，特别是不能适应华侨华人子女在海外的生活实际。今后的华文教材编写应更多地发挥海外华文教师的积极性，与所在国的华文教学力量合作，力求在本土化、针对性、系列化、立体化等方面寻求突破，以进一步满足华文教育的需要。

4. 华文学校办学条件较差

当前，海外诸多华文学校办学资金不足，图书资料匮乏，教学设施不充分，生均教学资源短缺等方面。这些问题严重制约着华文教育的进一步发展，急需改善或解决。中国相关部门和有关社会组织正采取一些积极措施，以改善华文学校的办学条件，如浙江省温州市侨办就支持有条件的温籍海外华校建设“蒲公英图书室”，帮助海外华校改善办学条件，尽力满足华侨华人社会的需求，让华校师生从中受益。2011年，香江社会救助基金会通过考察，了解到缅甸北部的华人聚居区长期以来多数华文学校所使用的教材没有得到更新，制约了当地华语教学的质量，便立即援助缅甸明德文教会所属23所华文学校2万余册中国大陆九年制义务教育教材，并在2所华文学校建立了“香江爱心图书室”。

第五节 “华文教育概论”的课程性质及主要内容

一、“华文教育概论”的课程性质

“华文教育概论”是应华文教育的深入发展而新设立的一门专业基础课。它主要阐述华文教育的基本理论、内容与方法，华文教育的发展历史及现状、政策与策略，以及华文教育的教学、教材、测试与评估、学校与师资等方面的理论问题。

华文教育作为一门新兴的教育学科，具有跨学科的性质与特点。它既属于教育学科，同时又与语言学、文化学、心理学、历史学、社会学、文章学等学科相关。华文教育又涉及教育心理学、语言教学、语文教学、文化教育学、社会教育学、华侨华人史学、教育统计学、教育经济学、教育管理学等多种学科，具有边缘学科的性质。

二、“华文教育概论”的课程目标

“华文教育概论”的课程目标为：通过课堂讲授与讨论、答疑，帮助学生了解华文教育的性质、特点及意义，了解世界华文教育产生、发展的历史，认识华文教育的目标体系以及教学原则，掌握华文教育教学、教材编写、教学评估、华文教育研究等的主要内容与基本方法，明确华文教育事业对华文教育工作者的基本要求，激发从事华文教育研究以及教学工作的兴趣，增强华文教育事业的使命感、责任感。

三、“华文教育概论”的课程内容

“华文教育概论”主要讲授以下内容：华文教育的性质、特点及意义，世界华文教育的产生与发展，华文教育的目标及原则，华文教学的基本方法，华文课堂教学技能，华文教学设计，现代华文教育技术及其应用，华文教学评估，华文教师，华文学校等。

作为“教师、教材、教学”三教之一的华文教材，也是本课程应该关注的内容之一。但鉴于本系列教材中已有专著论述华文教材教法，故本书这部分内容不再详细涉及。

四、“华文教育概论”的课程要求

“华文教育概论”的课程教学要求主要包括以下三点：

第一，课程以课堂讲授为主，辅以自学、课堂讨论和答疑。

第二，贯彻理论联系实际的教学原则和学习方法，深入学习华文教育的基本原理和方法，密切结合华文教育的现实，探讨解决华文教育具体问题的途径与方法。

第三，广泛涉猎、学习相关学科的理论知识，开阔视野，加深对华文教育理论的认识和掌握。

第二章　华文教育的性质和特点

第一节　华文教育的性质

一、华文教育的定义

华文教育自产生以来，其内涵和外延一直在发展变化。早期的华文教育为华侨教育，是居住在海外的华侨为其子女学习中国语文和科学文化知识所办的教育。自海外华侨社会形成后，作为华侨教育的华文教育就产生了，其历史悠久，是中国国家教育在海外的延伸。第二次世界大战以前的华文教育主体性质是华侨教育。

第二次世界大战结束后，随着各个曾经的殖民地国家相继独立，以及中国政府对华侨华人政策的调整，海外华人社会的性质逐渐发生改变。在这一基础上，植根于海外华人社会的华文教育的性质也随之产生变化。华文教育的性质不再是单一的华侨教育，而是日益复杂化和多元化。如何定义当前的华文教育，目前学界有多种看法。贾益民（1998）指出：“所谓‘华文教育’，是指以母语或第一语言非汉语的海外华侨华人为主要教学对象（也包括少数非华裔学生）开展的中国语言文化教育，在有的国家或地区（主要是欧美）又称中文教育。‘华文教育’的英文表述是 The Education of Chinese Language and Culture。”李方（1998）认为，华文教育是指“对海外华侨华人子女在居住地实施的中华民族通用的现代汉语语言文化教育”，并认为华文教育和教学的主要任务是培养具有中华文化特质，能适应当地情况的华侨华人年青一代，使之能在当地更好地生存和发展。对华侨华人来说，华语教育是必要的，但不是最主要的，更重要的是文化教育，中华文化的教育。丘进（2001）把华文教育分为三种主要类型：国内华文教育，它是为海外华侨华人子女到国内升学而办；国外华文教育，它是由海外华侨华人在当地举办；国内对外华文教育，如国内不少高校推行的华文远程教学、对外汉语教育等。

综合起来看，贾益民（1998）对华文教育的定义更能反映当前华文教育的主体和现状，即教学对象主体是海外的华侨华人，也包括少数非华裔学生；教学性质有两种：一种是母语教育，另一种是第一语言非汉语教育；教学内容则既有语言教学，又有文化教学。

二、两组概念

1. 华侨华人、华裔

华侨是指长期居住在国外的中国籍公民，在所在国有长期居住权，但持中国护照。

华人是指持有外国护照的、有中国血统的人。

华裔指在国外生活了很多年的华人的后代。

2. 华语、华文、中文、汉语

这几个名称都是中国人及海外华侨华人对共同使用的汉语言“普通话”的称谓，但各自使用地区不同，欧美地区习惯用“中文”、“汉语”，东南亚地区习惯用“华语”、“华文”，有些地方也用“中文”、“汉语”。此外，“华语”、“华文”一般只对华侨华人使用。

三、华文教育的特性

1. 华文教育教学性质复杂多样

从教学性质来说，语言教学可以分为母语教学和外语教学，也可以分为第一语言教学和第二语言教学。母语教学的典型情况是中国对汉族学生进行的语文教学，而对中国学生的英语教学则属于外语教学。当然，母语和第一语言之间存在着交叉关系，因此，母语教学和第一语言教学也可能存在着交叉关系。中国对汉族学生进行汉语教学既是母语教学，同时也是第一语言教学。而对出生在印度尼西亚，出生后就说印尼语的华人进行华文教学就只能是作为民族语的母语教学，而不是第一语言教学。而外语教学有时也被认为是外国语的教学，所以，第二语言教学也就不完全等同于外语教学。中国对境内的仍然使用自己民族语的少数民族进行汉语教学，就是第二语言教学，而不是外语教学。有时，第二语言教学的范围要比外语教学大。

华文教育的对象是海外的华侨华人，由于其教学对象语言面貌的多样化和复杂性，其教学性质也呈现出多样化的特点。但自20世纪80年代以来，海外华文教育的主体逐渐向第二语言教学方向发展。由于许多国家经历了20世纪六七十年代的华文教育禁锢期，如印度尼西亚、泰国等，其年轻一代的土生土长的华侨华人子女很大部分已经不会说华语，他们的第一语言是所在国的通用语。华语虽然是他们的母语，但已经成为第二语言。对华侨华人子女进行的华文教育，在教学性质上，也就主要成了第二语言教学，而不是一般人认为的第一语言教学。

同时，由于历史情况的不同，在个别国家，华文教育一直保留着完善的教学体系，华侨华人子女仍将华语作为第一语言，生活、学习都使用华语。这种华文教育的教学性质仍属于第一语言教学，存在这类教学情况的典型国家是马来西亚。在缅甸北部一些华人聚居区，华文教育也基本上保留了母语兼第一语言教学的性质。另外，20世纪80年代以来，海外出现了许多从大陆迁出的新移民。对这些新移民子女的华文教育是另一个重要部分。在教学性质上，对新移民子女的华文教育既不是第二语言教学，也不是第一语言教学，而是双语教学。因为新移民的子女有的在中国出生长大，会说华语；有的虽在所在国长大，但受家庭的影响，也大多会讲华语。但是，他们又长期在居住国生活和接受教育，无论是在社会交往中，还是在学校学习时，使用的语言主要是当地的语言。因此，对这些孩子来说，两种语言具有基本同等的熟练程度，甚至对华文的熟练程度还要低一些，对他们的华文教育更接近于双语教学。

同时，海外华人社会并不是一个整齐划一的社会，不同国家的情况不同，同一个国家的不同地区或者不同社区情况也不一样。美国不同于泰国，也不同于马来西亚，更不同于印度尼西亚。而就印度尼西亚来说，其各个地区华侨华人的华文水平差别也很大。总体上看，苏门答腊岛和加岛的主要城市华文水平总体上要高于爪哇岛。苏岛和加岛的一些地区，虽然所操的华语不一定是共同语普通话（在这些地区华侨华人社群中通行的是客家话或者闽南话），但是，其华文整体水平普遍较高，华语基本上是华人社群中的主要沟通工具；而在爪哇岛的雅加达、三宝垄、日惹等重要城市，华侨华人尤其是三四十岁以下的华人，基本上都已经不太会说华语了，主要都以印尼话为沟通工具，以印尼话为社交常用语。对这些城市的华人来说，华语既是外语，也是第二语言。

而且，即使是同一个国家的同一族群，因为背景、社会地位不同，又可能分化成不同的语言群体。例如，澳大利亚就存在同一个城市中新侨相对集中的社区和老侨相对集中的社区并存的现象。在新侨集中的社区，教学对象多为第一代移民，有的甚至在国内已经接受过系统的华文教育，受成长环境和家庭环境的影响，其华文教学性质主要为第一语言教学；而在老侨集中的社区，由于教学对象多为第三甚至第四、第五代华裔，其第一语言多为当地的官方语言，也基本上不具备华语的家庭背景，因此，其华文教学性质为第二语言教学，具有把华语作为第二语言进行教学的特点。

由此看来，华文教育的教学性质主要有以下几种不同类型：

（1）第一语言教学。如马来西亚部分华文学校的华文教育、缅甸北部一些地区使用人教版《语文》教材的华文教育、意大利部分温州商人聚居区华侨子女的华文教育、针对部分新移民子女的华文教育。

（2）第二语言教学。如在美国、日本、印度尼西亚、泰国等国对第三、四代等华侨华人子女进行的华文教育。

（3）介乎第一语言和第二语言之间的华文教学。这种类型的华文教育如在所在国出生的第二代华侨华人子女，基本用所在国语言沟通，但是，受家庭环境的影响，基本能听懂华语，但很少说，日常交际基本用当地语言，最典型的是听懂了华语，却用当地语言回答。

（4）双语教学。如针对部分中国大陆、港澳台地区在海外的新移民子女的华文教育。

2. 华文教育的教学对象是海外华侨华人及其子女

华文教育的教学对象是海外华侨华人及其子女。教学对象的这一特性使“华文教育”与“对外汉语教学”区别开来。对外汉语教学的主要对象是非华裔的外国人。教学对象的这一特性还使华文教育既区别于国内对母语非汉语的少数民族的汉语教学，又区别于国内对汉语方言区的人们进行的汉语普通话教学。从这个意义上来说，华文教育是跨越国界的。

3. 华文教育的主要内容是汉语言和中国文化

华文教育既包括汉语语言教学，又包括中国文化教学，这是华文教育的重要特性。著名作家余光中曾指出，中华文化像一个很大的圆心，圆的半径就是中文，半径有多长，文化就能够走多远。在对外汉语教学理论中，人们通常把“文化教学”看作是对“语言教学”中的“文化因素”的教学，而“文化因素”又往往被归结为“交际文化”。所以，对外汉语教学中的“文化问题”，仅被作为语言教学的一种“背景”对待，即“文化教学”是包含于“语言教学”之中的，并不是独立于“语言教学”之外而与“语言教学”并行的。华文教育则不然，华文教育从一开始就把“语言教学”和“文化教学”看作是并重、并行的内容，因为华文教育承担着培养海外华侨华人学生民族文化素质和民族感情的重要任务。华侨华人子女大都出生、成长在国外，自小就接受所在国语言与文化的教育，对中华民族的语言、文化缺乏了解和认识。而老一代的华侨华人深知让子孙后代学习汉语和中华文化，对于维系民族感情、培养中华传统美德的重要性，始终强调华文教育并不仅仅限于教授语言，还要传承中华传统文化。

澳大利亚悉尼大同中文学校校长张学丰说：“当今中文能否保持迅猛发展的势头，不仅取决于中国以及全球华人社区的经济发展和繁荣，还取决于中国政府有关部门和从事对外和海外中文教育的人士能否有效地弘扬中华文化，以中华优良文化传统的博大精深和浓厚的趣味性，提高海外学生的兴趣，使之更加主动地学习中文。”

全美中文学校协会副会长颜善文指出：“海外华裔，特别是新一代移民，由于历史的原因，对于中国的古代文化思想了解不够全面。”“现在中文学校的课程，既没有给孩子有关中华文化知识方面的系统教育，更没有帮助父母复习这方面知识的课程。……为什么我们不能将文房四宝、戏曲相声、中医汉方、民俗人情、现代音乐、艺术文物等引进到我们的课堂？”

菲律宾马尼拉爱国中学校长陈金灿强调：“华校离不开华社，华社不能没有华校。华族要发展自己的文化，才能有生存的空间。我们提倡与主流社会融合，并不是要放弃本民族文化。相反，我们要充分地、全方位利用华社教育资源，并大力挖掘教育资源，以便更好地保留、展开和扩大中华文化。”

基于此，在华文教育中，“文化教学”绝不仅仅是对“语言教学”中的“文化因素”教学，也不仅仅是“交际文化”的问题，它是具有更广泛、更深层内容的系统教学，是与语言教学并重的。文化的重要性也决定了华文教育在教学理论、教学方法、教材内容选取等方面具有自己的特点。

第二节　华文教育的特点及意义

目前，世界范围内华文教育蓬勃发展，形式复杂多样，但总体上具有以下特点：

（一）教育性质多样

如上节所述，华文教育性质复杂，既有第二语言教育，也有第一语言教育，还有双语教育。其中，又以第二语言教育为主体。

（二）教育形式多样

受历史原因和现实条件的影响，华文教育的形式种类繁多。从地域来看，华文教育可以分为中国国内华文教育和海外华文教育两个部分。

1. 中国华文教育工作的主要形式

中国华文教育工作的主要形式有以下四种：

第一，海外华侨华人在国内各级各类学校学习中国的语言文化。

第二，各高等院校培训海外华文教师，帮助提高华文师资教学水平。

第三，举办各类华侨华人子弟的华文学习夏令营、冬令营、短期班等。

第四，为海外华文教育编写教材，研究华侨华人习得华语的规律，提高华文教育的科研水平。

2. 海外华文教育的主要形式

海外华文教育的主要形式有以下四种：

第一，作为第二语言教育，在业余补习班或由华文社团（私人）开设的华文学校中学习中华语言文化。这是印度尼西亚、泰国等国家目前华文教育的主要形式。

第二，作为双语教育，在周末制学校或补习班中学习华语，如欧美等国对新移民子女的华文教育。

第三，作为第一语言教育，进行全日制的华文素质教育，如马来西亚的华文小学、华文中学，日本的部分华文学校等。

第四，在政府开办的国民学校中，学习部分华文课程。国民学校开办的这些课程既有选修，也有必修，但课时一般不多。

（三）教育功能多样

华文教育性质的多样性决定了其功能的多样性。总的来看华文教育具有以下一些功能：

1. 传承中华文化功能

中华文化历史悠久，博大精深，具有独特的民族性。海外的华文幼稚园、小学、中学等，自创办以来，主要以帮助华侨华人传承、弘扬中华优秀文化为己任。华文教育，能让华侨华人子女继承中华优秀文化特质，使得中华文化在海外得以延续与发展；也能使基本已经在海外本土化的华侨华人在具备当地文化特质的基础上，兼具中华文化素养，从而帮助华侨华人在当地更好地生存与发展。

2. 经济实用功能

开展华文教育工作，既有助于华侨华人熟练掌握华文，帮助他们在所在国更好地就业与发展，还能帮助华文教育事业大规模产业化，这将给占有天时地利的华侨华人带来巨大的市场和经济效益。孙浩良（2007）认为，就如英语的传播已经成为一个全球性的庞大产业一样，“海外华文学校应由目前华人社团主办的福利、互助和业余性组织转变为实体化、专业化和正规化的国际教育产业，以适应未来世界对华文教育发展的需要。……围绕华文教育，开发多种经营项目，相互依存，共同发展，是一种值得探索的思路。比如，以华文教育为依托，搞华文图书、出版、印刷，组织赴华旅游、文化交流等。还可以进一步扩大产业活动范围，包括进出口贸易、房地产、金融、工业、商业等，只要不失去华文教育的主要目标，没有什么不可以涉及的经济领域，它实际上是一种多元化”。

当然，华文教育未来的发展不是说就一定要取消福利办学的方式，而是说在某些成熟的地区、合适的学校，华文教育可以尝试产业化，让产业化成为华文教育发展的另一种内在动力，从而发挥出华文教育的经济实用功能。

3. 中外文化交流功能

大力发展华文教育事业，积极开展华文教育的相关活动，尤其是开展丰富多样的文化活动，有利于世界上其他国家的人民更多地了解中国，了解中华文化，培养对中国和中华文化的认同感。华文教育是中国培育文化软实力的天然平台，通过华文教育来展示中华文化，来展现中国现代社会的发展状况，这样往往更能被其他国家的人民所接受，更能深入人心。通过华文教育，中华文化这朵世界大花园中的文明之花有机会被更广泛的人群所了解，所认同。

当然，华文教育也是海峡两岸人民的共同事业。华文教育的发展，既能推动两岸人民的交流与合作，更有助于来自海外的不同地区、具有不同背景的华侨华人在华文教育这个大平台上走到一起来，消除既有的隔阂，在更多的问题上达成共识，从而为中国的最终和平统一作出贡献。

华文教育事业不但有利于中国和中华文化走向世界，还有利于世界了解中国和中华文化，增强中国对世界的融入程度。简言之，华文教育事业既有利于中国世界化，也有利于世界中国化。

（四）华文教育的意义

华文教育兼有对海外华侨华人进行中国语言文化教育和向世界传播中华文化这两大任务，意义重大。具体地说，其意义表现在以下几个方面：

第一，塑造华裔青少年的民族文化素质。华文教育可以使海外的华裔青少年了解本民族的语言和文化，并引导他们积极吸收中华民族优秀的文化传统，塑造民族的文化素质。

第二，传播中华文化，促进世界文化信息交流。华文教育可以使中华文化能够传播到世界的各个角落，在和世界各种优秀文化的碰撞、交流中，促进世界各种文化的沟通。

第三，维系海外华侨华人与祖（籍）国的血脉联系。华文教育在维系广大华侨华人与祖（籍）国的感情和血脉联系方面，起着重要的桥梁和纽带作用。只要掌握了祖（籍）国的语言，了解了祖（籍）国悠久而灿烂的文化，广大的海外华侨华人同胞就会在思想感情上对自己的故土更感亲近。

第四，促进华侨华人所在国与中国的友好关系。华侨华人作为所在国一支重要的社会力量，在所在国的经济和社会建设中往往发挥着举足轻重的作用。通过华文教育工作来团结海外的华侨华人，使他们更多地了解中国社会的发展，了解中国政府的方针政策，然后再通过华侨华人把这种了解带到所在国的人民和社会中去，增进所在国人民对中国的整体认识，这对促进所在国和中国的友好关系大有裨益。

第三节　华文教育学的研究范畴

贾益民（1998）指出：“华文教育学是研究华文教育及其规律的科学。”有无自己特定的研究对象和范畴，是衡量某一学科能否成立的重要标志，而一门学科的研究对象与范畴则是由该学科的性质决定的。华文教育是以海外华侨华人学生为主要教育对象的中国语言文化教育，这一性质也就决定了华文教育学的研究对象与范畴。从其语言教学的性质来说，华文教育属于语言学范畴，其研究对象自然而然地就包含了语言理论；从其文化教学的性质来说，它属于文化学范畴，也就理所当然地包含了文化理论；从其教育的属性来说，它又属于教育学范畴，研究对象当然少不了教学理论；从华文教育有其自身形成与发展的历史来看，它又属于史学范畴，研究对象还应包括华文教育史。以上四个研究范畴和相应的四种研究对象，构成了华文教育学学科理论体系的基本内容。

1. 语言理论

华文教育首先是汉语教学，因此，华文教育研究首先应包含汉语本体的研究，如语音、词汇、语法、修辞、文字、写作等。但是，华文教育研究中的语言理论研究绝不仅仅限于汉语言本体研究，而是包括了对海外华侨华人学生学习和习得汉语规律的研究，也就是语言习得理论研究。语言习得理论研究以学习语言者习得语言的全过程为研究对象，探讨外语学习者学习第二语言过程中所出现的各种现象，总结其规律，以指导学习者更有效地习得语言。在这方面，海外华侨华人学生把汉语作为一种第二语言或一种外语学习，与纯粹的非华裔外国人学习汉语虽有共同性，但差异性更大。因为他们生长在华侨华人家庭，日常生活中或多或少能从家庭中受到某些汉语普通话或汉语方言的熏陶，会不知不觉地对汉语有一种认同感、亲近感。这样，他们在习得汉语的过程中，接受能力相对较强，学起来相对容易些。经验证明，华侨华人学生学习汉语有其独特的习得规律。

2. 文化理论

华文教育的对象不同于对外汉语教学，因此，在华文教育中，“文化教学”并不仅仅限于对“语言教学”过程中的“文化因素”的教学，华文教育强调“文化教学”与“语言教学”并重。在华文教育中，除了研究语言教学中的文化问题之外，还要研究平行于“语言教学”的“文化教学”问题。所以，华文教育学中的“文化理论”的概念和范畴大于对外汉语教学中的“文化理论”的概念和范畴。华文教育学所要研究的文化理论问题包括三方面的内容：第一，文化教学研究。这种研究并不是超脱于华文教育之外的，而是主要研究面向海外华侨华人学生要“教什么文化内容”，即作为一种外来文化在教学中究竟要“教什么”、“怎么教”，重点探讨华文教育中文化教学的特殊规律。第二，语言教学中文化因素的教学研究。华文教育学对这一问题的研究就是要从华文教育的特殊对象出发，探讨面向海外华侨华人学生进行语言教学，如何导入“文化因素”。这里同样也有“教什么”、“怎么教”的问题。第三，文化接受研究。文化接受研究即研究在 A 文化背景下如何学习并接受 B 文化的规律，以解决不同文化之间的冲突，最终达到兼收并蓄，相生相长。学习者学习一种外来文化，自然会产生许多文化阻碍与碰撞现象，从而使外来文化在接受过程中发生障碍，这就是文化冲突。海外华侨华人学生长期在居住国文化环境中生活，从小就受到居住国文化的熏陶，在这种背景下，其在学习中国文化的过程中，也必然会发生文化碰撞与冲突。如何解决这些文化冲突，防止在文化接受过程中发生“文化变异”与“文化误读”，都是华文教育学要研究的课题。

3. 教学理论

华文教育学要研究的教学理论，其目的在于揭示华文教学的一般规律，并用以指导华文教学。华文教学的规律也就是华文教育的规律，它由语言教学规律、文化教学规律以及语言文化习得规律和一般教育规律共同决定。华文教学理论的研究对象是华文教学本身。从华文教学的内容来看，其教学理论可以区分为语言教学理论和文化教学理论两大类。语言教学理论立足于探讨面向海外华侨华人学生进行汉语教学的一般规律，如语音教学、汉字教学、词汇教学、语法教学、写作教学等规律；文化教学理论则在于探讨面向海外华侨华人学生进行中国文化教学的一般规律，从中找出华文教学不同于对外汉语教学以及其他语言文化教学的特点。

华文教学是一个系统工程，从教学系统来看，华文教学理论又包含了若干方面的研究对象与范畴，如教学本质论、教学设计论（包括专业班级设计、目标设计、课程设计、教材设计等）、教学方法论（课堂技巧论）、教材编写论、教学测试论、教学管理论等。这些都是华文教学理论的组成部分。

4. 华文教育史

华文教育作为一门学科，有其形成与发展的历史，即学科史。自两千多年前出现海外华侨，最早的华文教育也就出现了。不过，那时的华文教育是华侨教育，教育形式是华侨家庭对子女进行素质教育，后来发展成海外的私塾教育形式。人们通常把最早见于文字资料的1690年荷属印度尼西亚巴达维亚创办的“明诚书院”作为华文学校的开端，这是华文教育形式发展的一次飞跃。随着海外华人社会的不断扩大，海外华文教育也在不断得到加强。到了今天，华文教育已经成为维系海外华人社会与祖（籍）国联系的核心纽带。华文教育史研究主要包括三个方面的内容：第一，华文教育学科史研究，即研究华文教育形成与发展的历史。此类研究既可以研究国别史，即不同国家的华文教育发展史，如“美国中文教育发展史”、“澳大利亚华文教育发展史”等；又可以研究国际史，即某个地区若干国家的华文教育发展史，如“东南亚华文教育发展史”、“西欧中文教育发展史”等；还可以研究世界史，即华文教育在世界范围内作为一个整体的发展历史，可称作“世界华文教育发展史”。第二，华文教育现状研究，即研究目前世界各国华文教育的最新情况，从中总结出某些规律性的东西，以推动不同国家华文教育事业的发展。第三，华文教育发展趋势研究，即研究华文教育未来发展的目标、方向及途径等。

第三章　世界华文教育的产生与发展

第一节　古代华文教育的产生

一、华文教育的产生与目的

海外华侨华人历来非常重视华文教育，这主要源自中华民族长期以来重视教育的传统。《管子·权修篇》："十年之计莫如树木，终身之计莫如树人。"中国历代仁人志士都非常重视教育。

在古代，华侨在海外开展华文教育的目的主要包括两方面：一是为了传道，即传授中国文化、儒家道德观念，弘扬中国的礼仪。最早的华侨大多在国内受过较好的儒学教育，如宋代侨居日本的广东人李竹隐，1276 年开始去日本讲学；明代朱舜水先后七次到日本进行私人讲学，侨居日本 20 多年，传授儒学，对日本的历史发展影响很大。二是为了实用，为了掌握一定的生存知识技能。特别是鸦片战争之后，沿海一带的中国人为求生存而去了海外，且大部分是作为"契约华工"被拐骗出去的。这一批华侨虽与早期华侨有很大区别，但他们也都继承了中华文化中重视教育的传统，期望通过教育帮助需要求生的华侨华人拥有一技之长，华文教育就转变为以"实用"为主要宗旨。

二、华文教育的办学形式

海外华文教育最早以"蒙馆"、"私塾"的形式出现，设在会馆、寺庙内。这是一种非正规的办学形式，教学方法也比较简单——主要是"背书"，教授内容包括三字经、千字文、四书五经等。除此之外，还教授一定的尺牍（指书信）、珠算知识。此时的华文教育基本上沿袭了国内的私塾教育形式。

1696 年，印度尼西亚巴达维亚最早创办了塾馆，附设在养济院（医院、养老院）、公德院内。1775 年，该馆改为"明德书院"、"明诚书院"，这标志着"书院"这种早期的学校形式在海外也开始出现。

18、19 世纪之交，东南亚各地陆续创办了较多私塾、书院。马来西亚有 9 所，新加坡1829年创办了3所，其中1849年富商陈金声创办的“萃英书院”在海外书院中办学时间最长，延绵不断维持了100年。该书院在新中国成立后，并入了“福建会馆”。到了1884年，马六甲海峡两岸的书室、书屋、书院达115家之多。

在北美，加拿大于1875年创办了一所会馆，从国内聘请老师，后又在“中华会馆”中设立“乐群义塾”，属于义学性质。义学与私塾略有不同，它以华人社团、会馆的名义创办，具有公益性质，旨在帮助该社团贫困家庭的孩子上学。

美国旧金山在19世纪末有10多所私塾，最著名的是1884年设立的“大清书院”，它是由清政府出资、出教师创办的，该校允许学生回国参加科举考试，其学生张兆祥曾回国考中了秀才。

这一时期海外华文教育的主要办学形式有三种：家（私）塾、塾馆和义塾。总体上各类学校规模都不大，学生人数也不太多。

第二节　19世纪的华文教育

一、推动近代海外华文教育发展的三种力量

鸦片战争以后，海外华文教育得到了进一步发展，主要原因有：

第一，19世纪末，清政府在国内开始推行变法改制，在国内废除科举，改书院设学堂，刺激了各地的办学之风。同时，清政府也比较重视海外华文教育工作，并采取了一些有利的措施，如1902年，清政府命令住在国外的使臣肩负起“劝学之命”，并派遣专人到海外去推动办学，其人被称为“学务专使”，而且，在国内学部里清政府也指定官员专门负责华文教育推动与管理工作。

第二，康有为、梁启超在国内推行维新变法时，在办学上，将省会的“书院”改为“高等学”，省会以下的州县等改为“中等学”，乡等改为“小学”。国内这种办学体制的革新，同样影响到了海外华文教育的办学，并激发了华文教育的办学热情。变法失败后，康有为去了印度尼西亚，梁启超到了日本，变法维新派在海外继续传播他们的教育观念和思想，并积极参加当地的华文教育工作，对海外华文教育有极大促进。

第三，孙中山领导的资产阶级民主革命，最早的根据地在海外，革命活动也从海外开始。革命派和海外华侨华人的联系非常密切，他们非常重视在华文教育工作中倡导新学，也强有力地推动了华文教育的发展。

二、19 世纪华文教育的主要特点

在以上三种力量的推动下，海外华文教育呈现出新的发展特点：

1. 新式学校大量创办，数量越来越多，规模越来越大

海外最早创办的新式学校是日本横滨的“中西学校”。该校于1897年成立，由孙中山亲自命名，并推荐梁启超任教。两年后，旅日华侨在东京又创办了“高等大同学校”，在神户创办了“华侨同文学校”。“华侨同文学校”后来被清政府接管，改名为“清华学校”。

马来西亚最早的华文学校创办于1904年，其名为“中华学校”。清政府非常重视该校，派了专人去管理，光绪帝还为该校御赐匾额——“声教南暨”。此后，马来西亚又相继开办了很多华文学校，学生达到3 000多人。

印度尼西亚于1900年也创办了第一所“中华学校”。到1915年，印尼16年间共建了148所华文学校，学生11 000多人。

此外，菲律宾、缅甸、泰国等也都相继开办了新式华文学校。

美国以旧金山为中心也办了很多新式学校，19世纪末至20世纪初，该地区规模大的华校有9所，学生约七八千人。

2. 学制形式由单一向多元化发展，教学内容也逐渐丰富多样

新式华文学校创办以后，学校学制也获得了很大发展，从小学到中学到高等专科都有，还有幼稚园，师范、职业学校，甚至夜校等，改变了先前单一塾馆或义学的办学模式。在教学内容上，华文学校也有了很大的革新，除了传统教学内容之外，还开设了历史、地理、音乐、体育、英语或所在国语言等课程，内容更趋丰富，形式也趋多样化。在语文教学方面，不再仅仅强调死记硬背的书本知识，而是增加了写字、造句、作文等各种语文能力训练形式；课文选择也不仅限于四书五经等，而是改为文选，包括历代名篇和经典诗词等。

除了以上文化知识课的革新外，许多学校还增设了伦理、道德修养之类的课程，对学生综合素质的培养开始受到重视。

3. 学校由分散趋向统一，由各自为政到加强联系

在各类华校中以会馆名义创办的学校称为“公学”，华人私人集资办的为“私学”。19世纪末以来，公学成为海外华文学校的主要形式。各华侨华人会馆、社团都相继成立了相应的华文学校管理机构，即“学务会”、“学务总会”，来负责管理会馆下的多个学校，统一办学的各个环节，如学制、教学计划等。这种由分散趋向统一的管理形式，解决了先前华校各自为政单打独斗的办学形式，增强了华文学校的办学力量，大大推动了海外华文教育的发展。

4. 清政府继续重视华文教育工作

光绪二十四年（1898），光绪帝提出，大大小小的书院都应改为“兼习中学西学之学校”的建议。1902 年，清政府颁布《钦定学堂章程》，规范办学，派出大使作为视学员，常驻海外，对海外华文教育的办学进行督导，而且从国内选派一些学者、有经验的教师到海外华校任教。

第三节　20 世纪以来的华文教育

一、民国时期的华文教育

1912 年，民国政府派专人到海外进行华校调查，调查的主要地区为南洋、日本和韩国。民国政府以调查结果为基础制定了《领事管理华侨事务规程》，以此来规范督导事宜。海外许多华侨学校在办学条件改善方面也得到了民国政府的大力支持。

1919 年，中国爆发了“五四”运动，提倡民主和科学，这对国内教育的改革和发展也起了非常大的促进作用。受此影响，海外华文学校也进行了相应变革，并在数量和规模上继续发展。

北伐之后，国民政府定都南京，继续重视海外侨教工作。国民政府在政府机构内设立了专门的委员会负责海外华侨华人的华文教育工作。1929 年，该委员会改为“华侨教育设计委员会”，隶属于教育部。华侨教育设计委员会的设立使海外华文教育界大受鼓舞，新的办学之风再次兴起，海外华文教育空前繁荣。1929 年 6 月，华侨教育设计委员会在上海召开了有史以来第一次“南洋华侨教育会议”，会上讨论的问题涉及海外华校办学的方方面面。会后，国民政府教育部颁布了《华侨教育设计委员会组织条例》。两年后，又颁布了两个规程——《华侨教育暂行规程》和《侨民中小学教育规程》。这两个规程进一步规范了海外华文教育的教育管理和教学工作。

这时，由于华文学校不断兴起，学校规模日益扩大，世界各地涌现了一大批致力于推进华文教育的人士，华文教育界也建立了一支高素质的、富有经验的师资队伍，出现了一大批华文教育家。

二、“二战”以后的华文教育

“二战”期间，战区内华文学校的校舍大都被占，学生流失，绝大部分华文学校停办。非战区的华文教育也受到了严重影响，发展停滞不前。“二战”结束以后，华文教育再次得到发展的机会，但随后又陷入了低潮，经历了一波三折的发展过程。

总体上来看，“二战”以后的华文教育经历了三个发展时期：复苏期、衰弱期和复兴期。

1. 复苏期

“二战”结束后，华文教育开始迅速复苏。和当地人民并肩作战赶走殖民者以后，许多殖民国家的华侨华人以前所未有的热情投入到了华文教育工作中去，华文教育在劫后重生之后越发显得生机勃勃。仅1946年，泰国的华校就达到500多所，比“二战”前还多；1946—1948年，印度尼西亚的华校达到600多所，学生多达14万人；马来西亚到1949年时，兴办和复办的华文学校达到1 300多所，在校学生20多万，仅东马在1948年兴办和复办的华文学校就达200多所，比“二战”前发展得还要快。据不完全统计，到1949年海外华文学校达4 680所。

2. 衰弱期

然而好景不长，到了20世纪50年代末60年代初，华文教育的发展陷入低潮，各地华文学校纷纷出现严重危机，学校数量大幅度减少，有些国家的华文学校甚至全部被关闭，例如，泰国的华文学校到1966年减少了160多所；马来西亚的华文学校在20世纪60年代中期减少了将近200所，在校学生只有4万多人；在20世纪60年代末70年代初，菲律宾所有华文学校都被菲律宾政府国民教育化；在印度尼西亚、越南、柬埔寨等国，华文学校甚至基本上消失；在新加坡，华文教育也开始萎缩；日本战后复办的20多所学校仅剩几所；毛里求斯本来是非洲华文学校最多的一个国家，“二战”后最多时在校生曾有1 000多人，但到20世纪70年代仅剩六七十人。

这一时期华文教育衰弱的主要原因有：

第一，战后国际政治大气候发生变化。原来的世界政治格局被打破，世界政治版图处于重新组合的阶段。在战后短暂的稳定时期很快结束后，原先的殖民地国家纷纷要求独立，对国际、国内政治产生很大的冲击。

第二，各殖民地国家民族独立意识十分强烈，大都排斥异族。殖民地国家不希望别的民族在本族地区内发展他们的文化，因此，要求外来民族本地化，包括教育方面，这使得华校失去了生存的地位，允许有传统节日。如马来西亚1 300多所华文小学被政府收编，纳入当地国民教育体系。

第三，华侨社会发生了根本性变化。当时，绝大多数华侨都加入所在国国籍，成为所在国公民，这对华文教育工作的开展也造成了很大冲击。

3. 复兴期

20世纪八九十年代以来，世界范围内华文教育得以复兴。这次复兴是就华文教育的总体状况而言的，具体到每个国家，情况也并不完全相同。这一时期，各国的华文教育工作重新开展起来，许多原来关闭的华校得到复办，新的华文学校也不断创办。学习华文的人逐渐增多，华文的海外地位也在逐渐提高。这一时期的华文教育在性质上发生了根本的改变，由于许多国家20多年的华文禁锢，在这一时期成长起来的华侨华人大多已经不会说华语，他们的第一语言已经是所在国的官方语言，华语成了他们的第二语言，华文教育在性质上也就成了第二语言性质的中华语言文化教育。这是华文教育工作在新时期的一个重要特征。

这一时期华文教育复兴的主要原因有：

第一，过去对华文教育采取限制性措施的国家改变了对华文教育的政策，逐步放宽了对华文教育的束缚。复办和创办的华校日益增多。目前，全世界有华文学校6 000多所。

第二，中国改革开放之后国际地位不断提高。目前，汉语是联合国的工作语言之一，其重要性日益受到重视。

第三，华侨华人社会自我发展的需要。这种需要是多方面的：一是传承中华文化的需要；二是海外华侨华人把华文教育的存在和发展看作是中华民族在海外自强不息的表现；三是为了满足海外华侨华人下一代就业的需要；四是出于维护华人利益，增进华人社会团结的需要。

第四，世界文化合流发展的必然。当前世界不同文化之间的趋势是多元并存与融合，不同文化形态获得了同等发展的地位，同时又相互交流、融合。中华文化在华侨华人所在国作为一种外来文化，受到各国政府的普遍重视和尊重。而且，冷战后，由于全球文化意识、民族文化意识的崛起，世界出现多中心、多元格局，全球化问题越来越受到各民族、各国的重视。这对文化间的并存产生了很大影响，导致文化平等与共存意识普遍得到接受。同时，各国各民族文化意识普遍觉醒，各民族都想在全球化中保持本民族文化，保持自己的独立和特色。

近年来，西方社会开始将目光更多地转向东方，重视东方的文化传统及文化精髓，尤其是对中国更加关注。中华文化历史悠久，吸引了西方社会的注意。东亚经济的发展使西方越来越重视东方，西方学者认为东亚经济发展的动力之一就是儒家文化，他们把西方先进的技术和管理经验与中国传统的人文精神结合起来，东方传统文化的稳定性在经济发展中起到了重要作用。西方社会出现的危机也促使人们将目光转向东方，寻找能使西方社会健康发展的良方。

第五，身居海外的20世纪80年代以后出国的“新移民”逐渐增加，他们都非常重视下一代的华文教育工作。新移民成了新时期海外开展华文教育工作的一支生力军。

三、20世纪后半期华文教育的办学形式

20世纪后半期，华文教育的办学形式主要有以下四种：

第一，多年坚持办学的传统侨校。他们以全日制、半日制学校为主，从幼儿园、小学到中学都有。学校大都靠华人社团捐资办学，分布广泛，世界上6 000多所华校，多数都属于这一种，主要分布在亚洲，集中在东南亚。

第二，各类课余补习性质的补习班或华文学校。这类学校规模小，大多没有专门的校舍，华文基本上作为第二语言进行教学，分布比较广泛。

第三，新移民开办的中文学校。这类学校大多是在20世纪80年代末到90年代初开办的，大多是周末补习学校，少数为课余补习学校，主要分布在美洲、欧洲、大洋洲等一些发达国家和地区。从当前的发展情况来看，周末中文学校的发展速度较快，是一种颇有发展潜力的办学形式。

第四，被当地政府收编，纳入当地国民教育体系的老侨校。这类学校招生对象以海外华侨华人为主，但办学是按所在国国民教育体制来办的，华文仅作为一门课程来开设，有的是主修，有的是选修。这类学校主要分布在菲律宾、新加坡等东南亚国家。

四、21世纪的华文教育

进入21世纪后，华文教育迎来了一个新的大发展时期。在中国综合国力日益增强、对外友好交往日益频繁的大背景下，华文教育的生存环境大为改善，各国各地区华文学校的数量大幅度增加，学习华文的人数也成倍增长。以下几个方面的有利条件将为华文教育的发展提供持续动力：

第一，中国正在和平崛起，政治经济力量的强大，国际地位的提高，为海外华文教育工作的开展营造了有利的国际环境。

第二，中国对血肉相连的海外华侨华人同胞的关心日益加强，华文教育作为联系广大海外华侨华人的一个纽带，其重要性日益受到重视。

第三，随着中国经济的发展，华文的实用性越来越强，海外的广大华侨华人在这方面具有得天独厚的优势，华文教育也将为华侨华人在海外的生存与发展带来帮助。

第四，中国的全面发展也使得中华民族的凝聚力越来越强，广大的海外华侨华人在积极投身于所在国的建设，为所在国的进步与发展贡献自己力量的同时，对祖（籍）国的认同感也会进一步增强，学习华文也就会成为更多华侨华人的选择。

第五，华文教育和中国本土的联系日益加强，华文教育在教材编写、师资培训、业务指导等各个方面的工作都在不断取得进步。教学的规范和教育质量的提高，将吸引更多的海外华侨华人接受华文教育，认可华文教育，并积极投身于华文教育事业中。

第四章　华文教育的目标及原则

第一节　华文教育目标的确定

一、教育目的和教育目标

社会发展和人的发展的客观需求，决定了人们的教育活动是一种有意识、有目的的社会活动。伴随着人类自觉意识的增长、社会发展水平的提高和学校教育制度的产生，教育的目的性越来越充分地得到体现。人们依据社会发展和人的发展实际水平与价值取向，为各种各样的教育活动设定了不同的教育目的和教育目标。"教育目的"不同于"教育目标"。教育目的通常是指社会对教育所要造就的社会个体成员的质量规格的总的设想或规定，体现的是较长时间内社会发展和人的发展的终极价值；教育目标通常是指社会对教育的子系统（如学校教育、学科教育）的质量规格提出的比较具体的要求，体现的是较短时间内阶段性、局部性的具体价值。如果我们将找到一个理想的职业作为一个目的，那我们为达到这一目的而做的一些事情，如好好学习以便能考上一个好大学，进行各种各样的职业培训以便能拿到各种上岗证书，这些便是一个个具体的目标。因此，目的是最终要达到的要求，而目标则是为达到这一要求而进行的过程当中的各项努力。二者处在不同的层面上。

在教育工作中，教育目的是一个宏观的、终极的要求。而教育目标则可以使教育目的具体化解为受教育者学习活动过程中或结束时可供测量的、评估的标准，可以使教育活动变得明确具体、切实可行。就华文教育学科来说，其目的是要让华文学习者全面、准确地掌握华文知识，具有较高的华文能力，熟悉并热爱中华文化；华文教育的目标则是指人们在华文教育领域内展开的每一项具体教学活动预期要达到的要求。华文教育的目标又可以分为整体目标和局部目标。整体目标是指知识、能力、人格、智力等多方面的综合目标，而具体目标则是指学年、学期、单元、课程等各单项要素的目标。

二、华文教育目标的确定因素

华文教育学科研究中，确定学科教育目标，目的在于引导华文教育的方向并规定教学任务完成的标准。它是做好华文教育工作的前提之一。华文教育目标的确定，应依据以下一些要素：

1. 华侨华人所在国的社会经济发展水平与文化现状

华文教育作为语文教育的一个分支，必然要受到政治、经济、文化发展水平等条件，以及由社会经济发展水平决定的教育总体目标的制约。确定华文教育学科目标，必须考虑到当地的社会经济发展水平，顺应所在国社会发展程度和教育总体目标的现实，并符合华侨华人在居住国生存、发展的需要。对于广大的海外华侨华人来说，大力开展华文教学，除了让海外的华侨华人能够世代保持“华文”这一维系与祖（籍）国联系的纽带外，还应该强化另外两个目标：

目标之一，凝聚华侨华人力量，促进华人社团的发展。在开展华文教学的过程中，人们常说，一所华文学校就相当于一个华人社团。海外华人来源复杂，在一个国家甚至一个地区中，往往既有中国大陆及港澳台地区来的华人，又有东南亚地区及拉美地区来的华人。但华人之所以被称为华人，是因为同一血脉，不管是什么背景，来自哪个国家或者地区，“同文同种”是最基本的共识。因此，只有通过华文教育这一大家都认可的共同平台，把海外来源复杂的华人社会整合起来，使之融为一体，推动华人群体成为所在国一个诉求明确而统一的民族共同体，从而在社会生活中发挥更大的作用，改善华侨华人在海外的生存环境，也是华文教育的重要目标之一。

目标之二，推动中华文化与当地文化融会贯通，促进华侨华人子女在海外的发展。华文教育一方面要帮助华侨华人子女传承中华文化，培养他们的中华文化人格等；另一方面，还应该有意识地推动华侨华人子女把所学习的中华传统文化融入所在国的主流文化中，在给学习者灌输中华优秀传统文化的同时，也要注意融入当地文化中的先进因素或优秀品质，引导华侨华人子女体会当地文化与本民族文化的各自优势，并在二者之间取长补短，融会贯通，在两种文化中汲取营养，从而在人格素质上充实丰富自己，为自己的发展提供更高的精神平台。在这一点上，新加坡做了有益的尝试，其华文教育的特定目标之一，就是特别强调通过华文的学习，让学生进一步认识与吸收华族的文化传统与价值观念。

2. 华文教育的学科性质与教学系统

就语言教学特别是第二语言教学来说，其目标一般都是通过系统地讲授和训练，帮助学习者掌握所学语言，并运用它进行有效的交际。衡量华文教学成功与否的核心标准之一当然也是看学习者是否掌握了华文这一交际工具。但华文教育的核心目标并不仅限于掌握语言，还要熟知文化，即华文教学还有文化教学目标。之所以在华文教学中特别强调文化目标，是因为“华文教育的主要内容是汉语言和中国文化。……华文教育所进行的中国语言文化教育承担着培养海外华侨华人学生的民族文化素质的重要任务。……华文教育并不仅仅限于教授语言，更重要的还在于在华侨华人新一代中传播和弘扬中华文化”（贾益民，1998）。海外的华侨华人之所以这么重视后代的华文学习，很大程度上并非只是为了掌握华文这个交际工具，更重要的是，他们希望自己的后代能够把根留住，使中华文化能够在后代身上延续下去，因此，华文教育的教学目的是语言目标与文化目标的紧密结合。

在华文教学中，语言目标与文化目标是有机融合在一起的，而不是各自独立的。一方面，语言本身也是一个民族思维方式的体现。比如，汉族人观察事物时遵循从大到小的思维方式，这在汉语的句法中得到了清晰的体现。而这种观察事物的方式显然和英语、印尼语等语言从小到大的方式是不同的。在美国、英国、印度尼西亚等国家生活的华侨华人子女在学习华文的过程中，无疑会受到这一思维方式的影响，从而影响他们的汉语表达。而且，承载语言的华文教学内容也往往都具有丰富的文化内涵，不管是精忠报国的故事还是精卫填海的传说，不管是秦始皇统一六国还是文成公主进藏，都能让学习者在掌握语言的词汇、句法、篇章的过程中，了解和熟悉博大精深的中华文化。文化时时刻刻都蕴藏在语言教学中。

另一方面，文化教学也能促进语言教学目标的实现。首先，文化课程的开设，有利于提高学习者对华文的兴趣，如学太极拳、学剪纸、学习中国各地的风土人情等。其次，学习者中国文化知识的增多，也有利于其更准确地理解语言学习中碰到的一些问题。比如，学习者只有理解了中国文化中“尊老”这一传统，才能更正面地去理解“孔融让梨”这一故事的含义；学习者也只有了解了中国尤其是北方的一年四季的天气变化情况，才能真正地理解文学作品中人们赋予“梅花”的各种寄托和情感，这对于生活在印度尼西亚、菲律宾等国家的学习者来说，理解起来并不容易。

中国政府大力支持海外华文教育工作，其主要目标是为了满足海外华侨华人日益增长的华文学习需要，帮助华侨华人在所在国解决华文师资不足、华文教材不足、华文教学研究不足的问题，从而让生活或者出生在海外的华侨华人子女能有机会掌握本民族的语言，了解本民族的文化，熟悉甚至热爱本民族的文化传统，保持和祖（籍）国的血脉联系。同时，通过华文教学，还可以让世界上越来越多的人了解中国，了解中国文化，增强各地华侨华人的沟通与了解，维护世界语言与文化的多样性，从而促进国际社会的和谐发展。

总的来说，华文教育的学科性质是对海外华侨华人子女进行的汉语语言和文化教育，它既是一种第二语言教育，又是一种民族文化传统教育。华文教育的这一学科性质决定了我们不仅要培养学生能够使用祖（籍）国的语言，而且要使他们了解祖（籍）国悠久的思想文化。

作为一个语文教育系统，华文教学系统也是一个动态系统，它处在不断地发展变化当中。这一系统既包括口头和书面形式的语言，也包括文章、文学、文化等多种形态，甚至还包括人机对话的计算机语言。华文教育目标的确定必须考虑到它在学科性质和教学系统上的相关特点。

3. 华文学习者的发展状况和华文教学的实际条件

华文教育的学科目标，必须依据教育对象身心发展水平和华文教学的实际状况作设定。考察教育对象，我们要确定该对象在特定的学习阶段里从什么样的语文基础起步，经过努力要达到什么样的语文程度；其身体素质和心理素质能否适应教学要求并能得到进一步提高；考察华文教学的实际状况，我们要明确特定的教学区域、学校、班级等教学活动赖以开展的教学条件的实际情形，以测评教学效果，在此基础上科学地设定华文教育目标。

根据以上华文教育目标的确定因素，华文教育的目标应由以下几个目标构成：德育目标、知识目标、能力目标和美育目标。

第二节 华文教育的德育目标

一、什么是德育

德育是思想品德的教育。古今中外的教育家，都极其重视德育，只是在不同的时期，德育的内容和要求有所不同。孔子说："子以四教：文、行、忠、信。"其中，除了"文"以外，其他都是属于思想品德教育的内容。孔子对不讲求道德修养的教育深表忧虑："德之不修，学之不讲，闻义不能徙，不善不能改，是吾忧也。"西方教育家也把德育放在重要的地位上，认为教育就是要形成人的性格。华文教育课程是语言文化类课程，不管是语言文字，还是思想文化、道德传统，都具有强烈的思想性。因此，华文教育在德育方面无疑具有重要的作用，我们要结合华侨华人子女的特点来制定和实施华文教育的德育目标。

二、华文教育德育目标的主要内容

华文教育是对海外华侨华人进行的语言文化教育。华侨华人身份的特殊性决定了华文教育在德育目标上既不同于国内的以母语为基础的语文教育，也不同于华侨华人所在国实施的国民教育。华文教育的德育目标主要有以下几方面：

1. 推动华侨华人子女对中华文化的了解和认同

中华民族优秀的传统文化是海外广大华侨华人保持和祖（籍）国血肉关系的最重要的纽带，华文教育肩负着维系和发展这种纽带作用的神圣任务。随着广大的华侨华人日益融入所在国的社会，由于语言等各方面的原因，新一代的华侨华人对中华传统文化的了解和认同也日趋淡化。华文教育工作者要通过语言文化的教学，使广大的华侨华人子女了解中华传统文化，进而认同中华文化。

2．增进华侨华人子女对祖（籍）国的感情

大部分海外的第三、第四代华侨华人子女，在海外出生，在海外成长，除了知道自己在民族血统上是一个中国人外，对祖（籍）国一般缺乏感性的具体认识。在华文教育工作中可以通过语言文化教学，通过文章诗词的讲解，来增加广大华侨华人子女对祖（籍）国的感性认识，增进对祖（籍）国的感情，从而增强整个中华民族在全世界的凝聚力。

3．培养华侨华人子女良好的个人道德品质

华文教育是对人的教育，华文教育也应该把培养华侨华人子女良好的个人思想道德修养作为重要的培养目标之一。在教材编写、课堂教学、课后练习等多个教学环节融入中华民族优秀的传统文化，并逐渐使华文教育学习者借鉴、吸收这些优秀文化，把自己培养成道德品质高尚的人。良好的道德品质主要包括以下几个方面的内容：坚强的意志品质、勤劳和奋斗的精神、高尚的情怀。

三、华文教育德育的培养途径

为实现以上德育目标，我们在华文教育中要积极利用各种合适的教学方法和教学途径，积极发挥已有教学方式的作用。华文教育中德育培养的途径有：

1．课堂教学熏陶

德育教育要贯穿到华文教育的各个环节中去，但最主要的环节是课堂教学。教师应抓住课堂教学，在讲授语言文化知识、分析文章思想内容的过程中积极对学生进行德育教育。当然，德育教学的任务是靠师生在课堂上共同来完成的，其中，教师通过以教材为依据的生动讲述，对教学内容的分析、判断和评价，对德育目标的实现发挥着导向的作用。教师应该注意在课堂上发挥情感和语言的功能，将德育教育不知不觉地贯彻到学习中。

2．课外阅读感染

课外读物对学生的影响很大。优秀的课外读物，既能扩大学生的学习视野和提高学习兴趣，又能发挥学生理解、获取中华文化思想精髓的主观能动性。教师应有步骤、有选择地为学生提供各类课外读物，或者为不同类型的学生选择合适的课外读物，并及时地提供阅读指导。

3．华文教师直接影响

华文教师是学生最直接的学习榜样，华文教师的情感和价值取向对学生有着最直接、最重要的影响，华文教师的言行在很大程度上也直接影响着华侨华人学生的言行。因此，广大的华文教师除了要掌握必要的语文知识外，也应该在认同中华文化、保持对祖（籍）国的感情和个人道德修养上成为学生学习的楷模。

第三节　华文教育的知识目标

华文教育的知识目标包括语文知识目标和文化知识目标两部分。

一、语文知识教学内容

中华民族在几千年的历史发展进程中，流传下来浩如烟海的以汉语为主体的语文材料，这些材料包括以文字为载体的书面语、以声音为载体的口头语等。无论哪一种语言，都会随着历史的发展变化而发生部分甚至整体的变化和更新。我们要选择相对稳定的语文材料要素与知识结构进入语文教育的语言知识目标体系。语文知识教学的内容包括：

1. 现代汉语知识

现代汉语知识主要包括汉语拼音知识、标点符号知识、汉字基础知识、词汇知识、短语知识、句子知识、篇章知识和修辞知识等。

2. 古代汉语知识

古代汉语知识主要包括文言文学习基本要求、常用虚词、常用实词、常用文言句式、文言文翻译等。

3. 常见文体读写知识

常见文体读写知识主要包括记叙文知识、说明文知识、议论文知识和应用文知识等。

4. 文学体裁及其鉴赏知识

文学体裁及其鉴赏知识主要包括诗歌、散文、小说、戏剧、杂文的理解常识及鉴赏常识。

5. 文学史常识及其介绍

文学史常识及其介绍主要包括古代文学史概况、现代文学史概况、国外的部分作家及其代表作品等。

二、华文教育语文知识的教学目标

上节所述五个方面是语文知识教学的基本内容，具体到华文教学中，这些语文知识表现出很强的层次性。有核心的教学内容，也有外层的教学内容。华文教学的核心内容是现代汉语知识。受教学条件和教学形式的限制，掌握现代汉语的语言知识，并以此为基础掌握现代汉民族共同语——普通话，是华文教育知识教学的核心目标。在这个前提下，一些有条件的华文学校可以进一步开展外层的语文知识内容教学，如古代汉语知识教学、文体读写知识教学、文学鉴赏知识教学等。

在现代汉语语文知识教学中，华文教育为第二语言教学性质时，更多的是要求让学生在整体习得认知中学习语文知识，而不能就知识点而讲知识点。掌握语文知识点不是华文教育的教学目标，华文教育语文知识教学的核心目标是要让华侨华人子女说华文，用华文，让华侨华人子女学会使用本民族的语言，知识点的讲授只是帮助实现这一目标的一个手段。

三、华文教育文化知识内容和教学目标

让中华优秀的传统文化在海外华侨华人中世代相传，是华文教育的重要功能之一；但同时语言和文化之间本身也存在着密不可分的关系，语言本身就是文化的一部分，而反过来，语言又是文化的主要载体，文化的进一步发展也以语言为基础。所以，就华文教育来说，语言教育只是其中的一部分，文化知识教学也应是华文教育的核心教学内容之一。

文化是一个内涵复杂的概念，文化到底指的是什么，各家看法也各不相同。在不同的场合和上下文中，文化的含义往往各有侧重。但总的来说，文化包含以下三个不同层次的内容：观念文化、制度文化、器物文化。所谓“观念文化”，主要指一个民族的心理结构、思维方式和价值体系，它既不同于哲学，也不同于意识形态，是介乎两者之间而未上升为哲学理论的东西，是一种深层次的文化。所谓“制度文化”，是指在哲学理论和意识形态的影响下，在历史发展过程中形成的各种制度，如宗法制度、婚姻制度、教育制度、官制等。所谓“器物文化”，是指体现一定生活方式的那些具体存在，如园林、住宅、服饰、烹饪等，它们是人的一种创造，是一种表层次的文化。

从语言交际的角度，也有学者把文化分成两大类：知识文化和交际文化。两者的最大区别就是看文化内容本身是否会影响到交际的正常进行。不影响交际功能正常实现的是知识文化，影响到交际正常进行的是交际文化。华文教育作为第二语言教学，所要培养的交际能力往往是跨文化的交际能力，因而在语言教学中需要对交际文化给予充分的重视。

华文教育要研究文化学，确定在不同的教学层次应安排什么样的文化教学内容，教哪些文化项目，如何教授文化知识。要用发展的眼光，选择有代表性的文化内容，结合海外华人社会对中华文化的存续、认同情况，选择既有利于语言教学，又有利于了解中华优秀文化的内容进入华文教育的教学体系。华文教育文化知识教学的目标是

通过文化知识的教学，帮助学生尽可能减少影响交际功能的交际文化知识，同时最大限度地增加海外华侨华人子女对优秀中华文化知识的了解，培养对中华民族的感情。

在跨文化交际中，还有一个文化接受的问题。华文教育文化教学的接受问题需要特别重视。毕竟，广大华侨华人子女是在非目的文化环境中学习、了解中华文化的，这种学习将会受到他们所在国文化的干扰和影响，这就要求华文教育在选择和确定文化项目时，要特别注意质和度的要求，既要考虑到所在国宏观环境对相关文化项目的敏感性，也要考虑不同层次的华文教育学生对不同层次的文化的接受、理解能力。

具体教学中存在两种不同性质的文化教学：一种是为学生设置的文化课的文化教学，另一种是语言课内的文化内容或文化因素的教学。文化课的文化教学以传授文化知识为主要目的，其教学方式主要是教师教授，而不是学生的技能训练。语言课内的文化内容或文化因素教学，其主要目的是培养学生的交际能力，其教学方式是跟语言技能训练紧密结合。文化课的文化教学是理论教学范畴，而语言课的文化教学属于第二语言教学的范畴。海外华文教育的文化教学主要形式是语言课内的文化内容教学。

第四节　华文教育的能力目标

一、语文能力的主要内容

语文能力主要包含听话、说话、写作、阅读四个要素。这四大要素和观察、记忆、想象、思考等智力因素紧密结合，构成了语文学科教育目标的核心部分。其中，听话能力可以分解为辨音识义的能力、记忆整合的能力、理解语义的能力、评判话语的能力等；说话能力可以分解为思维阶段组织内部语言的能力、转换阶段快速语言编码的能力、表达阶段运用于语音语体的能力；阅读能力可以分解为认读能力、理解能力、评价能力、阅读技巧的活用能力等；写作能力可以分解为审题、立意、选材、构思、表达、修改等方面的能力等。语文能力的培养应该是华文教育目标的核心要素。

二、华文教育能力目标的具体内容

华文教育的能力目标包括语言能力目标和文化理解能力目标两方面内容。

华文教育的语言能力目标主要由听话、说话、写作、阅读四个要素组成。学生的华文听、说、读、写四种能力齐头并进，共同提高，是华文语言能力培养的最高目标。使学生能听懂普通话，能说流利的普通话，能看懂汉语的文章，能用汉字进行书面的交际表达，是每一个华教工作者为之奋斗的目标。但同时我们也必须清醒地认识到，由于华文教育在客观上存在的多样性和复杂性，不同类型、不同阶段的学生的华文能力目标重点也应该允许存在差别，对不同学习类型、不同学习阶段、不同学习目的的学生，听、说、读、写能力的要求和培养可以各有侧重，能力训练重点可以有不同，以适应各类学生的学习需要。

华文教育也是一种文化教育，其文化能力目标在于能够理解、吸收中华民族的优秀传统文化，使之能为我所用，并能对不同的文化现象具有一定的判别能力。

第五节　华文教育的美育目标

一、美育在华文教育中的意义

美育是华文教育体系中不可缺少的组成部分，是对学生实施综合素质教育的重要内容。在华文教育中，以美感染学生的情绪，打动学生的情感，启发学生的心智，这是华文教育的重要任务之一。

二、美育在华文教育中的体现

1. 在教学内容中体现美

华文教育的内容必须成为学生的审美对象，即教学内容要表现自然美、艺术美、生活美、社会美和人物美等，给学生美的享受、感染和熏陶。

2. 在教学形式上体现美

教学的表达形式要美。教材可选用故事、寓言、笑话、童话、儿歌、诗歌、谜语等表现形式。

教材的结构要美。注意教材详略得当、布局合理、前后照应、起落有致、出人意料等。

教学的语言要美。教学的语言简练、贴切、精到，而且感情丰富、表达流畅、色彩鲜明、有韵味、节奏感强、给人以美的语言享受和美的语言滋润。

三、华文教育美育目标的表现

华文教育美育的目标在于培养学生的审美能力，这主要表现在以下三个方面：

第一，培养审美感受力，即体验、感知、感受美的能力。

第二，培养审美鉴赏力，即判断、评价、欣赏美的能力。

第三，培养审美创造力，即表现美、创造美的能力。

第六节 华文教育的基本原则

华文教育的核心工作是华文教学。具体要贯彻以下七条基本原则：

一、华文教学与思想品德教育相统一

华文教育是一项对海外华侨华人子女进行的综合素质教育，它以华文教学为载体，但并不仅仅局限于简单的语言教学，还涉及学生的思想品德教育，这是由海外华文教育的教学对象所决定的。与一般的第二语言教学以成年人为教学对象不同，海外汉语文教育的对象主要是少年儿童。少年儿童和成年人相比最大的差异就在于前者的人生观、世界观尚未形成或不成熟，学习中所接触到的所有知识要素都有可能对他们的思想和价值取向产生影响。因而对学生的思想品德教育也是华文教师在华文教育中的重要一环。

二、语言训练与文化教育相统一

华文教育的目的有两个：一是为了实用，这一点类似于大多数的第二语言教学，在中国的经济开始腾飞以后，汉语的实用价值大大提高了，学习华文和华侨华人子女的事业和生活紧密相关；二是为了传承中华民族的优秀文化传统，这种愿望在老一代华侨华人身上表现得更为强烈，他们在希望下一代能在当地扎根并有所作为的同时，也希望下一代能继承本民族的语言和中华民族的文化传统，希望自己的子女能为自己民族的文化感到自豪。因而华文教育始终是语言和文化两条腿走路，两者缺一不可。语言教学为文化教学提供了载体，文化教学则时时刻刻渗透于语言教学当中，在华文教育的具体教学中，我们应该时刻注意要将两者融为一体，互相促进，而不是截然分开。

三、听、说、读、写训练相统一

听、说、读、写四项能力是华文教育能力训练的四个目标，它是语言学习分技能训练的四个有机组成部分。虽然这四项能力各有其不同的训练课型、不同的课堂讲练方式，但就语言教学的本质来说，这四项能力并不是，也不能完全分开，各自独立，而是必须你中有我，我中有你。进行听力训练时并不是只能听，一句话都不能说；而阅读训练也同样不是只要求读，而不需写和说。为了对学生的某一项技能进行专门的针对性训练，在具体教学当中我们提出了听说读写的分技能授课方式，但华文教师也要认识到，任何一项技能都是语言整体的有机组成部分，各个技能之间都存在着有机联系，在进行某一项技能训练时，并不排斥同时使用其他技能训练形式，只是在教学的侧重点和具体训练项目的要求上存在差别而已。

四、口语训练与书面语学习相统一

口语和书面语是语言的不同语体，由于使用场合的不同，口语和书面语在语言形式上也存在着较大的区别，特别是在词汇和部分句法形式上，各有自己的语言特色。比如，有一些词是只在口语中出现的，我们称之为“口语词”；有些词是只出现于书面语的，我们称之为“书面语词”。口语和书面语的不同，在华文教学中也会得到反映：某些课型可能较多地使用书面语，如读写课；而某些课型则以口语体为主，如听说课。不管是书面语体，还是口语体，它们都是语言的表现形式，都具有自己独特的交际环境和交际功能，两者并不互相排斥。从语言教学的角度来说，它们都是学生必须要接触和掌握的内容。在华文教育中，为了让学生能全面地掌握华文，教师就要注意把两者有机地结合起来进行教学，而不能片面排斥某一种语体的语言。

五、课堂教学与课外训练相统一

课堂教学是华文教育最主要的形式，在课堂教学中，师生之间、学生之间的交流伴随着心理和文化各个方面的交流与渗透，对教学双方都发生着作用。在华文教育中，学生对华语和文化的习得主要是通过一堂堂华文课的聆听、学习和练习来实现的，因此，我们必须重视课堂教学。但另一方面，我们也不能忽略课外训练，因为华文教育的特点决定了华文教育并不止于学校，也不能止于学校，更不能止于小小的课堂。当前海外的华文教育大多属于华侨华人所在国正规国民教育之外的补习教学性质，课堂教学时数有限，学生学习精力分配也有限。在这种条件下，华文教育就必须充分挖掘课堂之外的教学时间，特别是来自家庭的学习资源，从而加强课外训练。只有课堂教学和课外训练互相配合，华文教育的整体质量才有可能提高。而且，成功的课外训练途径和方式，还能激发学生的学习兴趣，开拓学生学习时间的新领域，有利于学生的全面成长。所以，在具体教学中，坚持课堂教学和课外训练相统一的原则，对华文教育来说具有现实意义，显得尤为重要。

六、“模仿”与“创造”相统一

华文教育作为一种第二语言的教学，模仿是学生学习的重要手段。从学习汉字发音的口型，到汉字字形的书写，到典型句式的操练，甚至到教师说话的神情，都离不开模仿。可以说，对初学者来说，模仿就是我们学走路时父母牵着我们的那只手。模仿是学习的基础，但就像学走路一样，总有一天我们要松开父母的手，独自前行。华文教育也是如此，模仿只是起步，能使学生在模仿的基础上进行语言的创造才是我们最终的教育目标。只有能用模仿学来的有限语言形式创造性地生成无限的活生生的语言，才是成功的华文教育。因而，在华文教学中，教师要充分发挥学生学习的积极主动性和创造性，精讲活练，更多地让学生自己来创造活生生的语言，教师及时地加以指导。让学生模仿只是“施之以鱼”，积极引导学生进行创造性的语言活动才是“授之以渔”。只有让学生把模仿和创造最大程度地有机统一起来，华文教育才能获得成功。

七、华文教育内容与教学形式相统一

华文教育是一个复杂的教学系统，其内部各个教学组成要素之间差别很大。就教学对象来说，既有针对幼儿、少年儿童的华文教育，也有针对成人的华文教育；就教学形式来说，既有全日制教学，也有课余补习式的教学；就教学性质来说，既有第二语言教学，也有类似第一语言教学和培训教学等。华文教育的这种多样性要求我们以灵活的态度来对华文教育进行分类教学，针对不同的教学对象，来确定不同的教学内容、教学语言和教学形式等，最大限度地做到因材施教，灵活择方，而不拘泥于某一个固定的教学模式或者教学体系。

第五章　华文语言要素的教学方法

海外华文教学受课时等限制，一般不采取分技能、分课型教学的模式，而采取综合课教学为主的形式。在综合课教学中，语言要素的教学是其重点教学内容。语言要素是语言的基本组成部分，也是语言教学中的重点。本章主要讨论华文语音教学、华文汉字教学、华文词语教学、华文语言点教学和华文语篇教学。

第一节　华文语音教学

语音教学是华文教学中的重要内容。一般来说，语音阶段的教学时间短，但教学任务紧迫。如何在短时间内帮助学生较为准确地掌握汉语的发音呢？教师除了要让学生掌握声母、韵母和声调的发音要求外，还要注意讲解以下内容：第一，难发、易混的声母；第二，难发、易混的韵母；第三，声调中的变调；第四，轻声及儿化。因此，在语音教学中，华文教师不但自身要掌握汉语语音的基本知识，还要善于发现学生的语音偏误，并针对其可能存在的偏误设计纠正目标和操练方案，以便实施有效教学。

以 zh、ch、sh、r 和 z、c、s 这两组声母的教学为例。这两组声母是学习者学习华文的难点。因为这两组声母既有送气与不送气的区别，也有平舌和翘舌的区别。华文教师应能根据学习者的第一语言发音特点，来决定教学时的训练重点。对生活在东南亚地区的华侨华人学习者进行教学时，要侧重注意这两组音中的翘舌音的卷舌动作，帮助其发出卷舌音。对生活在日本的华侨华人学习者来说，发 r 音尤其困难，在训练其发 r 音时，要告知他们保持发 sh 的舌位，并在发音时振动声带；在训练其发 z、c、s 时则要注意送气、不送气等问题。对于以英语为第一语言的华侨华人学习者来说，教学中则可用英语中的近似音带出这两组音，然后与 j、q、x 进行对比发音。在确定难点以后，华文教师应根据教学难点设计练习与练习方法，编写教案。可供选择的练习方法有多种，比如，图表展示、板书、发音示范、口型展示、借助体态或实物、发音对比、语音游戏、绕口令等。确定方法之后再运用具体的教学技能让学生进行训练，并把展示与训练的设计用文字的形式落实下来，这就是教学教案。

华文语音教学时，教师要能准确判断教学任务中的重点和难点，能运用各种教学手段完成教学任务，帮助学生准确发音。下面，我们分别从声母、韵母、声调、轻声及儿化四个方面对汉语语音教学进行探讨。

一、声母教学

1. 声母的区别性特征

声母是汉语音节开头的辅音。普通话中一共有 21 个辅音声母，分别是：b、p、m、f、d、t、n、l、g、k、h、j、q、x、zh、ch、sh、r、z、c、s。发辅音时，从肺部出来的气流在通过口腔和咽头时要受到这样或者那样的阻碍，气流必须克服这些阻碍，才能发音。因此，辅音声母的发音都取决于发音器官形成阻碍的部位以及形成和克服阻碍的方法，也就是成阻部位和除阻方法。下面，我们根据成阻部位和除阻方法对 21 个辅音声母分别进行归类，见下表。

表 5－1　声母按发音部位归类

发音部位	双唇音	唇齿音	舌尖前音	舌尖中音	舌面音	舌尖后音	舌根音
声母	b、p、m	f	z、c、s	d、t、n、l	j、q、x	zh、ch、sh、r	g、k、h

表 5－2　声母按发音方法归类

发音方法	气流强弱		声带是否颤动		阻碍方式				
	送气	不送气	清音	浊音	塞音	擦音	塞擦音	鼻音	边音
声母	p、t、k、q、ch、c	b、d、g、j、zh、z	b、p、f、d、t、g、k、h、j、q、x、zh、ch、sh、z、c、s	m、n、l、r	b、p、d、t、g、k	f、h、x、sh、r、s	j、q、zh、ch、z、c	m、n	l

在表 5－1 中，我们按照发音部位的不同，将 21 个声母分成七类。这七类声母的发音部位从口腔位置（或舌位）来说，其顺序大体上是依次从前往后排列的。

在表 5－2 中，我们按照发音方法的不同，对 21 个声母进行了归类。其中，阻碍方式和声带是否颤动是完全归类，即 21 个声母在这些类别中都能找到自己的位置；气流强弱则是不完全归类，只有部分声母具有这一对比性较强的特征。

将以上两个表格中声母的发音部位和发音方法进行组合，可得出不同声母的语音学名称，如：

b：双唇、不送气、清、塞音

p：双唇、送气、清、塞音

f：唇齿、清、擦音

l：舌尖中、浊、边音

各个声母的语音学名称其实也就标示出了它们各自的区别性特征。

2. 声母的难点音教学

不同国家的学生在学习普通话声母时，各有自己的难点音。以下几组声母的发音是华文学习者常见的共同难点音：送气声母和不送气声母；舌尖前声母；舌面声母；舌尖后声母。

（1）送气声母和不送气声母的教学。

汉语的送气声母和不送气声母形成十分严格的对立，两两相对，有区别意义的重要作用。如“口语”一词，如果发“口”时的声母不送气就会念成“狗语”。“肚子饱了”也是同样的道理，把“肚”的声母 d 和“饱”的声母 b 换成相应的送气音 t 和 p，就会变成“兔子跑了”。

汉语中具有送气和不送气的区别特征的声母主要有六组，分别为 b—p、d—t、g—k、z—c、zh—ch、j—q。很多华侨华人的第一语言的辅音系统没有送气和不送气之分，所以，他们可能对这六组声母的区别不敏感，常常产生一些发音错误。部分华裔学生受汉语方言影响，一般能发一些送气声母，但往往在听感上也比较含混。所以，华文教师仍有必要对这一类的声母进行重点讲解和训练。训练可以从三个方面进行：

第一，在理论上，华文教师要清楚，送气声母和不送气声母的区别是送气声母消除阻碍的气流很强，而不送气声母消除阻碍的气流较弱。

第二，在具体教学讲解和训练中，华文教师可以做一些夸张的动作，通过对比来表现两者的不同，如以鼓足气吹蜡烛的方法发出的是送气声母；发音时能够把纸张吹动发的是送气声母，不能吹动的是不送气声母。可以先教相对容易的双唇送气声母 p，再以 p 的发音为基础引导学生体会其他送气和不送气的区别。一般情况下，先教塞音，再教擦音。

第三，通过语义上对比性比较强的组合练习，来强化送气和不送气在汉语中的两两对立，以使学生留下必须注意此类区别的深刻印象。如辫子—骗子、伯伯—婆婆、干—看等。

（2）舌尖前声母 z、c、s 和舌面声母 j、q、x 的教学。

发舌尖前声母 z、c、s 的困难相对较小，特别是 s，一般来说，学生比较容易掌握。华文教师可先让学生发 s 的音，找准舌位，即发音时舌尖和上齿背发生关系，再来发塞擦音 z、c，发音时，z 不送气，c 送气。

发音问题较大的是舌面声母 j、q、x，尤其是 x，经常和 s 混淆。两组声母之间的区别及发音要领教师可作如下讲解：

第一，从理论上来说，教师要清楚两组声母在发音方法上的区别不是太明显，都是清音，内部都分别有送气和不送气、擦音和塞擦音的区别。两组声母的根本区别在于它们发音部位的不同：z、c、s 的发音部位是舌尖和上齿背，而 j、q、x 的发音部位是在舌面和上齿龈与硬腭之间。

第二，在教学讲解和训练中，为帮助学生体会、找准两者之间在发音部位上的不同，华文教师可以借助舌面韵母 i 的发音来感觉舌面的发音作用，先让学生发韵母 i，再让他发声母 s，两者交替进行，体会发 i 时舌面隆起并贴近硬腭的感觉，发 s 时舌面降低，舌尖上升贴近上齿背的感觉。反复对比，关键是要让学生体会到舌面隆起的感觉。在这个基础上，再用 x—s 代替练习，慢慢巩固，然后再练习 j—z、q—c。

第三，通过对比性的练习，从语义上的差异来强化学生对这两组声母区别意义作用的认识。如先—三、兄—宋、机器—自弃、秀气—袖子。

（3）舌尖后声母的教学。

舌尖后声母 zh、ch、sh、r 是华侨华人学习者习得华语语音的难点问题，这组音也是部分华文教师的发音难点。在发舌尖后音时，学习者最常见的问题是把它发成舌尖前音。在教 zh、ch、sh、r 这一组舌尖后音时，可采用以下教学方法：

第一，理论上，华文教师要清楚舌尖前声母和舌尖后声母的区别也在于发音部位的不同，前者是舌尖和上齿背，后者是舌尖和硬腭，这一点从它们各自的语音学名称就可以看出来。在具体教学之前，这个区别最好能让学生清楚地意识到。

第二，在具体讲解和训练中，华文教师可以让学生先练习用舌尖去寻找不同舌位的位置，如齿背、齿龈、硬腭等。反复练习，巩固舌尖和不同部位接触时的不同感觉，并逐步在各个发音部位发音，教师帮助听辨，一旦学生找到正确的发音部位，发出正确的音，就马上告诉他，并让其练习巩固。在具体练习中，教师也要告知学生，舌尖后声母的发音并不单纯是舌尖的翘起，舌身的抬起也非常重要，只有舌身抬起，舌尖的翘起才会自然、到位。教学中也要注意提醒学生舌位不能太靠后。可用以下几组词语进行发音对比练习：私人—诗人、擦手—插手、资源—支援、租—猪、粗—出、岁—睡。

第三，舌尖后声母的发音往往存在这样一种现象，即该组音学生在单念时一般没有问题，但一到表达说话时，即在语流中，舌尖后音便常常被发成了舌尖前音。这是学习者发音不稳定的表现，必须通过课后大量的巩固性练习才能逐步克服。

二、韵母教学

1. *汉语韵母的类型*

韵母是汉语音节中声母后面的部分。现代汉语中韵母主要有以下几类：单元音韵母、复元音韵母、鼻韵母。其中，单元音韵母又包括舌面单元音韵母 7 个，舌尖单元音韵母 2 个，卷舌单元音韵母 1 个。复元音韵母包括二合元音韵母 9 个，三合元音韵母 4 个，分属前响、中响、后响复元音韵母。鼻韵母 16 个，8 个带舌尖鼻音韵尾 -n，8 个带舌根鼻音韵尾 -ng。现代汉语总共有 39 个韵母。在这 39 个韵母中，元音都是占主导地位的，韵母的区别主要是元音的区别。

2. 元音的区别性特征

元音是声带振动，气流在口腔和咽头没有受到阻碍而发出的音。元音的不同在于发音器官、舌位和唇形的不同。发音器官的区别在于舌尖还是舌面，舌位是指舌头的部位，唇形是指嘴唇的形状（圆、不圆）。从这三个角度出发，我们就可以有效指导学习者区别单个元音。

表 5-3　普通话单元音区别特征比较

发音要素 / 单元音	发音器官	舌位	唇形
ɑ [A]	舌面	央、低	不圆唇
o [o]	舌面	后、半高	圆唇
e [ɤ]	舌面	后、半高	不圆唇
ê [ε]	舌面	前、半低	不圆唇
i [i]	舌面	前、高	不圆唇
u [u]	舌面	后、高	圆唇
ü [y]	舌面	前、高	圆唇
-i (si) [ʔ]	舌尖	前、高	不圆唇
-i (shi) [ʅ]	舌尖	后、高	不圆唇
er [ɚ]	舌头（卷舌）	央、中	不圆唇

将表 5-3 中的三个要素依次排列，就得到了各个单元音的语音学名称，如：

ɑ：舌面、央、低、不圆唇元音

-i（si）：舌尖、前、高、不圆唇元音

er：卷舌、央、中、不圆唇元音

从各个元音的语音学名称可以清楚地看出单元音在发音上的区别性特征。复元音韵母和鼻韵母的区别主要受单元音影响，鼻韵母受鼻韵尾的影响比较大。

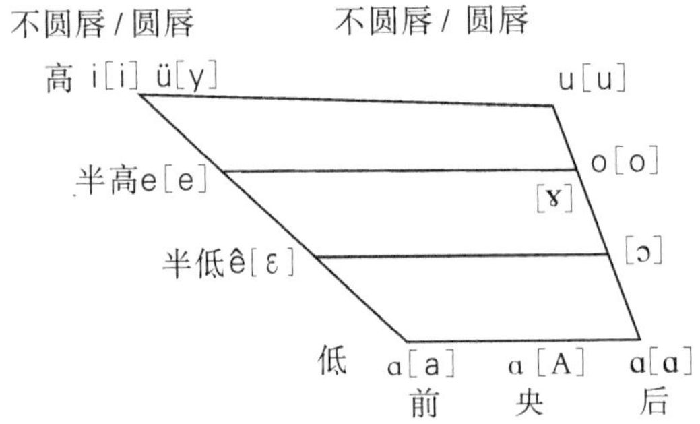

图 5－1　舌面单元音韵母四边图

3．韵母的难点音教学

各个国家及地区的华文学习者在学习韵母时，都存在着一些难点音。而以下几个韵母是华文学习者的普遍难点。

（1）ü。

海外的华侨华人学习者许多都具有客家或闽南方言的语言背景，而这些语言中是没有 ü 这个元音的，因而，他们常常会将 ü 发成 i，把“吃鱼”读成“吃移”。这个问题普遍存在。元音 ü 的讲练可以分成以下三步：

第一，在理论上，华文教师务必要清楚，i 和 ü 这两个元音的发音器官和发音部位都是一样的，都是舌面、前、高元音，其区别仅在于唇形的圆展上。发音时 i 是不圆唇展开的，而 ü 是圆唇的，发 ü 时，嘴唇要撮起来，而且要撮圆。

第二，在 ü 的讲解和训练中，华文教师首先要能清楚地听辨出学生发音的正误，发现其问题所在；然后，在此基础上，纠正学习者 ü 的错误或者不到位的发音。此时，纠正的重点就在于要指出 ü 在发音时嘴唇是要撮圆的，具体方法是，可以让学生像吹口哨一样练习圆唇，反复几次，使其能习惯性地把嘴唇撮起来，再来发 ü，会取得较好的效果。

第三，教师随堂提供给学生对比性的练习材料，如你—女、前—全、大姨—大鱼、联系—连续。让学生在体会两者差异的基础上反复练习，逐步掌握 ü 的发音。

（2）－i（si）。

在汉语拼音方案中，i 其实代表了 3 个元音韵母：舌面、前、高、不圆唇元音 i（ji），舌尖、前、前、高、不圆唇元音 －i（si），舌尖、后、高、不圆唇元音 －i（shi）。因为舌尖、高、不圆唇元音只和 z、c、s 相拼，舌尖、后、高、不圆唇元音只和 zh、ch、sh、r 相拼，舌面、前、高、不圆唇元音则只和除此之外的其他辅音相拼，因此，这 3 个元音实际上是互补分布的，对所搭配的辅音各有选择，不会重叠。汉语拼音方案为了使方案本身简单起见，就采用了把 3 个不同的元音都写作 i 的处理方式。但在发音上，三者还是有不同的。华文教师自身对汉语拼音方案的这种处理方式不但要知其然，还要知其所以然。华文学习者一般在发舌面、前、高、不圆唇元音与辅音相拼的音节问题不大，但在发舌尖、前、高、不圆唇元音时常常会产生问题。如经常把舌尖、前、高、不圆唇元音发成一个舌位偏低、偏后的央元音，这是因为其在发音时舌头会不自觉地往后缩而造成的。纠正华文学习者这类问题的步骤是：

第一，华文教师要在理论上明白三个 i 的具体分布情况及其发音特点，特别是要清楚舌面元音和舌尖元音的区别，预判学生可能会出现的问题。

第二，3 个 i 的发音说到底都和其所组合的辅音密切联系。一般来说，辅音或声母发音准确，则 i 的发音相应也能到位。唯一的不同在于发完辅音后元音还没发完整，舌位就发生变化了，这会导致 i 的发音不到位。所以，练习这 3 个元音的方法是，在发完和 i 元音组合的辅音的基础上，教师要求学生保持舌位不动，然后延长其发音，这个被延长的后半段就是 -i 的音。通过这个方法，让学生来体会 3 个不同元音的发音异同。如要求学习者分别发出“鸡—资—之”3 个音节的音，并分别延长每个音节的后半段，多次反复练习。

（3）ing。

后鼻音也是华文学习者在语音方面的主要学习难点，学生往往很难发到位，发准。这一组音的讲练方法是：

第一，在理论上，华文教师要清楚，前鼻音和后鼻音虽然都是鼻音，气流也都从鼻腔出来，但是，它们的发音部位不同。前者是舌尖中音，舌位在硬腭前；后者是舌根音，舌位靠后很多，在舌根处。

第二，在教学讲解和训练中，为帮助学生更直观地感觉到这前鼻音和后鼻音的区别，华文教师可以采取以下几个具体的方法：

①牙咬舌尖法。前鼻音发完以后，因为 n 是一个舌尖中音，它最后要归音，即舌尖要回到上齿背处，所以前鼻音发完后，舌尖可以抵住上齿背，甚至可以让牙齿咬到舌尖；而舌根音由于舌位在口腔后部，所以后鼻音发完以后，牙齿是不可能咬到舌尖的。

②气流上冲法。虽然气流都是从鼻腔出来，但前鼻音的气流直接从鼻孔出气的感觉更明显，而后鼻音的气流感觉是直冲向脑门的。

③韵腹 i 延长法。ing 是一个后鼻音韵母，它和前鼻音韵母 in 的发音区别是同组韵母中最难区分的。在练习 ing 的发音时，华文教师可以指导学生把韵腹 i 的发音适当延长，最后收后鼻音韵尾 -ng。延长法有利于学习者体会从前鼻音到后鼻音，发音时舌位的动态变化过程。

第三，提供一些对比性的语音材料练习，让学生反复练习，从中体会两者差异，如民心—明星、开饭—开放、简历—奖励、机关—激光、存钱—从前、亲身—轻声。

三、声调教学

汉语是有声调的语言，声调的高低不同在汉语中有区别意义的作用。这一点和世界上的其他很多语言不同，如在印尼语中，声调的变化不影响意义的表达，因而对类似以印尼语为第一语言的华侨华人学习者来说，掌握汉语的声调就存在困难，声调教学既是语音教学重点，也是难点。

1．汉语的声调类型

现代汉语普通话有四个声调，分别是阴平、阳平、上声、去声，也叫第一声、第二声、第三声、第四声。四声当中，阴平的调值最高，为55，又称为高平调。阳平的调值为35，又称为上升调。上声的调值为214，先降后升，称为降升调。去声的调值为51，又称为降调。

2．声调教学

一般认为，在汉语四个声调中，第二声阳平和第三声上声最难掌握，尤其是上声，它是个曲降调，先降后升，很难掌握。华文学习者在汉语声调上存在的问题主要有：在发阳平时，不是直接上升，而是先有一个低平段，然后再上升；上声靠向阳平，然后再上升；去声趋平。

汉语声调系统中，两个升调相对较难固然没错，但也不能忽视对第一声的教学。第一声是个平调，一般人认为最容易掌握，其实不然，比如，对印度尼西亚的华文学习者来说，他们在初学汉语时，第一声就容易出现调值不够高的发音缺陷。因为阴平在汉语语音中是个高平调，是四个声调中调值最高的，如果阴平不够高，发成中平调甚至低平调，那么，后面的降调和升调音高变化的幅度势必缩小，使得阳平和去声的调域变窄，最终的结果就是发现声调偏误。所以，在声调教学中，华文教师首先应该帮助学生确定第一声的基本调值，在此基础上，再找到相应的其他声调的调值变化的区间。

阳平要注意起调不能太高或太低；上声要注意下降的幅度，上声本质上是个低调，但华文学习者大部分在发音时就是低不下去，发出的上声往往更像第二声阳平。为克服上声发音不到位的缺陷，华文教师可以将上声由214描写成2114，目的是帮助学习者延长第三声在音程底部的时间，达到帮助学习者发音时真正降下去的目的；另外，上声后面的上升段虽然调值变化大，从五度标记法底部的1到4，但整个动程相对来说是最短的，因此，教师在指导学习者发音时，要让其避免将上升段拖得太长。而且，鉴于上声字只有在单念或强调时才念本调，在连调时不需向上升，为一个低降调，读211调值，所以，练习时可以把211作为基本调型。如我们、很高、语言、五块。如果学生念上声时起调太高，靠向第二声，练习时也可以用去声带上声，如太好、大雨。

汉语第四声的教学，华文教师主要是要提醒学习者下降时要降得彻底，从五度标记法的5到1，要一降到底，而不能只降到一半。

四声唱练的方法在汉语声调教学中经常使用，比较有效。

四、轻声、儿化的教学

受前后音节的影响，普通话的音节在说话过程中的实际发音和单念时不同，这就是音变现象。普通话的音变主要有以下几种：变调、轻声、儿化、“啊”的音变。其中变调又包括上声的变调、“一、不”的变调等。此处着重就华侨华人学习者较难判断或者掌握的汉语轻声和儿化的教学进行探讨。

1. 轻声的教学

汉语中有些音节在某些场合失去原来的调子，变得又短又轻，这就是轻声，如“子弟、子孙”中的“子”读本调上声，而“桌子、凳子”中的“子”读得又短又轻，就是轻声。轻声是汉语一个重要的音变现象。轻声既有区别词义的作用，又有区别词性的作用。如“东西 xī—东西 xi”，两者都是名词，但前者“西”读第一声，指的是方向；后者“西”读轻声，指的是事物，意义不同。又如，“地道 dào—地道 dao”，前者“道”读第四声，是名词；后者“道”读轻声，此时“地道”就变成一个形容词了。世界上很多语言并没有这种利用轻声来区别词义和词性的现象，在作为海外华侨华人主要背景方言的客家话、闽南话、粤语中也基本无轻声现象，因此，轻声的掌握是华文语音教学的重点和难点。

为在教学中尽快帮助学生掌握轻声的发音，华文教师应从理论上认识到，轻声不是单纯地后一个音节读得轻，而是要短而轻，即后一个音节读为轻声本质上是要先短，然后才轻。如非轻声词“地道”，朗读时是两个各自独立的节拍，“1+1”；而对轻声词“地道”来说，其两个音节节拍的分布不再是“1+1”，而大体上变成了“1.5+0.5”，即前一个音节延长了半拍，后一个音节缩短了半拍。后一个音节在时间动程上缩短以后，相应的音高也就低了，听上去感觉就很轻，所以，称之为轻声。轻声的轻是以短为基础的。轻声词中两个音节这种节拍分布的不同，华文教师可以示范给学生看，并告诉给学生听，以指导学生体会音节缩短以后最后一个音节发音较轻的感觉。

轻声字总体上音高较之本字有所下降，但在不同的音节后的轻声调仍然存在差异，这种差异和前一个音节的调值密切相关。华文具体教学实践中，教师不可能叫学生记住什么声调后的轻声调值是多少，但教师可以通过“带音法”来让学生模仿轻声的发音。其具体做法是：利用汉语中表示味道的词“酸、甜、苦、辣”。这几个词后面都可以加“的”来表示指称，而且这四个字的声调又正好分别是汉语的一、二、三、四声，“的”又都读轻声。这样，我们就可以先教会学生“酸的、甜的、苦的、辣的”的读音，特别是轻声字“的”的读音。在学生学会发这四个词的音以后，再利用这四个轻声词准确发出其他轻声词的读音。比如，让学生读轻声词“状元”，如果学生读不准，就叫学生从表示味道的四个轻声词中选出和要读的轻声词前一个音节声调一样的那个词，即“辣的”，然后重复朗读“辣的”两到三遍，让学生体会第四声后轻声“的”的调值；在此基础上，让学生读完“辣的”以后马上读“状元”，这样就把“辣的”这个轻声词的语音模式带到了“状元”这个轻声词上，也就是帮助学生找准了所要读的轻声字的调值，这样，学生就能准确地发出“状元”这个轻声词了。

至于汉语中哪些词读轻声，哪些词不读轻声，有无规律可循，这是华文学习者，包括华文教师都很关注的问题。但汉语中哪个词要读轻声，哪个词不该读轻声，本身无规律可循。准确判断哪些词是轻声词，哪些词不是轻声词，需要华文学习者平时注意积累。常见的轻声词有：东西、消息、朋友、打听、告诉、商量、粮食、耳朵、客气等。

2. 儿化的教学

儿化在汉语语音中有其独特的作用，它既能分辨词义，也能区别词性。“把盖子盖起来”可以说成“把盖儿盖起来”，但不能说成“把盖盖儿起来”，因为动词“盖”儿化以后就转变成了名词“盖儿”。儿化音还可以表现感情色彩，具有语用功能。但也必须承认，汉语的儿化音难发，而且很难学好，很难记住规律。对华文教师来说，教学方法就显得很重要。

儿化音的儿化规律是按照原韵尾、原韵腹的不同而变化的，即使列表归纳，规律还是显得很零碎。要把这些规律一条条记住，对学习者来说是相当困难的。在教学中，建议华文教师化零为整，让零碎的、缺乏联系的规律成为一个有机整体。如能在儿化词表的例词中，设法找出一些代表词，而这些词又能组成一句有意思的话，这样就便于学习者记忆了。例如，选取“大伙儿”为 o 元音韵尾的代表，“一块儿”为 i 元音韵尾的代表，“花园儿”为前鼻音韵尾的代表，“帮忙儿”为后鼻音韵尾的代表，“小鸡儿”为高元音韵腹的代表，“树枝儿”为舌尖后元音韵腹的代表，然后组成这样一句话：“大伙儿一块儿到花园儿帮忙儿，抓小鸡儿，剪树枝儿”。这样，看似杂乱的规律就会变得易学易记多了。

语音儿化虽然有许多功能，但毕竟是难学难记的，因此，教学上也建议从俗从简，把重点放在那些能够区别词性或者能够区别词义的儿化上。对华侨华人学习者在发音上也可以采取适度从宽从简的要求，只要在原来韵母的后面带上卷舌色彩，并且把它们读成一个音节就可以了，儿化后原韵母一些细微变化华文教师可以适当忽略不计，不必吹毛求疵。

另外，声韵指辨、填空练习、拼音改错、辨音填空、绕口令等也是常见的语音训练方法。

第二节　华文汉字教学

文字是记录语言的书写符号系统，是语言最重要的辅助性交际工具。汉字是记录汉语的书写符号系统，它是表意体系的文字。许多民族的语言，如英语、印尼语，用来书写的文字采用的是拉丁文，是一种表音体系的文字。海外华侨华人子女在学习华语时，汉字书写是很重要的学习内容，华文教育应该重视汉字教学。吕必松（1999）提出："汉字教学是汉语教学的组成部分。……正确认识汉字和汉语的特点是改革汉字和汉语教学的关键。"李大遂（1998）认为："学习汉语的基本功夫是识字，……汉字研究是汉语语音、词汇、语法研究的基础；汉字教学是汉语词汇、语法教学的基础，对汉语语音教学也有相当的作用。"

一、汉字的特点

汉字是一种典型的表意文字，它具有以下特点：

1. 数量繁多

现代汉语通用汉字有 7 000 个，总数达 9 万多个。而拼音文字一般只有几十个，如拉丁字母 26 个，俄语 33 个。一般认为，汉语最常用的汉字为 3 500 个。

2. 构形具有理据

象形、指事、会意等方法造出的汉字有清楚的意义基础，80%以上的形声字的形旁对意义有提示和区别作用，声旁对读音有提示作用，这些都是汉字理据性的外在表现。

3. 结构复杂

汉字以二维平面构字，笔画组合形式非常丰富，字形结构复杂。但复杂的结构也有助于提高视觉分辨率，有利于快速阅读。

4. 历史悠久，具有深厚的历史文化传统

汉字有 3 000 多年的历史，用汉字书写的历史文献极为丰富。而共同的书面语，共同的文字，也提升了广大华侨华人对祖（籍）国的认同感，增强了对祖（籍）国的感情。

二、汉字教学的主要内容

华文教学中汉字教学的主要内容有：

1. 教学内容应为现代汉字，主体是简体字

汉字的发展经历了很长的时期，有许多种书写形式。从甲骨文到金文，到大篆、小篆，再到隶书、楷书，从繁体到简体，以上都是汉字在某一特定时期的面貌。从有利于交际出发，当代华文教育汉字教学应该教授现代汉字，而且从实用性出发，应该教学生书写简体字；同时，鼓励学生认读繁体字。

2. 教学性质为汉语作为第二语言教学的汉字教学

华文教育的对象虽然是海外华侨华人子女，这类学习者受家庭、社会圈子的影响，多多少少有些华文背景，但客观上他们又多以所在国通用语言为第一语言，习惯写拼音文字或者其他文字，所以，华文教学中汉字教学的主体性质属于第二语言教学。

3. 教学目的是为了提高学生的汉字能力

汉字能力是指学生书写、认读、表达和交际的能力。根据汉字易认难写的特点，可以先确定一个“四会”（会认读、会理解、会书写、会使用）的基本汉字学习量，然后再以此为基础，扩大一般的识字量，形成汉字教学的不同层次。在写字教学中注重笔画、笔顺和部件的书写训练；同时，要充分发挥形声字声旁的语音提示功能和形旁代表义类的语义提示功能。

三、华文教师汉字教学的知识储备

华文教师在进行汉字课教学之前，应该具备汉字教学的基础知识，这样才能在汉字教学中得心应手，避免出现知识性的错误。华文教师进行汉字教学应储备以下几方面的知识：

1. 汉字结构知识

有关汉字结构，华文教师应熟悉以下内容：

（1）汉字是由笔画组成的，或者由笔画组成部件，再由部件组成汉字。

（2）汉字可以分成独体字和合体字，合体字占现代通用汉字的大多数。

（3）汉字的合体字是可以分层次的，结构包括左右、左中右、上下、上中下、全包围、部分包围等形式。

（4）认知汉字，最好以部件为单位进行。因为汉字具有表意性，很多形声字中，部件既表音又表意。

2. 汉字的基本笔画名称和笔顺规则

汉字的基本笔画有 8 种：横、竖、撇、点、捺、提、钩、折。如果再加上各种笔画的变形，就有 20 多种了。汉字的笔画从起笔到落笔的方向看，几乎包括了平面中的各个方向，如“横”从左到右；“竖”从上到下；“撇”从右上到左下，但变形笔画有平撇、竖撇，方向也不同；“捺”从左上到右下；“点”有向左和向右两种；

“钩”的方向更多，如“到”字中的竖钩、“我”字中的斜钩与“家”字中的斜钩方向是不同的，钩的形式还有“买”中的横钩，“儿”中的竖弯钩等；“提”是从左下向右上运笔的；“折”的变化也很多，如“马”、“线”、“乃”、“同”、“匡”、“弓”等字中的折都不同。从上可见，汉字的基本笔画虽然只有8种，却可以有诸多的变形笔画。

汉字笔顺的基本规则：①先横后竖，如十、干；②先撇后捺，如人、天；③从上到下，如是、示；④从左到右，如汉、语；⑤由外及里，如同、月；⑥先中间后两边，如小、水。至于全包围结构的汉字，笔顺规则是先外再里最后封口。半包围结构的“这、过、建、延”是先写右上角的部分，最后写偏旁。

3. 汉字教学的定量意识

在华文教学中，汉字教学要考虑先教哪些汉字和部件，每堂课应该教多少个汉字和部件，这些内容的确定要有科学性。徐子亮（2000）指出：“低年级的学生一堂课只能接受十来个生词，……中年级的学生一堂课的容量逐渐增大，可接受二十多个生词，……高年级的学生一堂课的容量则更大，一般都能接受三十多个词语。”教学中除了要遵循汉字本身的特点外，还要注意由简到繁，考虑学生一个课时能接受多少个汉字，由此来决定教学进度。

一般来说，初级学生学习汉字的字量在800～1 000个常用字范围内。在这个阶段，要学习汉字的基本笔画、书写笔顺；要掌握一定数量的常用构字部件，一定数量的常用汉字；要理解汉字的结构特点，能正确拆分合体字。

具有中级水平的学生应该侧重汉字表音和表意特点，以及汉字在汉语常用词中的使用，还要学会辨析汉字中的形似字和多音字，掌握的汉字量应该扩大到3 500个常用汉字。

而对高年级的学生，汉字教学内容可以涉及更广泛的应用乃至汉字文化，比如，要求学生掌握一个汉字在表意方面的丰富性，要求学生针对一些汉字，学会相关的汉语常用词、习惯用语等，要求学生在阅读时准确把握汉字的音义，在汉语写作中准确地使用汉字，避免写错别字。

4. 汉字教学的重点

在华文汉字教学中，以下内容需要重点讲练：

第一，象形字、指事字、会意字的教学要突出形义关系。教学中，华文教师不必把象形字、指事字、会意字这些名称告诉学生，但必须让学生对这些知识有所了解。在教“女”字时，如果告诉学生“女”是个象形字，学生一定会觉得奇怪，为什么要这样写？为什么用这个字形来表示女性？教师如果能出示该字的小篆字形，并且解释字形就像一屈膝跪地的人形，古代女子地位低下，一般是双手交叉下垂、低眉顺眼的样子，然后发展成今天所写的字形，那么，学习者自然就能将“女”这个字形以及所代表的意义在脑海里联系为一个整体，并很快就将形义结合起来。又如，“男”字是由“田”和“力”组成，华文教师可告知学习者，中国古代以农耕为主，“田”指田地，“力”指一种用来耕地的农具，男子的力气大，耕地应该由他们来做，所以，“男”的字形借这样的意象来定型，从而表示男性的意义。当学习者明白汉字在字形和字义上的有机联系后，就容易记住汉字的写法。

当遇到象形字、指事字、会意字时，华文教师更应该帮助学生厘清汉字的形、义联系，从而帮助学习者理解和强化对汉字书写的记忆。

第二，形声字的教学要抓住形旁、声旁的特点，延展教学深度。常用汉字中大部分都是形声字，因此，形声字的教学是汉字教学中的重点。根据形声字中形旁和声旁的特点，华文教师进行汉字教学时要做到以下两点：

①抓住形旁的表意特点。形声字的形旁一般都表示大的义类，比如，“亻”、“木”、“土”等部件，常常作形旁表意，出现在汉字的左边。教师要把这些规律告诉学生，让学生学会从形旁判断汉字的义类。一个相同的部件，充当形旁还是声旁，有时能通过该部件在形声字中的位置和书写方式（大小、部件变形）来判断。比如，“木”字出现在一个汉字的左边时，一般将最后的捺写为点，常常作形声字或会意字的偏旁，如“林、树、材”等，而且“木”在形声字中充当形旁居多，常用汉字只有“沐”是以“木”为声旁的。很多汉字部件都有类似的特点，华文教师要善于总结出相关规律并传授给学习者。

②关注声旁的多种功能。有的声旁仅仅表音，有的声旁则不仅表音，还表意。对于声旁仅表音的字，要考虑声旁在合体字中的位置特点，在教学中提醒学生注意。如“票”字，作为合体字的构字部件时，可能出现在左边，如“瓢、飘、剽”，也可能出现在右边，如“漂、缥、膘”，一般都充当声旁，但是，与形声字的音并不完全相同。也有一些可以单独成字的构字部件在充当声旁时，其读音与所构成的形声字的读音完全不同。如“我”字，构成“饿、哦、鹅”等字，读音各不相同。而对于声旁既表音又表义类的汉字，在教学中要强调该形声字的声旁与该字的形音义的联系，为学生理解、记忆该汉字提供一条可行的线索。另外，对那些可以表不同音的声旁，要注意总结学生学过的汉字，准备相应的练习，使学生意识到这个声旁的特点。

当然，并不是所有的形声字都能找出形旁或声旁跟整个形声字意义的清晰脉络，在教授这类新字时，要强调学生对形音义的整体记忆，特别强调形旁对判断字义范畴的作用。

四、汉字的常用教学方法

汉字教学往往枯燥无味，尤其对非汉字圈的华侨华人子女来说，学习书写汉字是一个难点。因此，在汉字教学中，华文教师需积极寻求各种有效的方法，来活跃汉字教学的课堂气氛，帮助学生理解汉字的构造，调动学生的学习积极性，就显得非常重要。华文汉字教学的常用方法有：

1. 利用识字卡片

识字卡片的种类很多，可以自己制作，也可以在市场上买到。有的教材直接配有识字卡片，如美国加州斯坦福中文学校马立平女士编写的《中文》教材。教师可以使用卡片来展示汉字的形、音、义，例如，先让学生看图说字，再让学生看字翻译，最后让学生看拼音写汉字。教师也可以用卡片来指导学生做游戏，记诵字词。如果华文学校能选购大幅的识字挂图贴在教室墙壁上，则可以创造一个良好的汉字学习氛围。

2. 以旧带新

利用已经学过的汉字、部件和汉字结构知识引出新字。这样既巩固了学生对旧字的记忆，又通过关联关系突出了新字的特点。这种展示可以从部件、结构、字音等入手。

（1）用旧笔画引出新汉字。

如已经学过“中国”的“中”，那么，可以在教“申”字时以旧带新。可以在板书时对两者进行对比教学，特别是相异部分。

（2）用旧结构引出新汉字。

为加深学生对新学汉字结构的认识，可以把已经学过的汉字的结构拿来对比，画出两者的结构图，来显示其共同点和不同点，如：林—森、持—特。

（3）用旧字音引出新汉字。

如已经学过“青”，再学“轻、清”时，教师可以将这三个字板书在一起，然后指出这是“青年”的“青”，这是“轻松”的“轻”，这是“清水”的“清”，三个字意义截然不同，但它们读音相同。

（4）用旧字义引出新汉字。

如学生已经学过“长”，现在要教“短”，教师可以先板书“长”，然后问学生“长”的反义词是什么，学生回答：“短”（可能用其第一语言回答）。老师此时再把“短”书写到黑板上，并和“长”进行对比。

3. 正字训练

正字训练指的是使用规范化、标准化的汉字，纠正学生书写中出现的错别字和不规范汉字。汉字的错误种类主要有：

（1）笔画错误。

汉字笔画多，字形复杂，初学汉字的华侨华人学习者对其细微处和近似处常常难以区分，从而造成错误。对于初学者，华文教师在教学中应避免讲太多汉字知识，而选取常见的典型错字板书在黑板上，然后用彩色笔进行纠正，也可以叫学生一起参与纠正，以加深其印象。

（2）笔顺错误。

正确的笔顺，不仅可以帮助学生写得快、写得对，而且能帮助学生写得好看。华文教师教写生字时，可让学生到黑板上书写，同时，观察其笔顺是否正确，如有错误应立即指出并加以纠正。或者用提问的方式，问学生某字的第几笔是哪一画，强化学生的笔顺意识。

（3）部件组合错误。

部件组合错误是汉字书写中常见的错误之一。部件组合错误构成的汉字，可能是假字，也可能是别字。这些问题出现后，华文教师都要根据不同错误类型指导学生学会正确书写。

同时，教师也可以指导学习者进行部件拆分与组装的练习。部件是汉字结构的核心，多做部件拆分组装的练习，可以强化学习者对汉字结构的认识。对于形体特殊的汉字，如“微、健”等，可以板书示例进行部件拆分，它能帮助学生识别、记忆微小部件及笔画结构；对于结构复杂的字，如“赢”字等，要通过部件拆分与组装来让学习者看清楚其内部结构情况。

4. 同旁聚合

汉字当中的形声字很多，可以把声旁相同或者形旁相同的汉字聚合在一起归类，进行对比练习和记忆。如：

形旁相同的聚合：

心：愿、想、念、急

声旁相同的聚合：

青：请、情、清、精、静、晴

5. 形近字辨析

汉字中有许多笔画、部件或结构相似的字，如果不注意辨别，可能写错；如果不注意分析字义，可能用错，如：拔—拨、代—伐等。对这类汉字的教学，华文教师要把握两个原则：一是注意对比形近字的差异，最好把差异部分用不同颜色标示；二是对于一些特别近似的汉字，如“戊、戌、戎、戍”不要同时教，以免增加学生负担，适得其反。

第三节　华文词语教学

词语是语言的建筑材料，语言是词语按照一定的规则组合而成的，离开了词语也就无语言可言。所以，词语教学是贯穿于整个华文教学活动中的，在华文教学中占有重要地位，词汇教学的效果直接决定了语言教学的效果。

在不同的教学阶段，词汇教学的任务和内容是不同的。《汉语水平等级标准和等级大纲（试行）》规定，一年级（初级）应掌握甲、乙两级常用词3 000个左右，二年级（中级）应掌握甲、乙、丙三级常用词5 000个左右，三、四年级（高级）应掌握甲、乙、丙、丁四级常用词8 000个左右。从初级到中级再到高级，词汇教学的内容基本上是按照“实词—虚词—实词”的顺序安排的。初级阶段的实词基本上是日常生活中最常用的词，大部分通过对译即可为学生掌握，并能满足日常交际的需要；中高级阶段词汇学习的目的则是为了使交际更得体，学习的不仅是词语的基本意义，而且包括了它在不同使用环境中的各种意义和用法。海外华文教学主体已经发展为一种第二语言教学，也适用于以上词语教学的要求。

不同的教学阶段，学生掌握词汇的偏误是有区别的，教学方法也应有所区别。在初级阶段，华文学习者的第一语言干扰现象比较严重，对作为目的语的华文的接受障碍极大，这个阶段出现的词语意义一般比较单纯，所以没有必要对词语作过多的解释，也没有必要告诉学生那些不常用的义项。到了中高级阶段，随着学习的不断深入，学习者第一语言干扰引起的错误的比例逐渐下降，汉语内部自身的复杂性引起的错误逐渐增多，这时就需要具体问题具体分析，有针对性地采取措施了。

词语教学是华文教学的重要组成部分，教师要善于教词语，让学生不但听懂词语，而且会使用这些词语进行正确的交际。在华文词语教学中，教师的讲解要少而精，让学生有更多的时间练习，并且要让学生练得活，练习恰到好处，把握核心，掌握重点。同时，尽量做到词语教学的交际化，让学生在真实的或接近真实的语言环境中理解和运用生词。

一、华文教师词语教学的知识储备

为了能较好地开展词语教学工作，华文教师应在以下几个方面进行相应的知识储备：

1．了解词语教学的主要内容

词语教学的主要内容有：①词语的音形义；②词语的用法搭配；③构成词语的各个语素的意义；④汉语的构词法，特别是离合词的使用特点；⑤词语的语境知识，尤其是多义词、近义词和虚词的教学；⑥词语的语义场词群；⑦词语的文化意义。以上内容不同的教学阶段侧重点也会有所不同。比如，初级阶段的词汇教学应该主要安排常用词、高频词。在处理汉语多义词的多个义项时，应该遵循先易后难、由基本到派生的原则，避免一次性将多个义项不分主次都介绍给学生。而且，在教学中，可以以语素和构词法为基本点，构架词语的语义网络（包括同义网络、反义网络和语义相关网络），帮助学生尽快建立汉语心理词典，提高他们在运用汉语时迅速、准确提取词汇的能力。

2．了解华文词汇教学的常用方法

华文词汇教学有丰富的手段和方法，如网络化教学法，就是积极利用词汇系统的网络化特征，把词汇的各种网络与人的认识规律结合起来，在进行词汇教学时，有意识地涉及目的词在词汇网络中相关联的词汇或意义，从而帮助学生建构汉语词汇网络的方法。如由“冬天”联想到的“冰、雪、棉衣、暖气、冬眠、手套、围巾”等词；由“高兴”联想到“快乐、愉快、开心、欢乐、幸福”等词。

再如，语素教学法，抓住构词的最小单位语素，并以此作为一个教学层级，结合构词法进行词汇教学。例如，“马路”一词，可以先告知学生它的意思是“road，street”，然后分别讲解“马”和“路”，让学生自己利用学过的语素来组词，如“马车、上马、下马、快马、兵马、出马、骑马 // 道路、水路、陆路、大路、小路、同路、路线”等。积累了一定数量的语素并掌握构词规则后，华文学习者就可以激活心里词库中一串甚至一片词汇，实现词汇习得在数量上和质量上的飞跃。

二、华文词语教学的内容

1．初级阶段词语教学的内容

初级阶段的词语教学，主要是要掌握词语的基本意义和用法，避免词语误用。初级阶段词语教学的主要内容有：

（1）词义义项的选择和确定。

对于一词多义的词语，一般应集中讲解课文所用义项，不要急于展开该词语的其他义项。除非一些事实上存在着较紧密关系的一个词语的多个义项，才可适当联系扩展。如《中文》（修订版）第三册第六课《雪》中对生词“尝”的讲解：

《现代汉语词典》中关于“尝”的释义为：

尝：①吃一点试试。②经历、体验。③曾经。

以上“尝”的三个义项中，本课生词“尝”所用的是第一个义项，那我们就只重点练习第一个义项，其他义项不涉及。

（2）词语用法的讲解。

初级阶段词语用法的讲解，又可以从以下几个角度来切入：

①词语的使用范围。

如：贤惠（妇女），贤劳（公事、勤奋），朕、臣（身份）。

②词语充当句法成分的功能。

如：大（形容词，常用在名词前作定语）、大大（副词，常用在动词前作状语）。

③词语的搭配能力。

如：“看” + 单音节词、“看见” + 双音节词。

④词语的感情色彩。

如：招待（褒义）、虐待（贬义）。

（3）词语扩展的限制。

在初级阶段词语的讲解中，词语扩展的使用范围相对有限，一般只限于同义、简单、常用语素的扩展，而不要作改变其词性、意义没有内在联系的扩展。如在《中文》（修订版）第五册第八课《唐人街》中，部分词语便可作如下扩展：

当年：可扩展出“当天、当月、当时”，但不要扩展到“当班、当局、当众”。

春节：可扩展出“中秋节、端午节、儿童节”，但不要扩展出“节约、节省”。

2. 中高级阶段词语教学的内容

中高级阶段的词语教学其灵活度相对要大一些，可以适当拓展，但重在交际。在初级阶段的词语教学内容的基础上，中高级阶段词义解释可更全面，用法介绍要增强多样性，特别在以下几个方面：

第一，词语的文化内涵。如：

贵姓、贵客、贵体、贵校、贵国／贱内、贱姓、贱妾、敝校、敝人

前组词语是尊称，后组词语是谦称，分别适用于不同的场合和说话对象，这是中高级词语教学的重要方面。

第二，词语的语体色彩。如：

教书的/教师、小气/吝啬、还是/仍旧

前者是口语体，在说话交谈中使用；后者是书面语体，常在书面语中使用。

第三，词义的多样表达。如：

坐坐/小叙/拜访、吃饭/开饭/用餐

每组词中的三个词意义相同，但有多种表达形式。

三、华文词语教学的方法

1. 确定词语讲解顺序的方法

词语讲解时，建议对整篇课文生词作通盘考虑，而不是机械地按照课文生词表的原有安排（词语在课文生词表中出现的先后顺序）来讲解。要善于找出一篇课文中某些生词的共同点，以此进行对比性教学，尽量使部分生词在某一个范围内成为一个有机整体，这有助于学生对词义的理解和对词汇的整体记忆。词语教学顺序的安排角度有：

（1）按词类或词的小类对生词重新排列组合。

在生词量不多的课文中，我们可以以词类（动词、名词、形容词、量词等）为标准，对生词的讲解顺序进行再组合，把某一类或某一小类的词集中起来讲解，利用词类相同的词其语法、句法功能也往往相同的特点，使学生对属于某一词类的词的基本句法功能有一个整体认识。如《中文》（修订版）第五册第三课《加油站》有以下生词：

汽车　高速公路　然后　干净　数字　先生

教师可以将以上依次排列的生词按照词类重新组合进行讲解，即：

名　词：汽车　高速公路　数字　先生

副　词：然后

形容词：干净

生词按词类进行组合的意义在于，有助于认识同类生词共同的语法功能；同时，语法功能的不同又有助于学生区别不同词的用法。

（2）按生词的语义场排列或作适当扩展。

属于同一个语义场中的词语，当在它们之间建立起有机的联系之后，辅以事物存在发展的一般规律，这类词语作为一个整体也易于被学生理解和记忆。所以，在观察某一个教学阶段的教学内容时，能否将部分词语纳入一个较直接的联系较紧密的语义场范围进行讲解，也是我们确定词汇讲解顺序的重要角度。如《中文》（修订版）第七册第一课《在机场》有以下生词：

动身　机场　行李　手续　航空　公司　热情

一共　别人　商店　便宜　旅客　飞机　广播

在这些生词中，有一个很明显的语义场，那就是“机场”。和这个语义场有关的词语有：

航空公司　飞机　旅客　行李　广播　手续

和“机场”语义场直接有关的词语共有 7 个，是这篇课文生词的一半，把它们集中到一起讲解，无疑对学生的理解和记忆是大有帮助的。

确定词语的讲解顺序是教师备课时应该做的工作。确定生词讲解顺序的过程也是教师寻找本课词语共同语义、用法特征的过程。

2. 词义解释的方法

（1）利用图画、图片、照片、实物等解释词语意义。

交通工具、动植物、生活用品、学习用品等的讲练可以用这种方法。

（2）利用动作和表情解释意义。

以下词语解释可用此种方法：走、跑、跳、哭、笑、失望、高兴。

（3）设计情景解释意义，利用语境帮助学生理解。

如在一个事件中串讲以下词语：生日快乐、生病、辩论。

（4）利用同义词、近义词、反义词解释词语意义。

这种方法可用在对以下几组词语的解释中：悲伤—高兴、晴—阴、陌生—熟悉、尴尬—不好意思、动身—出发。

（5）通过提问、总结的方式解释意义。在《中文》（修订版）第三册第三课《在医院里》有以下生词：

发烧　打针

在讲解“发烧、打针”这两个词时，教师可以问学生，感冒以后人的身体可能会怎样，学生可以用第一语言回答。在听到学生用第一语言说“发烧”时，叫学生停住，教师将这个词在黑板上写下来，并告知学生以上情况在汉语中是这么说、这么写的，这样，学生就能比较快地理解词语的意义。对于“打针”，教师可以问“如果感冒了，很厉害，医生、护士会给我们做什么”，以此来解释它的意义。

（6）适当利用母语和目的语的互译来解释意义，特别是一些名词。

以下词语的讲解可用此种方法：帅、漂亮、彩票、菠菜。

3. 词语巩固练习的方法

（1）通过提问的方式来复习学生已经学过的生词。如要复习“热、暖和、凉快、寒冷”这四个词语，我们可以问以下问题：

在北京，春天天气怎么样？夏天天气怎么样？秋天天气怎么样？冬天天气怎么样？

（2）在确定的语境中进行交际练习（对话）来巩固已经学过的知识。如《中文》（修订版）第五册第二课《上餐馆》有以下生词：

餐馆　好吃　接着　鸡蛋　味道　极了　美元

教师可以确定一个在餐馆的语境，要求学生作一个交际对话，在对话的过程中，教师引导学生复习已经学过的生词。

（3）教师给出一个意思明确的句子，请学生用所学的生词进行替换练习，但句子的意思基本保持不变。这类练习有时要注意句子结构形式的变化。

教师：小明每天6点钟起床，用学过的生词怎么说？（早、晚）

学生：小明每天很早起床。/ 小明每天起得很早。

教师：李刚读课文读得很好，可以用学过的其他什么词代替？

学生：李刚读课文读得很清楚/流利/好听。

（4）教师给出一些含有学过的生词的句子，这些句子本身存在着错误，请学生在老师的指引下逐步发现问题所在，并改正。如请学生改正以下句子：

*我洗澡我的小猫。

*冬天在广州很冷。

*我看病在华文学院。

（5）指导学生做游戏，在游戏中让学生巩固已学过词语的发音、意义及其用法。采用游戏的方式复习词语既能有效利用学生脑海中已有的语言知识库，同时也能寓教于乐。游戏的方法有：

第一，学唱儿歌。有些儿歌当中往往包含一些需要掌握的生词。

第二，现场词义表演。如请学生表演动词“提、抬、挑、扛、摸”，形容词“失望、兴奋”等具有代表的词义，出现错误或者不准确时请其他同学帮助改正。

第三，给生词找朋友。教师课前制作一些生词的小卡片，复习时发给同学们，然后请每位学生找到能跟自己搭配的那张卡片，也就是自己的朋友。这是一个词语搭配练习，是对词语功能用法的复习。

四、华文词语教学要注意的问题

1. 利用近义词释词时要进行词语用法辨析

教新词时，教师常用的方法就是利用学生已经学过的词语来帮助解释，这个词语往往与将要学习的新词意义接近。使用这种方法时一定要注意对这两个意义接近的词语进行辨析，以避免学生在使用时出现错误。可以辨析两词在词义上的细微差别，如语义的轻重或侧重点、所指范围的大小等，也可辨析两词的感情色彩，最重要的是一定要辨析两词在用法上的细微差别，如搭配的对象不同、适用的语体不同等。如“感人”一词可以解释为“让人感动”，但一定要说清楚“感人”的主语是让人感动的事物，一般不会是人，如“他的话非常感人”。而“感动”的主语则一般是人，“我被他的话感动了”。

2. 词语练习时要设计具体的语言环境

对于词义比较抽象的词语，教师应选取学生熟悉的或亲身经历过的事情来设置具体的语言环境，让学生从词的实际运用中去体会理解词义，掌握词的用法。例如，在讲解“自然”作副词的意义时，教师可作如下设计：

教师：晚上一夜没睡觉，第二天上课会怎么样?

学生：没精神。

教师：他昨晚一夜没睡，今天上课<u>自然</u>没精神。(领读一遍)

教师：上课没精神会怎么样?

学生：<u>自然</u>听不懂老师讲什么。

教师：听不懂会怎么样呢?

学生：<u>自然</u>不会做练习。

3. 词语讲解的范围应视学生的语言程度而定

无论是词语意义的解释、词语用法的介绍，还是词语的扩展，教师一定要把握好教学的“度”，即词语讲解的范围应视学生的语言程度而定。特别是在初级阶段，对于一词多义的词语，一般应集中讲课文中出现的义项，不宜急于展开讲别的义项。而在讲解词语的使用范围时切忌出现深奥的词语或概念术语。教师对所教词语的使用范围要做到心中有数，教学时深入浅出，运用具体的例子让学生体会词语的使用范围，关键处用浅显的词语点到为止。如“收拾”一词，授课时只宜用形象的方法让学生体会课文中“收拾房间”的意思与用法，其他义项则不宜展开。而到了中高级阶段，学生已有了一定的汉语基础，学习能力也增强了，对一些常用的词语，可有选择地展开讲别的义项，但总量一定要有所控制。而词语用法的介绍则要增强广度与难度，例句要注意体现词语用法的多样性。

第四节　华文语言点教学

语言点教学是华文教学的重要内容。海外华文教学由于缺乏一个良好的目的语学习环境，所以，对语言点教学更加重视。但语言点教学教什么、怎么教，这也是华文教师首先必须明确的。华文教学中需要着重讲授的语言点主要有两类：一是汉语有而学习者母语没有，又常容易出错的句法现象；二是汉语的虚词。对于虚词，教师不能只讲类的特点，常用的、重要的虚词必须一个一个讲，学生得一个一个地学。在教学时，教师不能一条一条地大讲语法规则，而是要善于点拨、善于分析学生出现某种语法错误的原因，要善于找到解决学生某个语法错误的突破口，要善于针对学生中出现的某种语法错误，运用已有的研究成果来作出明确而又通俗的说明。

一、华文语言点教学的基本原则

在华文教学中，语言点教学要遵循以下两条原则：

1．理论术语尽量少用，以模仿性教学为主

华文教学目前的主体性质是第二语言教学，第二语言教学的目的一般是为了运用目的语在一定范围内进行交际。在华文教学中，华侨华人子女学习华文主要是为了能使用华文进行交际。学习者的学习目的决定了教师的教学目的。因而在华文教学中，教师不能为了讲句子理论而讲句子理论，要时刻意识到理论是要为语言的正确运用服务的。在教学中，教师要能用通俗易懂的语言去讲授抽象的句法规则，特别是对于初级阶段的华裔学生，更要做到让学生在有意无意当中，在实际运用中潜移默化地习得句法规则，切忌大讲句法术语。模仿性的学习在华文教学初级阶段的句子教学中占有重要地位。

2．句子教学要注意分化难点，合理安排教学层次

句子层面的表达比较复杂，同一种句型或者句式往往有多个具体的句子表达形式，分别适应不同的句法环境和交际场合，其使用的频率往往也不相同，如比较句、“把”字句等。因此，句子的教学需要我们分化句式、句型的难点，在不同的教学阶段确定合适的教学内容，而不能不分步骤地全部交给学生，那样只能适得其反。

二、华文教师语言点教学的知识储备

1．熟悉汉语语法的主要特点

汉语语法的主要特点有：

第一，没有严格意义的形态变化，即汉语没有或很少有严格意义的语法标记。在“林老师正在上课”、“林老师明天才上课”和“林老师上个月没上课”这三个句子中，尽管“林老师上课”所处的时间不同，但是，“上课”这个动词本身并没有任何变化。

第二，主要借助于语序和虚词来表示语法关系和语法意义。汉语的语序不同，语义也有变化。如“他们都不是澳大利亚人”与“他们不都是澳大利亚人”的所指范围不同；“很不开心”与“不很开心”的所指程度不同；“来客人了”与“客人来了”的所指信息不同；“一会儿再聊”与“再聊一会儿”的意义完全不同。

汉语的虚词作用也很大。“三斤鱼”与“三斤的鱼”、“我爱他”与“我爱过他”的意思是不一样的。使用虚词与否，会造成语义上的变化；使用不同的虚词，语义也大不相同，如“我把他打了”和“我被他打了”意义完全不同。

第三，汉语有比较独特的补语系统。汉语述语后面可接续的语义有多种，如：动作的结果、程度、趋向、数量以及动作的对象等，但是，句法上宾语和补语的位置到底哪个在前哪个在后，这主要看述语和补语的语义关系。结果补语、程度补语和述语的语义关系非常密切，应紧邻述语动词，如“她洗完衣服就去吃饭”、“她汉语说得很慢”。另外，由于可能补语是对有无动作能力的评价或陈述，所以，也要紧邻述语动词，即“得/不”放在动词之后，补语之前，如“我看不懂中文电影”、“这碗面他吃得完”。而趋向补语、动量补语、时量补语和述语动词的关系不那么密切，因此，宾语和补语的关系就比较复杂。

第四，汉语是话题优先语言。话题是说话人主观选择的结果。在汉语中，施事、受事、时间、处所、工具等各种语义成分都可能被说话人选择为话题。动作的发出者只不过是其中之一，但因为它的句法位置就在述语动词前面，所以，更容易优先被选择为话题。如：

他昨天洗衣服了。

衣服他昨天洗了。

昨天他洗衣服了。

北京我早就去过了。

这支笔写不出字了。

话题的选择和安排不仅涉及句子信息结构的安排，还涉及语篇的衔接和连贯，因为篇章主要是通过话题的延伸和转换来推进的。

2. 了解传统的语法理论知识和一些新的语法观念

现行的汉语教学语法基本上采用的是传统语法的框架，因此，华文教师应对传统的语法理论知识有所了解，教学时用尽量少的术语和尽量简单的体系来说明汉语的语法规律。

由于传统语法是在模仿西方传统语法框架的基础上建立起来的，所以汉语语法自身的一些特点，如不依赖严格意义的形态变化，存在大量的虚词和发达的补语系统等，用传统语法来解释就捉襟见肘。另外，传统语法涉及语义和语用的解释很少，而这恰恰是华文教学所需要的。因此，华文教师还需要具有诸如“三个平面理论”、“配价语法理论”、“认知语法理论”、“语法化理论”等新的语法理论和知识。在华文教学中，给出一个语言点并不难，难就难在如何对这一语言点进行准确易懂的诠释和操练。以上语法理论偏重于对语言现象的解释，如能在教学中好好加以利用，会有很好的价值。

3. 熟悉学习者语法偏误的类型与成因

华文教学中，学习者的语言点偏误主要来自学习者母语语法规则的负迁移（不当类推）和汉语内部语法规则的负迁移（过度泛化）。在初级阶段，偏误来源主要是母语的负迁移；在中高级阶段，语法偏误的主要来源是目的语规则的负迁移。例如：

＊不管你去还是不去，我去。

＊他拿走了那本书我买的。

＊他放一本书在桌子上。

＊他头疼和牙疼。

＊他变得越来越很爱生气。

从以上的例句看，偏误的表现形式呈多样化，有句法的、语义的、语用的多种层面。华文教师应仔细从句法、语义和语用等不同的角度去分析偏误产生的原因，并找到纠正的方法。

三、华文语言点教学的基本内容

掌握现代汉语的句类、句型和特殊的句式，让华文教育学习者能准确、得体地进行汉语交际，是华文语言点教学的具体内容。

1. 现代汉语句类系统

句类是根据句子的语气划分出来的句子的类型。现代汉语句类总共有四种，分别是陈述句、疑问句、祈使句、感叹句。

陈述句说明一件事情，句末常常用句号。疑问句表示疑问，句末常常用问号。祈使句表示一种命令或请求，句末常用句号或感叹号。感叹句表示感叹的语气，句末常用感叹号。根据其表意的不同，句类教学中特别要注意句调的教学，如陈述句一般用降调，一般疑问句常用升调等。

句类
- 陈述句：我是大学生。
- 疑问句：你是大学生吗？
- 感叹句：他是一个多好的大学生啊！
- 祈使句：快点儿大学毕业吧。

2．现代汉语句型系统

句型是根据句子的结构划分出来的句子的类型，主要分为单句和复句。

单句由带句调的短语或词构成，单句又分为主谓句和非主谓句。根据谓语组成成分的语法特点，主谓句又可分为名词性主谓句、动词性主谓句、形容词性主谓句、主谓谓语句；根据全句主要词语的词性，非主谓句又可分为五种：名词性非主谓句、动词性非主谓句、形容词性非主谓句、叹词性非主谓句、拟声词非主谓句。

复句是由两个以上分句组成的句子。复句也有多种下位类型，如递进复句、转折复句、条件复句等。

句型
- 单句
  - 主谓句
    - 名词谓语句：后天劳动节。
    - 动词谓语句：他走了。
    - 形容词谓语句：这种东西很贵。
    - 主谓谓语句：那本书我看了三遍了。
  - 非主谓句
    - 名词性非主谓句：北京的一家老式茶馆。
    - 动词性非主谓句：欢迎光临！
    - 形容词性非主谓句：讨厌死了！
    - 叹词性非主谓句：呸！
    - 拟声词非主谓句：扑通！
- 复句：转折复句、条件复句、并列复句、连贯复句、递进复句、因果复句、假设复句、目的复句、选择复句等

3．现代汉语句式系统

句式是根据现代汉语句子的某一部分的特点归纳出来的类别，如“把”字句、“比”字句、“所”字句、“被”字句等。汉语的句式往往在句法结构和语义表达上都有其特殊性，往往成为教学的难点。

4．现代汉语标点符号系统

标点符号是汉语书面语的辅助表达系统，是汉语书面语的有机组成部分。由于各国书面语标点符号系统的使用存在着差异，华文教育的学生在汉语标点符号的使用上也存在不少问题，需要在教学中加以重视。

（1）标点符号形体书写错误。

形体是标点符号的外在表现，形体书写错误，如把句号写成圆点、问号遗漏下圆点、冒号竖排圆点写成横排、双引号写成同方向、省略号写成圆圈等。学习华文的同学出现以上错误的原因主要有：

第一，母语的负迁移作用，如把句号写成圆点，主要是受第一语言书面语标点系统将句号写成圆点的影响，类似的情况还有省略号和引号的书写。

表 5-4　各国常用语言标点符号类型比较

	汉语	英语	印尼语	泰语	日语	韩语
逗号	，	，	，	，	、	，
句号	。	.	.	./。	。	.
引号	“”	“”	”　”			“”
冒号	：	：	：	：		：
问号	？	？	？	？	？	？
括号	（）	（）	（）	（）	（）	（）
叹号	！	！	！	！	！	！
顿号	、					
省略号	……	…	…	…	……/…	…
分号	；	；	；	；		；
破折号	——	——	—	——	——	——
书名号	《》					〈〉
着重号	.			.	、	
连接号	-	-	-		-	
间隔号	·				=	
专名号	_			_		

第二，目的语知识的过度泛化。目前绝大部分国内对外汉语教学的初级教材在开始阶段都安排了拼音教学。在大多数对外汉语教材汉语拼音的标点符号书写体系中，句号都被写成圆点。这就使学生在接触汉语伊始就形成了汉语的标点符号和自己母语的标点符号基本一致这样一个直接印象，因此，导致形体书写偏误的产生。

第三，汉语标点符号书面印刷体和实际手写体不一致。汉语的标点符号有一部分存在着印刷体和手写体的区别。而这种区别如果缺乏有效的教学指导，就会导致学生对标点符号印刷体形体进行不正确的生硬模仿，继而产生形体书写错误。这种错误的集中表现形式就是将部分汉语标点符号的原点写成了圆圈，如逗号上半部的实心逗点写成圆圈、问号的下圆点写成圆圈、省略号的六个实心点写成三个到六个不等的小圆圈等。

第四，教材中标点符号的书写错误。教材本身标点符号书写得不规范，甚至错误，也是学生产生标点符号书写偏误的重要原因。

（2）标点符号的格式书写错误。

标点符号的格式书写是指标点符号的书写位置和占格方式。在实际使用中，学生的标点符号书写常常出现以下格式错误：标点符号书写于字格中间、标点符号书写未占一格、点号位于一行之首、省略号居左偏下只占一格、引号和相邻点号各占一格等。

总的看来，学生对标点符号书写格式的具体规则掌握较差，出现偏误比率较高，偏误的形式也多种多样。我们认为，这和对外汉语教学中标点符号的教学不受重视密切相关。标点符号教学亟待加强，要把标点符号纳入对外汉语教学的内容体系。一方面标点符号教学要区别特征，突出重点，另一方面，教师在教学中也应规范自己标点符号的书写和使用。

四、华文语言点教学的常用方法

华文语言点教学常用的方法有：

1. 对比法

对比法是常用的一种有效的教学方法。对比的角度有：

（1）华文和华侨华人所在国语言的对比。

如华文的定语是在中心语的前面，而印尼语则正好相反，是在中心语的后面，在句子中就表现为不同的句法结构。如：

buku　saya　　gadis　　cantik

我　的　书　　漂亮　的　姑娘

（2）句子单项知识点的对比。

现代汉语的结果补语是语言点教学的重点。为让学生清楚地认识到补语的作用，华文教师可设计用同一句式的带结果补语句和不带结果补语句进行比较，看两者意义的差异，从而让学生理解在具体交际中的句式选择。如：

我学了打高尔夫球。　　　　他们打扫了教室。

我学会了打高尔夫球。　　　他们打扫干净了教室。

通过对比，让学生清楚地看到有和没有补语在语义上的差别，从而认识到汉语补语的重要性。

2. 形象法

有些句型、句式的教学，华文教师可采取形象的动作性演示来向学生展示其较难区分的含义。如“除了……以外……还……”表示加合关系；“除了……以外……都……”表示排除关系。在讲授过程中，华文教师可以设定如下情景：请五位同学站在一起，假定其中一位同学叫王刚，教师说一个句子，看其他四位同学和王刚的关系。如果他们的情况和王刚是一样的，则为加合关系，四位同学都和王刚拥抱；如果他们的情况和王刚都不一样，则为排除关系，四位同学都离开王刚。例如：

除了王刚中午在餐厅吃饭以外，还有其他四位同学也在餐厅吃饭。

除了王刚中午在餐厅吃饭以外，其他四位同学都在校外饭馆吃饭。

3. 情景法

利用常规的教学现场和熟悉的事例来设置情景，进行教学。如在教“不但……而且……”这一递进复句时，可利用班里学生的情况来进行举例。这样既能使课堂教学生动活泼，又能提高学生的注意力。华文教师在教“方位”这一概念时，也可充分利用教学环境进行贴近生活现实的语言训练。

4. 归纳法

归纳法是指用简明的公式把在各个不同阶段所学的句子或句式列举出来，让学生一目了然地了解自己学习的深度与进度。如比较句的归纳：

他比我高。/A + 比 + B + 形容词

他比我还高。/A + 比 + B + 还/更 + 形容词

他比我高一点儿。/A + 比 + B + 形容词 + 数量

他不比我高。/A + 不 + 比 + B + 形容词

还可以进一步进行对比归纳为：

汉语：他比我高。	A + 比 + B + 形容词.
英语：He is taller than me.	A + be + 形容词 + than + B

五、语言点练习的常用方法

语言点练习是语言点教学的重要内容，学习者只有通过大量的实际操练，才能将知识转化为技能。语言点练习的常用方法有：

1. 扩展法

如：喜欢→喜欢打→喜欢打网球→我喜欢打网球→我很喜欢打网球→我很不喜欢打网球

2. 替换法

如：我一 下车 就 去房间睡觉 了。

上课　想睡觉

喝茶　兴奋

3. 句式转换法

如：警察抓住了小偷。→警察把小偷抓住了。→小偷被警察抓住了。

六、华文语言点教学应注意的问题

1. 尽量少用语法术语，特别是在初级阶段

华文教学主体为第二语言教学性质，而且学习者主要为少年儿童，逻辑思维能力有限，因此，华文教师在教学时不宜过多讲解语法术语，更不能大讲语法理论，而是要精讲多练，用通俗易懂的语言实例去讲解抽象的语法规则，通过设计生动活泼的话题和语境情景等，让学生在实际运用语言的过程中潜移默化地掌握语法规则。

2. 讲解要注意切入的角度

语言点教学的切入主要有句法、语义和语用三个角度。华文教师在授课时要注意针对语法点选择合适的切入角度。

比如，结构助词“的”、“地”、“得”的教学就应该从句法角度切入。“的”是一个名词性短语的标志，而“地”和“得”则是动词性短语的标志，动词前面有修饰语用“地”，动词后面有补充成分用“得”。

否定副词“不”和“没”，从句法上一般较难讲清楚两者之间的区别，但是，从语义入手则能较为清楚地讲解两者之间的异同。“不”用来否定还没有发生的情况以及习惯的、经常的情况，它否定的是连续的量，与主观意志有关；“没”用来否定已经发生的情况，是一种客观事实，它否定的是离散的量。另外，像语序、复合趋向补语的引申用法、“把”字句、“被”字句等也可以从语义角度去讲解。

有一些问题需要从语用的角度入手才能解释清楚，特别是汉语副词。很多副词的用法都能反映出说话人的主观态度，比如，“居然”和“果然”、“就”和“才”、“差点儿”等。

当然，也有一些语言点在句法、语义、语用三方面都容易出现问题，华文教师则可以把三者有机地结合在一起进行讲授。比如，“把”字句的教学，教师除了告诉学生“把”字句的句法结构为“NP_1 + 把 + NP_2 + V + C”，还必须指出隐性的语义要求和制约条件，即其语义是“NP_1通过动作 V 使 NP_2产生了 C”；而在语用上，“把”字句用于陈述意在指出引起结果的责任者，用于请求命令则表示说话人的目的（希望听话人做什么）；在语篇中，用不用“把”字句取决于话题的选择以及篇章的衔接和连贯。“被”字句、助词“了”等的教学也需要从句法、语义和语用三个不同的角度切入，华文教师应根据学生的习得情况加以讲解。

3. 要注意分化难点

对一些比较复杂的语法点，华文教师在教学中一定要注意分化难点，避免一次性地把知识点全灌输给学生。一些内容繁多的语法点，特别是副词的教学，最好按义项

或要点分解开来，分散到前后课文的教学中。如“又”的义项有三个：“①表示相继，与时间有关；②表示累积，与时间无关；③表示语气。”在教学时可以把三个不同的义项分散到不同的课文当中。再如，“把”字句的教学、“被”字句的教学、“了”的教学等都应该按学生的习得顺序分化教学内容，由浅到深，方便学生逐步掌握。

4. 例句的设计要有针对性

为了帮学生更好地理解语法现象，更快地运用语法规则去进行交际，教师在授课时要针对所教的语法现象的特点及其交际功能来设计例句。比如，教结果补语时，华文教师要让学生理解每个动词及其结果补语的语义，因此，设计的例句要能以动作演示，以助于学生理解消化。如教师告诉学生：“老师要在黑板上写一个‘中午’的‘午’字。”然后，教师在黑板上写汉字，但写的并不是“午”字，而是“牛”字。教师问学生：“老师写的‘午’字怎么样啊?”学生回答：“老师的汉字写错了。”教师再问：“老师怎么错了啊?”此时，教师要积极引导学生说出下面这句话：“老师把‘午’写成‘牛’了。”然后，教师将学生回答的这句话在黑板上写出来，并用不同颜色的笔标出“写成”，再进行讲解。

例句的设计还要针对学生容易产生的偏误。如在教“不”和“没”时，教师要有预见性，在设计例句时要针对学生容易出现的错误。如：

今天他不舒服，没来上课。

昨晚我没睡觉，很累，今天不想上课。

他不抽烟，也不喝酒。

他刚才没抽烟。

这些苹果不红。

这些苹果还没红。

第五节　华文语篇教学

语篇指的是语言中的语段、篇章。人们在运用语言进行交际时，不可能只是停留在句子的层面上，要表达一个复杂的意思，人们就要通过连续的几句话，也就是一个语段来表达。在这个过程中，语篇表达能力发挥着重要的作用。华文教学要注意培养学习者连句成段、连段成篇的能力，重视篇章教学。

一、语篇教学的主要内容

语篇教学的主要内容是语言由句子组成语段，由语段组成语篇的衔接成分与衔接方式。华文教学的语篇教学主要有以下内容：

1. 关联词语

关联词语是华文篇章重要的衔接手段，如连词（因为……所以……，此外，只要……就……）、关联副词（也、又、其实、幸亏）等。

2. 省略

省略是华文使用中的常见现象。使用这种方式是为了避免重复，突出重要信息，衔接上下文。如：

我叫郭大林，（我）是曼谷人。我是华文学院的学生，（我）在这里学习汉语。

如果应该省略的地方不省略，就容易造成重复、罗嗦。

3. 照应

照应是指用代词等手段来表示语义关系。如：

叔叔告诉我，他要去出差。（“他”照应“叔叔”）

人要像花生一样，做一个有用的人。这就是我对你们的希望。（“这”照应前一个句子）

4. 时间词语

时间词语也是篇章教学的主要内容之一。具有语篇衔接作用的时间词语有以下类别：表示序列的时间连接成分，如“最先、最初，然后、后来，最后”等；表示先后时间的连接成分，如“原来、过去、从前，后来、随后，同时”等。

5. 句式的选择与连贯

语段中句式的选择也会对话语的连贯产生影响。如：

这辆车是我的，三个月前被人偷走了。

这辆车是我的，三个月前有人偷走了我的车。

比较上面两句话，可以看到，前一句因为使用了表示被动的“被”字句，句子前后主语一致，语义就更显连贯。这说明，句式的选择也要受到语篇因素的制约。

二、语篇教学的方法

在华文教学中，经过一段时间的单句学习之后，华文教师就可以在字词句教学的同时，利用课文中可用作语篇教学的因素，有步骤地开展语篇教学训练。

1. 指导学习者用照应、省略、关联副词等手段来连接句子

例如：

陈东是中学二年级的学生，他的法语很好，汉语也说得挺棒。

这段话本身不长，却有三个衔接手段：代词照应、关联副词和省略。华文教师可以通过具体的教学过程，训练学生有意识地在交际中使用这些衔接手段。如先板书以下例句：

陈东的法语很好。

陈东的汉语说得很棒。

教师启发学生将这两句话连接起来，希望学生意识到用“也”，并省略后一个“陈东”。学生在教师引导下，用“也”衔接后，句子就变为：

陈东的法语很好，汉语说得也很棒。

教师再在这句话前加上“陈东是中学二年级的学生”，问学生这三句话该如何衔接。希望学生使用“照应”这一衔接手段。学生在教师引导下，把后一个“陈东”换成“他”，使用了代词作为衔接手段。由于这样的练习可以使学生始终参与到教学活动中来，所以，他们对不同的语篇衔接手段的理解和使用能力也将会逐步提高。

2. 指导学习者用学过的具有语篇衔接功能的词语连接句子

随着学习的深入，学生掌握的具有语篇衔接功能的词语会逐渐增加。当课文中出现这些词语时，教师要善于运用这些语言材料，从语段的角度帮助学生练习使用、巩固这些语篇衔接功能词。

如在教材的课文中出现了如下衔接词：“先、再、最后”。为了引导学生练习这几个词的衔接用法，教师可在黑板上板书以下内容：

18：00—19：00　　全家吃饭

19：00—21：00　　做作业

21：00—22：00　　看会儿电视，睡觉

然后教师启发学生用学过的词语，把这三件事情连接起来说成一句话。通过这样的训练，来强化学生对语篇衔接的理解。

3. 指导学习者把语序混乱的句子重新排列成连贯的语段

华文教师可以事先把课文某一段话的语序打乱，然后要求学生重新排列。在排列的过程中，引导学生寻找有代表性的衔接功能词，通过衔接功能词，来帮助确定连贯语段的正确顺序。这样既复习了课文内容，也培养了学生的语篇衔接能力。

第六章　华文课型教学

第一节　华文综合课教学

一、综合课的性质和任务

综合课是“综合语言技能训练课”的简称，是全面训练听、说、读、写四项技能的课型，有时也称之为“精读课”。吕必松（1996）指出：“（综合课）这种课型的主要特点是综合性，它的主要任务是全面进行言语技能和言语交际技能的训练，把这几项内容综合起来进行教学。”目前，海外华校的华文教学课程设置主要以综合课为主，对学生进行语言知识、文化知识和语用规则的综合性教学。

华文综合课的教学任务是使学生掌握必要的汉语知识和语法规则，学会大量的华语词语，训练华文的实际运用，实现使用华文顺利交际的目的。综合课以华文基本结构知识为主线，把语音、词汇、语法等基础知识切分成一个个的点，然后，由教师由易到难、循序渐进地教给学生。课上课下都有大量的与这些基础知识相关的配套训练，教师除了要讲清楚知识点以外，还要充分调动学生的积极性，让学生在讲解中练，在训练中悟，使学生能将所学的知识转化为自己的知识，最后真正掌握华文。

二、华文综合课的课文教学

华文综合课的教学包括语音教学、汉字教学、词语教学、语法教学和课文教学。本书第五章对于语音、汉字、词语和语言点、语篇等语言要素的教学已有详细论述，这里不再重复，下面重点讨论综合课的课文教学。

课文教学是综合课教学的重要环节，因为课文是语言交际最集中和最直接的载体，所以，必须重视课文教学。

综合课的课文教学应结合阶段性教学有层次地进行，在各个阶段的教学过程中对其进行不同的处理。

1. 语音阶段的课文教学

在语音教学阶段，课文一般都很短，有时候甚至只是短短的一两个句子，但是，这一阶段的教学也不能忽视。因为这些句子往往包含了这一课的语音重点和生词，所以，对这些句子的练习既复习了语音、生词，也在语流中训练了学生的语音、语调。这个阶段的课文虽然简单，却为以后的语境教学打下了良好的基础。语音阶段的课文教学要注意对学生听、读能力的培养，尤其要注重在语流中加强对语音、语调以及变音、变调的训练，要避免出现学生只会发单个的音而不重视语流中的音变现象的情况。所以，教师的示范朗读很重要，应集中训练学生的辨音、辨调能力，及时纠错、正音，以教师带读、学生集体朗读、个别朗读等方法进行教学，最好要求学生把课文中短短的一两句话都背下来。

2. 语法阶段的课文教学

语法阶段的课文往往是一小段对话，但它包含了每一课的生词、语法点和句型。语法教学如果只单讲语法、孤立地讲解句型是达不到理想的教学效果的，只有结合语义和语用进行教学，才能达到最佳的教学效果。这个阶段的对话课文，为学生创造了接近真实的语境，并提供了展示具体意义和用法的平台，使学生在接近真实的交际训练中掌握并内化所学的知识。通过对课文的学习，学生可以进一步理解句型、掌握词语在搭配上的关系，以及在具体语境中的正确使用。

这个阶段的课文学习也要重视朗读，着重训练学生的听、说能力，同时加强会话、问答练习。教师可以安排学生就课文内容分角色进行表演，引导学生对课文进行复述，把对话体的课文内容改为叙述体，逐步培养他们说的兴趣和能力，为短文阶段的成段表达做好充分的准备。

3. 短文阶段的课文教学

短文阶段的课文教学尤为重要。在教学中，要让学生在课文学习中体会和学习重点词语和主要句式的运用，并且要注意让学生了解语段之间的内在联系，逐步培养他们自行组织语段、语篇的能力。这个阶段的课文，不但为语段和语篇提供了必要的材料，而且为读写技能的训练提供了极好的参照。教学中要加强语段、语篇的训练，以听说带动读写，重视培养学生写的能力。短文阶段的课文教学，应在朗读的基础上，加强默读的训练，同时辅以问答、简述、复述和背诵等训练方式，促进学生能够用自己的话表达思想。

三、综合课的教学技巧与方法

1. 讲解

讲解的目的是让学生理解并掌握新的语言项目。教师在讲解的过程中要充分利用学生已有的知识和能力，把语言材料与学生的学习、生活实际结合起来，注意情景化，帮助学生尽快理解。讲解的过程要尽量让学生参与，不要把讲解过程变成学生单纯接受的单向过程，而是要让学生积极反馈，让讲解变成师生双向的活动，避免由教师一个人唱独角戏。

词语讲解的时候要密切结合课文，尽量设置情景，用句子来例释，而不要用概念来释词。比如说，教师只告诉学生这个词表示“让步”，那个词表示“强调”，这种做法是不可取的，因为只会越讲越难，学生不能理解。只有设置情景，把词语组成表现学生实际生活的句子，这样才能让学生容易理解，也容易运用。讲解词语主要采用的方法有演示、简笔画、设置情景、给例句、说同义词、说反义词、翻译等。

2. 操练

学生学习任何一个新的语言点，都需要操练。操练是为了让学生更好地掌握并运用所学的知识。课堂上的语言运用，应该力求准确，所以，教师要尽可能地控制学生的输出过程，通过对错误的预测，选择符合学生的认知心理和学习规律的方式，合理安排讲练的层次，正确选择操练的方式。

（1）模仿。

模仿是语言学习过程中各个训练项目都可运用的一种方法。初级阶段的学生，词汇量少，在表达的时候容易受母语的影响，因此，用新学的词语、句型表达时，通过模仿投入运用是最有效的方式。做这种操练，学生的出错率低，容易形成良性定势。例如：

爸爸	带	我	去	医院	打针。
妈妈		我		医院	看病
爷爷		弟弟		海边	游泳
姐姐		妹妹		书店	买书

（2）提供语境。

通过简单的模仿之后，教师可提供恰当的语境启发学生，让学生在带有现实交际性的环境中使用词语和句型，这样，学生就不必花太多的时间考虑说什么，而可以把注意力集中到怎么说好这个问题上来。在综合课教学中，华文教师在教新词和新语法点的时候，如果需要学生运用新词和新语法点进行表达，就一定要提供语境给学生，让学生在语境内完成相关表达。这种方式可以在语言运用的过程中直接有效地帮助学生，有利于学生建立语感和自信，达到熟练使用汉语的目的。一旦学生能够把握，就可以让他们自由表达，因为有了前面的过渡和基础，成功的几率比较大。比如，在学习了“反而”这个词而让学生练习说句子的时候，教师不要简单地说“请大家造句”，而应设计几个语境提供给学生，让他们根据语境来表达如：

老师：春天来了，天气应该暖和了，但是，这几天天气很冷，还下雪。请大家用上“反而”这个词说句子。

学生：春天来了，天气该暖和了，但这几天反而下起雪来了。

老师：生病了，吃了药，病应该会好一些的，但是，吃了药以后，病没有好，更严重了。

学生：他生病了，吃了药，病反而更重了。

3. 检查

课堂检查的内容包括检查学生的预习情况、理解能力和复习情况等。检查是为了发现问题，加以纠正，同时也是为了改进教学。检查的方法通常有听写、提问、判断、回答问题、造句等。

听写是课堂检查常用的方法。听写不单单只是听写生词，听写的内容和形式教师可以精心设计，以求达到最佳效果。语音阶段的听写，可以单纯听写生词，有时候也可以把生词和旧词搭配起来。语法阶段的听写，则可以听写词组，或者听写一个句子。而短文阶段的听写，应注重听写语段，可以让学生一个句子一个句子地听写，也可以像填空一样地让学生听完之后填写。如果只是孤立地听写一串生词，学生可能会写，但是，他可能说不出一个完整的句子；如果听写一个句子或一个语段，既检查并巩固了词语搭配，又结合词语出现的语境增强了学生对汉语的语感，有利于成段表达能力的提高。当然，听写的句子和语段，教师最好要精心设计，讲究质量，有情节，有意思，便于学生理解和记忆。

检查阶段的提问和操练阶段的提问是有区别的，因为问什么，怎么问，都有讲究。检查阶段的提问，经常检查学生对词语和课文的理解情况，答案是十分明确的，一定要学生作出正确的回答。对于造句这种方法，在检查学生掌握的程度时可以使用，但也要避免“请某同学用什么造一个句子”这种简单的方式，因为不管学生的程度如何，突然用一个词语造句，压力还是很大的，他往往会由于紧张而沉默或者出错，课堂气氛也会因此而显得紧张。教师还是应该先设定一个语境，请学生用一个词语来表达，这样，学生造句的准确率相对来说会高一些。

纠错也是课堂教学中不可避免的一个步骤。我们既要鼓励学生多说，不怕说错，又要在学生说错的时候认真纠正，不打击他们的信心，如此一来，课堂上教师纠错的技巧就十分重要。课堂上，很多学生往往因害怕说错而羞于开口。对于那些敢说且不怕说错的学生，教师要对他们的口语表达错误采取宽容的态度，而且要做到心中有数，准确把握什么错该纠，什么错可以不纠，什么错在课堂上纠，什么错在课下纠。一般来说，影响表达的语法错误、用词错误带有普遍性的错误，应当在课上纠正；发音与音调的错误或因学生紧张而造成的错误则不必有错必纠。纠错的时候，尽量启发学生自己纠正，特别是由于紧张造成的错误，可让学生自己再说一遍。学生很快就能意识到自己刚才说错了，再说一遍就能说对。而对于那些不知道自己错在哪儿的学生，教师应当说出正确的句子并让学生重复一遍，如果是带有普遍性错误的还应该指出错在哪儿。教师的态度要自然亲切，不要给学生压力，特别是对于自尊心特别强的学生，可以选择在课下纠正其错误。

第二节　华文听说课教学

一、听说课的教学任务

一般来说，听话能力高的人，说话能力也会比较高；说话能力强的人，听话能力也会比较强。在华文听说课教学中，听应该先于说，听为说提供话题、资料或谈话方式，是说的基础和前提。

1. 听说教学的目的

第一，训练学生听觉器官的灵敏度，能够快速准确地辨析语言信号，并能使用发音器官准确地向外界传播语言信号。

第二，通过大量输入和反复输入语言信号，训练聆听理解微技能和口头表达微技能，提高接收解码的熟练程度，培养语感。

第三，使学生说出的话主题明确、内容集中、条理清楚、层次分明、用词准确、语句通顺。

2. 听说训练的原则

第一，贯彻可懂输入的原则，造就学生的成就感。

第二，从交际目的出发，进行有指导的说话练习，达到提高交际能力的目的。

3. 听说训练的重点

听说训练的教学重点是训练学生聆听理解微技能和口头表达微技能。

聆听理解微技能包括辨别分析能力、记忆储存能力、联想猜测能力、快速反应能力、边听边记能力、听后模仿能力、检索监听能力和概括总结能力。

口头表达微技能包括高速组织语言内容的能力，正确选词、组句成段的能力，恰当选取表达方式的能力和善于运用声音技巧的能力。

4. 学习者的难点

第一，听力训练的难点：近似的音和调、生词、长句子、习惯表达、文化背景知识和语速。

第二，说话训练的难点：音调不准、词汇量不足、句子表达不规范、语句之间缺少关联以及表达流利程度比较差。

二、听说课的课前准备

教师在备课、上课之前首先要领会教学大纲的要求，从总体上掌握全局。教学大纲一般都规定了教学计划、课程设置、课时、教学法、培养目标、测试等内容，教师在备课前必须先了解清楚。

1. 了解教材

教师在备课中要通读教材，从整体上把握编者的意图，了解教材总的词汇量、每课的词汇量，有哪些功能项目和训练项目，确定重点和难点。如果使用的是系列教材，还要先熟悉综合课教材，然后再分析听说课教材。钻研教材的过程就是初步确定教学目的、教学重点、学生难点、设计教学环节的过程。了解教材要注意以下几点：

（1）从全课各个项目的安排理解编者意图。

（2）掌握本课各个项目之间的内在联系。

（3）掌握本课与前后各课的衔接联系。

（4）掌握本课哪些是新材料，哪些是旧知识。

（5）理解本课所有的字、词、句、课文、练习。

（6）估计学生会对哪些内容提出问题，考虑如何讲解才能准确易懂。

（7）设计考虑怎么讲、怎么练，把握讲解的时机和深浅。

（8）确定考虑哪些练习适合哪个程度的学生做。

有时候教师还要根据学生的实际水平对教学内容的难易作出判断。内容太难的，要化难为简；内容太易的，要增加练习的难度；内容太多的，要突出重点；内容太少的，则要补充新内容。如果教材上有错误之外，还要及时修正。

2. 了解学生

如果教师对学生的情况熟悉，会使教学更有针对性。备课前，最好能了解班上学生哪些水平高，反应快；哪些学生水平一般；哪些学生听力好；哪些学生发音好；哪些学生理解能力强；哪些学生表现活跃。了解了学生的情况，教学过程中就能做到有的放矢，因材施教。

3. 编写教案

设计好教案再上课可以更从容、更得心应手，特别是对新教师来说，尤为重要。一般来说，教案要包括教学目的、教学重点和教学难点、教学环节、板书设计或者PPT、时间分配等。

确定教学重点和难点很重要。在华文听说课中，重要的音调、语气、词语、句型、会话和课文中提供重要信息的部分都应该确定为本课的重点。每一课最好设计只训练一到两个听力微技能。而教学难点的确定要从学生理解课文和做练习的角度去考虑。备课的时候，教师要预见学生对哪些内容理解不了或可能理解错误，对哪些练习不会做或可能出现错误，这些就是教学的难点。

三、听说课的课堂教学

课堂教学一般分为复习旧课、学习新课和总结布置作业三大环节。下面我们主要结合这三个环节来讨论听说课的课堂教学。

1. 复习

复习是听说课的必要环节，复习的主要内容有：

第一，复习语言点知识，主要包括句法知识、常用的表达方式和常见的句式等。教学的方法可以是对使用上述语言点的句子的改错，也可以是运用所学的句式造句，还可以是直接说出该语言点的形式，要求学生指出其具有的功能。

第二，复习上堂课的生词。生词复习强调启发式，既可采取生词意思表达的替换，也可通过复习课文内容来复习生词。

第三，复习功能项目，特别是在交际该功能项目中的一些重点句式和表达方式。对这些重点表达方式可以提纲挈领，帮助学生掌握、复习其核心内容。

第四，检查学生作业完成的情况，及时发现学生存在的问题，有针对性地进行教学。

2. 学习新课

在学习课文之前可做一些语音、词语和句子的练习，通过辨析难音难调、听辨词语、听辨句子和复述课文内容等方法，降低学生理解课文和做练习的难度，克服学生的畏难情绪和激发他们学习的积极性。

语音练习的着眼点是训练学生具有敏锐的听音辨调能力，能够快速准确地辨析声韵调、重音、停顿、语气语调等。语音练习可以采用以下一些方法进行：

（1）听后模仿。听后模仿可以听录音，也可以听老师说。听录音的话，可以听两遍，听老师说则可以根据课堂实际情况灵活掌握，一遍、两遍、多遍都可以。模仿最好采用“四段练习法”，即第一遍老师示范，第二遍学生模仿（全班或部分学生），第三遍教师再示范（针对第二遍学生模仿的问题重点强调），第四遍学生再模仿（让有问题的学生单个模仿）。模仿的内容可以是韵母、声母，也可以是音节。

（2）辨音。老师说一个音节，让学生说出其中的声母或韵母；老师说音节，学生根据听到的音节跟练习本或黑板上看到的音节一致的，画“√”；不一致的，画“×”。

（3）选择。老师读声母或韵母或音节，学生在练习本上把听到的音节选出来。如：

老师：dān　　　　学生：dān　　tān

（4）填空。老师说句子，学生在练习本的空白处填写音节。如：

老师：Shéi yào bǐ?　　　　学生：Shéi ______ bǐ?

老师：Shéi yǒu bǐ?　　　　学生：Shéi ______ bǐ?

词语练习的重点在于训练学生听到“音”后能够快速地辨析词义、理解词义，通过反复输入、反复输出帮助学生记住词语。词语练习的方法有听后模仿、听解释说词语、听后组词、听后组词组、词语联想、读数、猜字、说出非同类词语、说反义词等，介绍如下：

（1）听后模仿。听后模仿可以听录音，也可以听老师读。模仿的重点是词语音节的发音、声调和词重音等。练习词重音时，要讲清楚词语的重音有区别词义的作用，然后介绍一些词重音的规律。如：

地道　　东西　　生气　　大意

地道　　东西　　生气　　大意

（2）听解释说词语。学生听到教师说出的释义后说出这个词语，可以按照座位顺序让学生说，也可以打乱顺序说，或者突然让精力不集中的学生说，以保持学生在课堂上精神高度集中。如：

老师：没有课，自己学习　　　学生：自习
　　　不去学校，自己学习　　　　　自学
　　　自己愿意　　　　　　　　　　自愿
　　　自己相信自己　　　　　　　　自信
　　　自己称呼自己　　　　　　　　自称

（3）听后组词。老师说一个语素，学生用这个语素组词。可让一个学生组多个，说得越多越好；也可以每人说一个，不许重复。如：

老师：学

学生：学校、学生、学术、学士、学年、学期、学费……

（4）听后组词组。老师说一个词，学生组成词组，如有错误，老师纠正，然后全班同学重复一遍。如：

老师：参加　　学生：参加活动
老师：参加　　学生：参加晚会
老师：参加　　学生：全部参加

（5）词语联想。老师说一个词，让学生说跟这个词有关系的其他词语。可以一个学生说多个，说得越多越好；也可每人说一个，不许重复。如：

老师：四季

学生：春天、夏天、秋天、冬天、暖和、热、下雪、滑雪……

（6）读数。老师在黑板上写多位数，学生用直接读数法说出这个数。如：

老师：2012　　　　学生：二零一二
　　　12931　　　　　　一二九三一
　　　27609　　　　　　二七六零九

（7）猜字。老师说谜面，学生猜谜底，内容和汉字相关。这个练习要根据学生水平选择合适的词语来进行，以活跃课堂气氛。如：

老师：十八子　　　学生：李
　　　门外有一人　　　　们

一减一不是零　　　　三

（8）说出非同类词语。老师说出一组词语，学生说出其中一个非同类的词，有的要说出原因。如：

老师：打篮球、打网球、打电话、踢足球

学生：打电话

（9）说反义词。老师说一个词，学生说出这个词的反义词。如：

老师：开始　　　　学生：结束

上课　　　　下课

客人　　　　主人

句子练习的重点是训练学生辨析、理解句子的结构和语义，帮助学生记住语法规则并准确运用。句子练习的方法有替换句子成分、回答问题、根据句重音提问、模仿句重音、模仿停顿、模仿语调、按照要求回答问题、按照要求改句子、完成句子、变换表达方法等。

（1）替换句子成分。老师先领读例句，使学生熟悉该例句的句法结构，然后告诉学生要替换的部分。让学生用老师给的词语替换句子成分，如有错误，老师纠正，全体同学重复一遍正确的句子。如：

老师领读：这个生词你记住了吗？

要求：替换"这个生词"和"记住"，用来替换的词语有"昨天的课文"和"看懂"；"坏了的电脑"和"修好"。

学生：昨天的课文你看懂了吗？

坏了的电脑你修好了吗？

（2）回答问题。老师说一个句子，学生听，然后老师问问题，学生回答。老师要强调句重音，全体同学跟读。句重音是一个句子的重点，是呈现主要信息的部分，学生要熟练掌握。如：

句子：张林和玛丽下午去北京路看展览。

老师问：谁跟玛丽下午去北京路看展览？

学生答：张林和玛丽下午去北京路看展览。

老　师：张林和玛丽下午去北京路看展览。

全　班：—

老师问：张林跟玛丽下午去哪儿看展览？

学生答：张林和玛丽下午去北京路看展览。

老　师：张林和玛丽下午去北京路看展览。

全　班：—

老师问：张林跟玛丽什么时候去北京路看展览？
学生答：张林和玛丽下午去北京路看展览。
老　师：张林和玛丽下午去北京路看展览。
全　班：—

老师问：张林跟玛丽下午去北京路做什么？
学生答：张林和玛丽下午去北京路看展览。
老　师：张林和玛丽下午去北京路看展览。
全　班：—

（3）根据句重音提问。老师先举例说明句重音有区别句义的作用，当重音的位置不同时，句子的意义就不一样，以引起学生的注意和重视。然后老师说一个句子，问学生这个句子的意思是什么。学生答对了，老师给予肯定；答错了，老师纠正，再让学生根据句重音提出问题。如：

句子：昨天小王没去上班。

老师：昨天小王没去上班。这个句子的意思是什么？
学生：昨天是小王没去上班。不是别人没去上班。
老师：这个句子回答的是什么问题？
学生：昨天谁没去上班？
老师：昨天谁没去上班？昨天小王没去上班。
学生：—

（4）模仿句重音。老师先讲语法重音、逻辑重音的异同等，然后分小点讲练。如句中的数字往往重读，强调的部分要重读等，根据讲解的内容进行听后模仿练习。如：

老师：他有三套房子。
学生：—
老师：我是昨天到的北京。
学生：—
老师：你怎么才来？
学生：—

（5）模仿停顿。老师举例说明停顿有区别句义的作用，特别在口头语中。讲解停顿的规律，然后练习。如：

老师：孩子找不到，｜爸爸哭了。
学生：—

老师：孩子找不到爸爸，| 哭了。

学生：—

（6）模仿语调。老师举例说明语调也有区别句义的作用，讲解升调、降调的一般规律，然后进行听后模仿练习。

老师：他是法国人（↑）?

学生：—

老师：他是法国人（↓）。

学生：—

（7）按照要求回答问题。老师提出要求，然后问问题，学生按要求回答问题，老师重复一遍，学生再重复一遍。如：

老师：他怎么去上海？（坐飞机）

学生：他坐飞机去上海。

老师：他坐飞机去上海。

学生：—

（8）按照要求改句子。老师提出要求，然后说句子，学生把这个句子改成老师要求的句子。如：

老师：我做完练习了。（改成“把”字句。）

学生：我把练习做完了。

（9）完成句子。老师说出句子的前半部分，学生说出完整的句子。如：

老师：小王今天不舒服，所以，……

学生：小王今天不舒服，所以，没来上班。

（10）变换表达方法。老师分析讲解同义词、近义词和反义词，然后让学生替换其中相应的词语。如：

可能　　也许　　大概　　恐怕

老师：小王下午有事，也许不来了。

学生：小王下午有事，可能不来了。

小王下午有事，大概不来了。

小王下午有事，恐怕不来了。

课文学习也是听力教学的重要内容。在听课文之前，教师要告知学生与本课文相关的一些内容或背景，提出一些有启发性的问题，告诉学生听时注意什么，带着什么问题去听，边听边记哪些内容等。教师起到的是引路人的作用，引导学生有目的地去听，教学生听什么和怎么听，这样才能帮助学生养成良好的听话习惯，把听和理解、记忆结合起来。

课文一般分为对话和短文两种。

对话练习的重点是训练学生听懂话题，谁和谁谈话、什么时候、在哪儿谈话、谈的主要内容是什么。学生在听对话的时候，首先，要能听出话题，一共谈了几个话题；其次，要注意听有几个人谈话，他们是什么关系，每个人的话题、观点、想法、意见或办法是什么；再次，要能够听出谈话的时间、地点，也就是对话的情景。

短文练习的重点则要根据不同的文体有不同的侧重点。

听叙事的记叙文时，要训练学生注意听时间、地点、人物、事件、情节等；听写人的记叙文时，要训练学生注意人物的姓名、身份，还要注意对人物外貌、语言、行为、心理的描写以及对人物的评价。

听议论文时要训练学生注意听论点、论据、论证的方法。如果是批驳性的议论文，要注意听批驳的是论点、论据还是论证的方法，“破”的是什么，“立”的是什么。

听说明文时，要训练学生能听出说明的种类，是说明地方还是说明物品，是说明习性还是说明状态，是说明性能还是说明方法等；还要注意听说明对象的特点，也就是文章要表达的中心意思。

对话和短文练习的方法有听后回答问题、概括中心意思和主要内容、根据上下文猜词义、听后复述等。

3. 说话练习

学完课文以后，教师要指导学生做会话练习或成段表达的练习。课堂上的这个练习是培养学生实际会话能力的手段，以提高学生的实际交际能力。

会话练习的重点是训练和提高学生综合运用语言的能力，包括高速组织语言内容的能力、正确选词造句组句成段的能力、恰当选取表达方式的能力和善于运用声音技巧的能力等，同时还要掌握开始谈话、轮流谈话、结束谈话以及提出、控制和转换话题的会话技巧。练习的方式有分角色朗读课文和把叙述体课文改成会话体练习谈话、问答、完成会话、参照例句谈话、根据话题谈话等。

成段表达能力包括把句子组织成语段和把语段组织成语篇的能力。训练的重点在于语言能力和逻辑思维能力。在语言方面，训练的重点是在选词造句的基础上组句成段、组段成篇的能力。在逻辑思维方面，训练的重点是高速组织语言内容的能力，即训练学生说话主题明确、内容集中、条理清楚、层次分明。成段表达的训练要从简单到复杂，循序渐进。练习的方式有组词成句、组句成段、组段成篇、转告转述、复述、评述、把会话体改成短文后叙述、讲述、看图说话等。

4. 总结和布置作业

这个环节不用太多时间，但是非常重要。教师通过总结可以让学生知道本课学习了哪些知识和技能，帮助学生了解本课的重点和难点，指导课后的复习和练习，使学生的课后练习成为课堂练习的延伸。

听说课的作业一般是预习生词或课后泛听或准备一段话。

第三节　华文阅读课教学

一、阅读课的教学任务

阅读贯穿于语言学习的整个过程之中，是语言学习的重要组成部分，在华文教学中也十分重要。阅读教学不仅要教给学生语言知识，如字、词、句、篇；还要训练学生的阅读技巧，如猜词、跳跃障碍、抓关键词句等。

阅读课堂教学是师生共同参与的互动过程，教师在教学过程中起着主导作用。教师只有在课堂上自始至终引导学生掌握并运用各种阅读技巧去提高阅读理解能力和阅读速度，学生才会积极参与其中，充分发挥学习的主动性，调动自身的各种因素参与阅读过程。在分技能教学体系中，阅读课常常是学生最害怕的一门课，因此，明确阅读教学的任务是教师首先要解决的问题。

二、华文阅读课教学的阶段性任务

华文阅读教学要培养学生的华文阅读理解能力，培养阅读技巧，并通过培养阅读能力来全面提高学生的华文水平。华文阅读教学的任务应包括语言能力的提高、阅读技巧的训练、思维能力的锻炼、阅读习惯的培养以及文化知识的传授等各方面的内容。但结合学生学习华文的具体情况，阅读教学也应该分阶段教学，教师要明确不同阶段的主要教学任务。

阅读教学一般分为初级、中级和高级三个阶段。在不同的阶段，华文阅读教学各有明确的教学目标和内容，教材的选编、教法的选用、练习的设计等必须各有针对性。

1. *初级阶段阅读课的任务*

初级阶段的学生因为掌握的华文词汇量少，对汉字的反应速度慢，不习惯阅读汉字，加上对中国文化和社会情况了解不多，普遍存在阅读困难。因此，初级阶段的阅读教学首先是消除学生的畏难情绪，通过阅读巩固已学的词汇和语法；通过阅读积累知识、扩大词汇量，体验阅读成功的喜悦，树立阅读的信心；同时也通过阅读逐渐增加对中国文化和社会的了解。教师应根据这个阶段的教学任务选择合适的教材进行教学。初级阶段的阅读教材应该是浅显易懂的，词汇难度控制在甲、乙等级词汇；句子结构相对简单；文章篇幅不长，控制在800字以内；文章内容有意思，要让学生有兴趣阅读，不要涉及比较复杂的文化和社会背景；练习可以多样化，既有词句的练习，也有理解方面的练习。目前，初级阶段的阅读教材比较少，可供选择的不太多。但教师如果能挑选到一本合适的教材，既能减轻教师的备课量，使教学顺利进行，又能通过浅显易懂的阅读内容，使学生逐渐习惯不用翻译就能获得意义的阅读过程，培养良好的阅读习惯。

2. 中级阶段阅读课的任务

中级阶段的学生已掌握了一定的词汇量和语法，且有了一定的华文阅读经验，虽然阅读的时候仍可能是逐字逐句，但眼停的时间比初期大大缩短了，眼睛回跳也减少了，已经具备了进一步提高阅读速度的条件。据统计，汉语经常使用的词汇多达四五万，但中级阶段的学生掌握的词汇量大概是两三千个，所以，中级阶段阅读训练的首要任务还是积累词汇。积累词汇的重要手段是多阅读，阅读各种类型材料，使汉语中的常用的词汇在不同的文本中反复出现，通过语言环境中的反复重现让学生在阅读中自然掌握词汇并且加深理解。

除了积累词汇，中级阶段的学生还应该培养两个方面的能力：一个是快速阅读的能力，一个是学会整体理解文章的能力。如果是故事性的文章，要掌握时间、地点、人物、事件的起因、发展和结局；如果是论说性的文章，要掌握标题、论点、论据、结论，并能归纳出中心思想。阅读本身的目的是理解，而积累词汇和提高速度都是手段，最终达到准确理解这个目的。因此，中级阶段阅读的主要任务是：

（1）加大阅读量，增加知识积累。

（2）加快阅读速度，学会跳读，学会从一些关键词中获得文章的主要内容。

（3）注重实用性，学会用各种速度阅读，加大阅读的范围，使阅读逐渐成为习惯。

3. 高级阶段阅读课的任务

高级阶段学生的阅读能力已经有了比较大的提高，看到华文的材料也不再有畏惧心理了，而且已经具备了一定的快速阅读能力。高级阶段的教学主要以专业为主，阅读教学应该满足学生的实际需要。因此，高级阶段的阅读课大致分为普通阅读、专业阅读和报刊阅读三种，且继续沿着中级阶段阅读教学的思路，进行大量阅读和快速阅读训练。

在教学中，教师一定要贯彻交际性与实践性的原则，充分调动学生的阅读兴趣与欲望，多引导，多启发，为学生提供丰富的阅读材料。同时，教师要注意检查学生的阅读效果。

三、阅读课教学的训练方法

1. 词语理解训练

对于学习华文的学生来说，阅读理解最大的障碍就是生词。积累词汇、扩大词汇量是各个阶段阅读教学的重要任务。

积累词汇、扩大词汇量不能只靠死记硬背，而是应该多听、多读、多练。学生要尽可能多地阅读各种材料，通过阅读，理解并掌握词语，进而积累词语，扩大词汇量。

词语理解的训练方法主要有以下两种：

（1）引导学生猜测词义。

学生在阅读中遇到不认识的词是不可避免的。教学中，教师应该告诉学生，不要一遇到生词就查词典或马上就要知道它的意思。教师也不应急于讲解，而是应该训练、指导学生根据构词法和上下文，对词义进行猜测，要教给学生如何寻找猜测的线索，最后再点明该词的意思。可以先从训练猜测字义开始，逐步扩展到猜测词义、词组的意思。例如：

五岳是中国五大名山的总称，它们是东岳泰山、西岳华山、南岳衡山、北岳恒山、中岳嵩山。

句中的“五岳”一词对于学生来说是生词，“岳”字学生都没学过。教师可以这样引导学生寻找猜测的线索：“岳”字下面的部件是“山”，这个字应该跟“山”有关系。“东岳泰山”的意思应该是“东面的山是泰山”或者“东面有座山叫泰山”；“西岳华山”的意思应该是“西面的山是华山”或者“西面有座山叫华山”，以此类推，东岳、西岳、南岳、北岳、中岳，共五岳，那么，“五岳”指的就是这五座山：泰山、华山、衡山、恒山、嵩山，不是指一般的山。而“五岳是中国五大名山的总称”这句话也说明了这一点，这五座山在中国是很有名的山，简称“五岳”。

（2）根据上下文理解词义。

一词多义是语言中比较普遍的现象，但在某一具体语境中，词汇义一般来说都是单一的、确定的。因此，词语教学要注意结合上下文，让学生理解这些词在具体语境中的特定意思。例如：

北京是一个严重缺水的城市。北京的节水措施很有意思，虽经检测市场上出售的各种水龙头100%不合格，但出台的措施却总是水费涨价。

“出台的措施”中“出台”的意思是：（　　）

A. 上舞台演出　　B. 公布（规定、制度等）

C. 到舞台上去　　D. 出现在舞台上

“出台”这个词共有五个义项，根据文章的内容，“出台”这个词跟“舞台”没有关系，学生可以根据练习很容易猜出B是正确答案，教师还可以引导学生去记住“出台”这个词常跟“措施”、“规定”、“制度”等词语搭配使用。

学生在阅读过程中，常常会遇到不同题材、不同体裁的各类文章，遇到的词语也多种多样。很多汉字学生都学过，但两个都学过的汉字一组合成词语，这个词语的意思却可能跟这两个汉字的意思不沾边。有时候，某些词或某些词组字面意思都明白，可是，就是读不懂句子或文章的意思，甚至误解文中的意思。这主要是由于学生没学过或不理解词语的引申义或比喻义。词语的引申义、比喻义只有结合具体的语境才能被正确地解读。

阅读教学中，碰到这类词语，教师不应该主动讲解，而是通过阅读实践，让学生在上下文中理解这些词语，正确地解读这些词语的引申义、比喻义。例如：

中国的学生，今后要面对一种和上一代很不相同的工作环境和方式，不会再有就业的安全感。越来越多的人做兼职、打短工、打自由工或在家里工作。“跳槽”将成为常规行为，在同一企业里等待提升反而是死胡同，更不会有什么终身职业。

“死胡同”的意思是：(　　　)

A. 一条没有出口的道路　　　B. 一条没有人住的胡同

C. 比喻某种做法行不通　　　D. 一条早已消失的胡同

文中的“死胡同”本义是“没有出口、不能通过的胡同”，如果学生仅从字面义去理解，肯定弄不明白“在同一企业里等待提升”跟“死胡同”有什么关系，教师要引导学生理解“在同一企业里等待提升”这一做法就好像走进了一条没有出口的胡同，是行不通的，这样来让学生理解这个词的比喻义。

阅读课中的词语教学应该不同于综合课。综合课中的词语教学要教会学生掌握词语的意义，还要让学生学会其用法，后者更为重要。而阅读课中的词语教学重点是抓词的理解，通过偏旁、构词法、词语搭配等方面的分析，利用上下文进行猜词。在猜词教学中要注意的是一定要跟学生讲清楚猜词的原理，根据是什么，而不是随意乱猜。遇到学生猜错的时候，要请学生讲讲他猜词的理由，然后指出他猜错的原因，并讲清楚怎么猜才是对的。

2. 句群阅读理解的训练

句群是两个或两个以上句子的组合，是大于句子的语言单位。组成句群的句子，语意上，密切联系，相辅相成，共同表达一个较为复杂的意思；结构上，前后衔接，互相衬映，成为相对独立的整体。因此，如果把句群拆开，分成一个个句子孤立地去理解，会影响对整体意思的深入理解，也难以领会作者的意图。因此，要做好句群的阅读理解训练，为篇章理解打好基础。例如：

中国是世界上水土流失最为严重的国家之一，水土流失面积已占国土面积的40%，每年流失土壤50亿吨以上！1998年，长江洪水泛滥。据报道，当时长江汛期总流量只有200亿立方米，远不及1954年的1 000亿立方米。为什么这次长江洪水这么大呢？就因为长江上游植被在近20年里被破坏了85%以上，长江流域水土流失面积迅速增加了20多万平方千米，有机质大量损失，河道泥沙大量淤积，湖面迅速萎缩，拦蓄洪水能力大大下降，种种因素综合发作，才造成了这次特大洪灾。

这段话是由下面几句话组成的句群：

①中国是世界上水土流失最为严重的国家之一，水土流失面积已占国土面积的40%，每年流失土壤50亿吨以上！

②1998年长江洪水泛滥，据报道，当时长江汛期总流量只有200亿立方米，远不及1954年的1 000亿立方米。

③为什么这次长江洪水这么大呢?

④就因为长江上游植被在近20年里被破坏了85%以上，长江流域水土流失面积迅速增加了20多万平方千米，有机质大量损失，河道泥沙大量淤积，湖面迅速萎缩，拦蓄洪水能力大大下降，种种因素综合发作，才造成了这次特大洪灾。

这段话按照这样的层次关系展开：①指出中国水土流失严重；②指出由于水土流失造成了严重的水灾；③提出问题——为什么会发生这么大的水灾；④分析造成灾害的原因。

可以设计如下练习，帮助学生理解。

在上面一段话中画出下列语句所表达的部分，并按照这段话所表达的意思排列顺序。

A. 分析造成灾害的原因

B. 指出中国水土流失严重

C. 提出问题——为什么会发生这么大的水灾

D. 指出由于水土流失造成了严重的水灾

学生阅读上面一段话，并在教师的指导下，理解这段话所表达的意思其正确的排列顺序应该是BDCA。

句群阅读理解训练在训练学生分析、总结、归纳句群所表达的意思的同时，也要让学生了解组成句群的各个句子内部的结构关系，特别是较为复杂的关系。例如，上面这段话中的句④，分析了造成这次特大水灾的原因，即有机质大量损失、河道泥沙大量淤积、湖面迅速萎缩和拦蓄洪水能力大大下降。在这些因素的共同影响下，才出现了特大水灾。针对句④，可以设计如下练习：

"就因为……才造成了这次特大洪灾"这段话讲的是什么?

A. 植被被严重破坏，水土流失面积迅速增加

B. 水土流失面积增加，有机质大量损失

C. 河道泥沙大量淤积，湖面严重萎缩

D. 以上三项等多种因素造成了这次特大水灾

D对句④中各个分句语意上、结构上的关系作了分析与总结，是正确的答案。

在学生完成阅读及理解练习后，教师还应该就句群中句子间的结构关系、语意关系等给予适当的指点，但不应有过多的讲解。学生阅读理解能力的获得，主要应该在教师的指导下，学生自己通过阅读实践完成。

3. 语段阅读理解训练的方法

语段通常是由几个句群组合而成的，因而一个语段一般包含若干层次，这些层次间或者是有着一定的内在逻辑关系，或者是按照一定的情节展开。语段阅读理解训练

的主要任务是培养学生厘清段落中的层次和总结归纳段落大意的能力。

语段阅读理解训练要在句群阅读理解训练的基础上，训练学生能读懂符合汉语表达习惯、以汉语思维方式写成的文章；能够总结出段落的中心思想；搞清楚语段中的句子及句群是如何围绕段落的中心思想展开论述或说明的。

例1：

我们同学必须一分为二地看教师。教师讲课有效果好的，也有效果差的。对这个问题，我们必须有个全面认识，不能认为好的一切都好，差的什么东西都学不到。教师也要一分为二地看学生。学生学习有成绩好的，也有成绩差的。对这个问题，教师也得有个全面的认识，不能认为只有成绩好的才有培养前途，成绩差的就没有培养前途。

这段话可以分为两个句群。第一个句群从开头到“什么东西都学不到”；第二个句群从“教师也要一分为二地看学生”到结尾。它们都有各自明确的中心意思——学生如何看教师，教师怎样看学生，合起来构成一个完整的话题——如何正确地认识教师和学生这对特殊关系。

这段话的理解练习有两个：

（1）这段话前一部分讲的是什么问题？

A. 有的教师讲课好

B. 有的教师讲课差

C. 要一分为二地看教师

D. 跟差的教师学不到东西

（2）这段话后一部分讲的是什么问题？

A. 学生的学习成绩有好有坏

B. 学生学习差没有培养前途

C. 教师讲课好所以学生成绩才好

D. 教师要一分为二地看学生

这两个练习是引导学生如何阅读语段，如何找出语段的语意中心——主题句。学生做完练习后，教师应该点一下：语段常常是围绕一个语意中心——主题展开的，这个中心有时就是语段的首句，学会找关键句很重要，有时候，关键句是在末句，比如下面这个例子。

例2：

一般人靠养猫来捕捉老鼠，专家们则使用毒药来毒杀老鼠。用一只猫一年只能捕杀几十只老鼠；用药物毒杀效果就比较好，可一旦停药，老鼠又会繁殖起来。这两种办法都不能减少老鼠的数量。看来，要想使老鼠数量得到有效的控制，还要从搞好环境卫生入手。要把群众发动起来，从根本上消除滋生老鼠的温床。

这段话也可以分为两个句群。第一个句群从开头到“都不能减少老鼠的数量”；

第二个句群从“看来”到结尾。第一个句群的意思是猫捉老鼠和药物毒杀老鼠都不能减少老鼠的数量；第二个句群提出搞好环境卫生，从根本上消灭老鼠。两个句群紧密结合，层次分明，结构完整。

这段话的练习是这样设置的：

（1）文章的前一部分讲的是什么问题?

A. 养猫，因为猫可以捉老鼠

B. 用灭鼠药毒杀老鼠效果不错

C. 养猫同时还要使用灭鼠药

D. 养猫和使用灭鼠药都不能彻底消灭老鼠

（2）这段话主要说的是什么问题?

A. 介绍了消灭老鼠的一些方法

B. 专家说猫捕杀老鼠的能力有限

C. 要想办法控制老鼠的繁殖

D. 发动群众，搞好卫生，彻底消灭老鼠

前一个练习是引导学生阅读第一个句群，归纳该句群的主要意思；后一个练习是总结整段话的中心思想。在学生完成练习后，教师再小结一下：这段话中前一个句群的中心意思不在首句，而在句末。

在语段阅读理解训练中，既要注意构成语段的各个句子或句群本身的形式及语意，也要注意句子或句群之间形式上的联系和语意上的联系。一般来说，句与句之间，句群与句群之间，往往都会使用一些连接词，表示上下文之间的照应、替代、详述等关系，教学过程中要注意训练学生识别这些词，以便更好地理解。

4. 篇章阅读理解训练的方法

篇章是由语段组成的，在语段阅读理解训练的基础上进行篇章阅读理解训练可以说是水到渠成的事。一篇文章往往是围绕一个主题，从几个方面进行展开、论述或说明。这几个方面组合在一起，既要依靠意义上的纽带，也需要通过形式上的衔接手段。篇章阅读理解训练既要让学生读懂篇章所要表达的意思，也要让学生了解篇章的结构、衔接手段等。不能让学生盲目地去阅读，教师要通过教学设计引导学生去阅读。

在篇章阅读理解训练中，教师要想方设法将组成篇章的各语段内及语段间的逻辑语意关系、事情的发展脉络较清晰地交代给学生，这种交代不一定非从教师的嘴中直接说出来，可以启发学生按照教师设计好的思路去分析、推理、判断，从而完成阅读。

一般来说，语段篇章阅读理解训练的练习题可以以“为什么”、“怎么样”、“怎么”、“什么”等问答题的形式出现。备选答案一定要设定好，正确答案要是唯一的，其他备选答案要起到一定的干扰作用。

5. 快速阅读训练的方法

在实际生活中的阅读都带有不同目的，比如，欣赏性阅读，读者一边读一边欣赏文章字里行间所表达的思想、意境；研究性阅读，读者在阅读的同时要思考、分析作者的论点、论据以及结论；查阅性阅读，读者一般要先浏览一下所读材料，忽略不重要或不需要的内容，只关注自己所需要的那一部分。这几种类型的阅读也是有粗有细，即有粗读和细读之分。粗读就是常说的快速阅读，包括通读、略读、查阅等。阅读教学其中一个重要的教学任务就是提高学生的阅读速度，因此，教师要根据阅读目的的不同培养学生的快速阅读能力。

（1）通读。

通读是阅读中最主要、最常用的一种方法，只需要了解文章的主要内容或大致情况。在进行通读训练时，要给学生规定阅读时间，要求他们在规定的时间内读完语料，并能把握所读内容的主要意思、主要观点或基本情况等。要求学生在阅读时不能一个字一个字地读，不能读出声，而要默读；遇到生词不要急于查词典。读前，教师可给一些必要的、与所读内容有关的阅读提示，或让学生先看课后练习题，让他们带着问题读。在学生阅读之后，可以完成练习题，检查阅读理解情况，而这些练习题也是在训练学生的理解能力。教师还应该让学生学会抓关键词，比如，文章的小标题或者文中的“总之、然而、为了、因此”等关联词所表示的逻辑关系。

（2）略读。

略读即粗看，是在没有时间仔细阅读或者想了解某篇文章是否值得仔细阅读时采用的一种阅读方法，它只是需要了解所读材料的大概意思，不要求掌握细节。因此，阅读时，跳跃幅度比较大，不是一行一行地读，通常采用的是所谓的“一目十行”的方法。在进行略读教学时，一定要告诉学生，不能每个句子都读，不要追求每句话都懂，要学会跳读。让学生把注意力放在文章或段落的关键部分，如文章的题目和标题，开始段和结尾段，段落的开始句和最后几句。至于文章或段落的中间部分，可以略扫一下。作为略读训练，让学生重点阅读文章的起始段和结尾段，之后完成理解练习。

（3）查阅。

查阅是带着比较明确的目的在大量文字中查找所需信息的阅读方法。一般来说，查阅的对象及所查阅的材料既可能是叙述性的材料，如查找某个词语所表达的概念、某个观点、某人、某事等；也可能是非叙述性的文字材料，如在图表中或文字中查找某些数据。

查阅时人们的眼睛关注的只是要查找的东西。在训练时，首先要让学生明确需要查找的内容，然后在所给文章中去搜寻，找到正确的答案就算完成任务。

人们在阅读实践中，上述三种方法——通读、略读、查阅往往不是单独使用的，而是交替使用、有机结合的。因此，教学中也应采取三种方法综合训练的方式。

在阅读教学中，要训练学生从推断不熟悉词语的意思到理解句子的意思，弄清句子内部、句子之间以及语段中各部分、语段与语段之间的结构及语意关系，进而达到明确篇章结构、理解篇章思想的目的。

第四节　华文写作课教学

一、写作课的教学任务

不管是母语写作还是目的语写作，大多数学习者都会觉得写作是一件比较困难的事情，需要对语言有较高的驾驭能力和一定的逻辑思维能力才能完成。作为第二语言的华文写作，更多的是训练语言运用能力，培养学生的语篇表达能力。华文写作课的教学任务就是对学生的语言运用能力进行全方位的训练，包括词语的选择、句型的选择、句子和语段的衔接、各种语体的语言运用以及结构特点等。

二、写作课训练的作用

1. 培养笔头表达能力

写是一项非常重要的，也是一项比较难的技能，写作能力的提高需要经过专门的系统训练。

2. 全面提高学生的语言水平

笔头表达训练是对学生学过的字、词、句、表达技巧的全面应用，使学生的语言水平得到整体提高。

三、写作课训练的类型

1. 基本写作训练

以初级阶段为主，在引导学生复习、巩固已学的基础知识的同时，指导学生进行汉语书面表达的尝试。

在初级阶段，由于学生的词汇量不大，想要表达的思想常常找不到相应的汉语词汇，语言水平跟不上表达思想的需要，或者是在表达的时候词不达意，所以，常常会出现词语运用的偏误。因此，这一阶段的写作教学，教师可重点训练学生遣词造句的能力。遣词造句一定离不开语境，教师要把词语概念意义之外的社会意义、搭配意义、感情意义等语义的多个方面及语用特点跟学生讲清楚，训练学生在一定的语境中选择、运用词语的能力，并根据写作中词语运用的普遍性问题和学生表达的需要，进行归类总结，使学生进一步了解词语的语用规则。在写作之前，可进行一些小型的集中练习，比如，词语之间的搭配、选择恰当的词语填空、语段中的词语填空等，帮助学生在写文章之前对一些可能涉及的词语范围有一定的了解和运用基础，为学生的表达运用提供方便。

在开始练习篇章段落的表达时，可以进行一些形式较为简单的句型练习，帮助学生巩固语法知识，顺利地导入语言运用中，比较自然地形成正确使用语法的习惯。写作初期，让学生使用结构比较简单的句子，只要表达清晰、意思准确就行，把良好的习惯固定下来，最终达到准确自由表达思想的目的。教学中，教师要引导学生根据表达的需要运用各种句型，指导学生在语境中对一些类似的句型进行选择。汉语中有一些语义相近的句型，比如，是否使用“把”字句？用主动句还是被动句？用被动句是有“被”字的还是用无标志的？表示比较时，选择哪种句型更达意？这些句型的语篇功能和表达效果各不相同，教师可设计语境，在语篇中对这些句型进行训练，展示这些句型的语义关联，使学生在语篇层次的训练中明白其异同，提高学生的语境意识和句型选择运用能力。

这一阶段除了训练学生逐步提高运用汉语字、词、句的能力之外，更要提醒学生注意汉语书面语表达的常用书写规范，如标点符号、段落开头空格等。

2．应用文写作训练

中级阶段主要进行以应用文为训练中心的写作练习。

应用文的格式是区别于其他文体的一个重要标志，教师在教学过程中要注意强调其重要性并加强指导，严格要求。教学中可通过一些比较典型的体现文体特征的范文，让学生了解其基本的语言形式，从模仿式的套用起步，逐步掌握。

应用文训练教学的课堂教学步骤是：①展示范文；②和学生一起分析范文的结构、格式、特定用语等；③教师给出具体要求或条件，学生练习写作；④教师修改讲评。

3．限内容写作

在中高级阶段，要训练学生根据所给的情景、条件，甚至内容组织一篇文章的能力。

从学生的学习过程来看，中高级阶段的学生已经具备一定的汉语语言能力，比较适合集中地进行语篇训练。语篇能力是综合能力，在教学过程中贯穿于初级到高级的全过程，但它涵盖的范围实在太广了，教学中既要贯穿始终，又要注意阶段性。写作教学总体上是以语篇表达为目标的，在各个阶段的训练内容可以有所侧重，但不管是词语选择、句型运用，还是成段表达，都应设置一定情境进行语篇表达训练。语篇意识的培养应贯穿于学生学习的全过程，语篇手段的学习则集中于中高级阶段。

语篇手段从形式上分为三类：显性的语篇手段——运用连接成分；半隐性的手段——运用省略和指代的方式；隐性的语篇手段——句子的逻辑关系、句型、词语的选择、整体文章风格的协调等。在教学中，教师应把这些手段系统、合理地贯穿于教学总体设计中，并编排语言材料，设计相关练习。

四、写作课的训练方法

1. 基本写作训练教学的常用方法

（1）词语搭配练习。

（2）语段中的词语填空。

（3）语段中的纠错。

（4）句型选择。

（5）设置场景，限定句型的练习。

（6）听一个简单的小故事，然后写下来。

（7）模仿范文，写一些记人、记事的小文章；或者写日记、写信。

2. 应用文写作教学的常用方法

选择符合语体的表达、填写各种表格、写信和信封、各类便条、各种应用型信件的写作。

3. 限内容写作教学的常用方法

（1）给出一个语段，让学生选择词语，合理体现出句子之间的语义关系。

（2）组合句子或语段。把一个语段的句子打乱，让学生根据语义关系把句子重新组合连接起来。

（3）语篇层次的改错练习。给一段文字，包含一些人物关系不明朗的指代或省略，或是一些连接词语的错用，让学生在这些有明确目的的训练中，掌握语篇手段。

（4）模仿练习。可根据写作要求给出一些范例，让学生就语段、语篇结构的提示进行一些模仿练习，调动学生在母语写作中已具备的语篇意识，并根据汉语的语篇手段，调整自己的思维表达习惯，掌握语段之间的衔接规律，逐渐形成正确的语感。

（5）列写作提纲、按规定情景写作、素材提炼写作、扩写、续写、缩写、改写。

4. 文章修改的教学方法

（1）学生自己修改。

（2）学生互相修改。

（3）教师针对性指导修改。

（4）教师重点修改。

（5）教师选优表扬。

（6）文章学习与交流。

第七章　华文教学技能

华文教学是一个复杂的过程，华文教师要顺利完成教学任务，必须熟练地掌握各种教学技能并能加以综合运用。根据华文教学的实际需要，本章着重介绍华文教学技能中的导入技能、提问技能、讲解技能、演示技能和结课技能。

第一节　华文教学的导入技能

导入是华文教学中重要的一环。良好的开端是成功的一半，精彩的导入，能抓住学习者的心理，促使学习者情绪高涨，有助于教学的成功。

一、导入的作用

理想的导入是华文教师经验、学识、智慧、创造的结晶。好的导入犹如一把钥匙，开启学习者的心智之门，营造愉悦的学习氛围，激发学习者的求知欲望和学习兴趣。导入是一堂课的起始环节，具有以下作用：

1. 激发兴趣，调动学习者的学习动机

兴趣是力求认识某种事物或爱好某种活动的心理倾向，这种倾向是和愉快的体验相联系的。别具匠心的一段课堂导入是激发学习者学习兴趣的关键环节，能使学习者产生强烈的学习动机，主动、自觉地投入到学习中去，变被动的“要我学”为主动的“我要学”。

2. 吸引学习者的注意力

注意是人的心理活动对一定对象的指向和集中，是进行任何学习活动的前提条件。导入时，华文教师必须首先对学习者的注意进行唤起和调控，调动学习者的认知注意和情绪注意。如果课堂导入环节设计不好，学习者的注意力不集中，对华文教师给予的各种刺激就会视而不见、听而不闻。而富于创意的导入，具有先声夺人、引人入胜的效果，使学习者在上课伊始就把注意力转移到课堂学习上来，为完成新的学习任务做好了充足的心理准备。

3. 复习旧知，引入新知

导入有时也可以是课与课之间的桥梁和纽带，发挥承上启下的作用。它既是先前教学的自然延伸，也是新课教学的开始。巧妙的导入，可以在复习与新知识相关的旧知识的基础上，使新旧知识之间建立一种实质性的内在联系，为新知识的学习、新技能的训练打下基础。

4. 渲染气氛，创设情境

好的课堂导入能起到渲染气氛、创设情境的作用。学习者的学习情感直接影响学习效果。良好的课堂导入能引发学习者的情感，使学习者进入到教学内容中的情境，并与华文教师一起对教学内容产生情感上的共鸣。

二、导入的方法

1. 直接导入法

直接导入法是最简单、最常用的一种导入方法。华文教师在开始上课时直接阐明本节课的教学内容和教学安排，通过简短的叙述、设问等引起学习者的关注，使学习者迅速地进入学习情境。

例如，讲练《中文》（修订版）第三册第六课《雪》时，华文教师可以拿一张下雪的图片给学生看，然后开门见山地说："今天想问问大家，你们见过下雪吗？你是在什么地方见到的？……"

这种直接点题的导入方法，可以使学习者迅速进入主题，能节省教学时间。但如果把握不好，这种导入容易显得过于平铺直叙，流于平淡，难以让学习者在短时间内集中注意力。

2. 直观导入法

直观导入法是指华文教师通过实物、标本、挂图、模型、图表等直观教具，以及幻灯、投影、电视、录像、电脑等媒体对与教学内容相关的信息进行演示的一种导入方法。这种导入以强烈的视听效果、逼真的现场感受吸引学习者进入学习情境。在新课的开始，展示直观教具和媒体教材，为学习者提供生动直观的感性材料，能够化抽象为具体，有助于学习者加深对所学知识的理解。

例如，可以用视频短片教"故宫、长城"、用手表教"时间"、用世界旅游地图教"国家"、用照片教"朋友"等。直观导入法具有生动形象、具体感性的特点，能吸引学习者注意，并帮助学习者理解抽象知识。

3. 问题导入法

问题导入法是指华文教师提出富有挑战性的问题使学习者产生求知欲，引起学习者的思考，从而产生学习和探究欲望的一种导入方法。问题导入法的形式多种多样，可以由华文教师提问，也可以由学习者提问；可以单刀直入，直接提出问题，也可以从侧面提问设置悬疑；可以由直接问句形式来呈现，也可以由谜语等形式来呈现。

例如，教《中文》（修订版）第二册第六课《我会做的事》时，教师可用下面这个问题导入：

"你在家里会做什么事?"并且提供洗碗、做饭、扫地、晾衣服等图片供大家选择，然后请同学们着重练习说"我会……"这一句式。

汉字课教汉字时可用一些字谜来导入，让学习者猜一猜，引起学习者的学习兴趣。

4. 温故导入法

温故导入法是指华文教师通过帮助学习者复习与即将学习的新知识有关的旧知识，从中找到新旧知识的联结点，合乎逻辑、顺理成章地引出新知识的一种导入方法。它由已知导向未知，过渡流畅自然，适用于导入前后连贯性和逻辑性较强的知识内容。

如学习者已经学了动态助词"$了_1$"，现在要学新的语言点语气助词"$了_2$"，那么，华文教师可以通过询问学习者吃早餐的情况来导入新的语言点。其中，动态助词"$了_1$"的使用为旧知识，语气助词"$了_2$"的使用为新知识。

老师：玛丽，你吃了早饭没有？（旧知识）

学生：吃了。（旧知识）

老师：你吃什么了？（新知识）

学生：我吃了牛奶和面包。（旧知识）

老师：你吃了早饭就来上课了吗？（旧知识、新知识）

学生：对，我吃了早饭就来上课了。（旧知识、新知识）

5. 语病用例导入法

语病用例导入法是华文教师在课堂上给学习者提供一定的病句或者错字、错词等，让学习者改错，通过练习找出问题，顺势进入新课。上课前，华文教师可把学习者在作业中写错的某些字写在黑板上，以引起学习者的关注。例如，吃牛饭（吃午饭）、使宜（便宜）等，请学习者到黑板上纠正，写出正确的汉字，从而使学习者的印象更深刻。也可以将错句写在黑板上，请学生改正。如：

*在桌子上有几个苹果。

*在床上躺着一个人。

*从前边来了一个人。

*学习者们开始议论，有的说对，有的说不对。这时，华文教师导出新课："今天，我们要来学习一种新的句型，这类句子的开头一般是表示地方的词语……"

语病导入选择的例句、例词要有一定的针对性，并要与新课内容紧密相关，这样才能激起学习者的好奇心，产生学习欲望。

三、导入的原则

导入是一个重要的教学环节，它直接影响学习者学习的情绪和效果。在设计导入时要遵循以下原则：

1. 启发性原则

导入应对学习者学习新知识具有启发性。富有启发性的导入能引导学习者去发现问题，激发学习者解决问题的强烈愿望，调动学习者积极的思维活动，促使他们更好地理解新的教学内容。比如，教结果补语时，学习者常常对“看”和“看见”、“听”和“听见”等语义上的区别不甚清楚，教学前，华文教师要先预见到这一问题并设置好启发性的问题进行导入：

下面几个句子意思有什么不同？你能用例子来说明吗？

我没看他。

我没见他。

我没看见他。

2. 针对性原则

导入一定要有针对性，要与具体的教学内容、教学目标相适应。设计导入要从教学内容出发，导入内容可以是教学内容的重要组成部分或必要补充，也可以与教学内容具有间接关系。设计导入要以课堂教学目标为依据，脱离教学内容、教学目标的导入，不管多么别致、多么吸引人，都不能发挥应有的作用。所以，设计导入时，要充分考虑教学内容的特征与教学目标的需求。

3. 趣味性原则

如果学习者对所学的内容感兴趣，那么，他们就会表现出主动、积极的心理倾向，学习时轻松愉快，学习效率自然会较高。因此，华文教师设计导入要尽量使教材内容以新鲜活泼的面貌出现在学习者面前，最大限度地引起学习者的兴趣，激发他们的学习积极性，以利于促进学习者去接受新知识，为整个课堂教学打下良好的基础。

第二节　华文教学的提问技能

一、提问的作用

问与答是语言交际中最常用的会话形式，也是语言课堂上最基本的训练方式。对于学习者来说，学习的过程实际上是一个提出问题、分析问题、解决问题的过程。华文教师巧妙的提问是传授知识和培养语言技能的有效手段。其主要作用为：

1. 推动学习者主动学习

提问是华文教师对学习者学习的一种支持行为。学习者的学习是以学习者的积极思维活动为基础的，学习者的思维过程往往又是从问题开始的。提问能帮助学习者复习巩固所学的知识和技能，提示教学重点，分散教学难点，促进学习者对教材内容的记忆等。

2. 为学习者提供参与课堂的机会

提问是课堂上的一种召唤、动员行为，是集体学习中引起相互活动的有效手段。提问给学习者提供了一个流露情感、发表看法，与老师和班级其他成员沟通、交流的机会。学习者通过聆听他人对问题的回答，展开争论，从而开拓自己的思路，便于对学习内容进行梳理、理解和记忆。提问给学习者提供了一个参与教学过程的机会。

3. 激发学习者的学习动机和兴趣

提问能够激发学习者的好奇心，使学习者产生探究的欲望，迸发学习的热情，产生学习的需求。华文教师不断地提问，能使学习者的大脑始终处于兴奋的状态，从而提高学习的效率和质量。

4. 反馈教学的相关信息

提问过程是一个华文教师“教”与学习者“学”的双向过程。华文教师通过对学习者回答问题情况的了解，检查他们对有关问题的掌握情况（包括理解情况、记忆情况、运用情况等），便于华文教师和学习者及时把握教与学的效果，并及时调整教学方式和学习方式。另外，提问还是华文教师诊断学习者学习困难的有效途径。

5. 训练学习者的语言表达能力

提问可以培养学习者的思维能力、口头表达能力和交流能力。提问能给学习者适当的紧张度，从而引发学习者积极思考。学习者在回答问题时需要组织语言，这锻炼了学习者的口语表达能力。同时，在与华文教师和其他学习者探讨问题、寻求解决问题途径的过程中，还培养了学习者与他人交流、沟通的能力。

二、提问的类型

1. 知识性提问

知识性提问是考查学习者对字、词、句、课文等基础知识记忆情况的提问方式，是一种最简单的提问。对于这类提问，学习者只需凭记忆回答。例如，《中文》（修订版）第三册第三课为《在医院里》。学完课文后，教师可以根据课文内容进行以下提问：

我怎么了？

在医院里，护士做了什么？

在医院里，医生做了什么？

为什么爸爸妈妈听了医生的话就放心了？

打了针以后，我觉得身体怎么样？

2．理解性提问

理解性提问是用来检查学习者对已学的词语及语法点的理解和掌握情况的提问方式。学习者要回答这类问题必须先对已学过的知识进行回忆、解释、重新组合，然后对学习材料进行内化处理，最后组织语言表达出来。还是以《在医院里》那篇课文为例，在进行知识性提问之后，华文教师还可以继续提问：

我为什么要去医院？

我怎么样才能好？

……

3．应用性提问

应用性提问是检查学习者把所学知识应用于新的问题情境中解决问题的一种提问方式。语言学习更注重的是语言的应用能力，在学习词语的用法之后最关键的是运用于实际的交际中。因此，应用性的提问需要设置一个具体的情景，以模仿实际交际。例如，学过了“……得慌”之后，华文教师可以提问：如果你早上没吃早饭，现在觉得很饿，用“……得慌”怎么说？

4．评价性提问

评价性提问是一种要求学习者运用准则和标准对观念、作品、方法、资料等作出价值判断，或者进行比较和选择的一种提问方式。这是一种评论性的提问，需要运用所学内容和各方面的知识与经验，并融入个人的感受和价值观念，进行独立思考，才能回答。它要求学习者能提出个人的见解，形成自己的价值观，是较高要求的提问。例如，学完了《中文》（修订版）第三册第九课《蔡伦造纸》之后，华文教师可以提问：你怎么看待中国的四大发明？

三、提问的要求

1．趣味性

在设计提问时，华文教师最好能以学习者感兴趣的方式提出问题。设计具有趣味性的问题，能够吸引学习者的注意力，引发学习者积极思考并主动参与到问题解决中，同时可以使学习者从困倦的状态中转入积极的思考氛围。

2．目的性

华文教师设计问题时，应该服务于教学目标、教学内容，每个问题的设计都是实现特定的教学目标、完成特定的教学内容的手段，脱离了教学目标、教学内容，纯粹为了提问而提问的做法是不可取的。同时，设问还要抓住教材的关键，于重点和难点处设问，以便集中精力突出重点，突破难点。尽量不要设置那种学习者只需回答

“是”与“不是”的问题。

3. 启发性

“既然……就……”是学习者常用却又比较难掌握的连词，其前后分句之间含有某种因果关系，与“因为……所以……”有相同之处。华文教师可以利用已学的旧知识启发学习者去思考新知识。

老师：玛丽今天不舒服。玛丽今天没来。谁能把这两句话连起来说？

学生：玛丽因为今天不舒服，所以，没来上课。（如果学习者只是说“玛丽今天不舒服，没来上课”，那么，华文教师给予表扬之后可再问：“我们还可以怎么说呢？”从中引出旧知识“因为……所以……”）

老师：假如玛丽现在肚子很疼，趴在桌子上，那么，老师会对她怎么说呢？请注意，老师会说：“你既然不舒服，就别上课了，回家休息吧。”

（板书：她因为不舒服，所以，没来上课。
你既然不舒服，就别上课了，回家休息吧。）

老师：请再听两个例子：
因为小红很想去，所以，我就同意了。
既然小红那么想去，你就同意她去吧。
大家说说，用“既然……就……”和用“因为……所以……”有什么不同？

4. 顺序性

提问时，设置问题要由浅入深，由易到难，由简到繁，以降低学习者学习的难度，使教学活动层层深入，提高教学的有效性。例如，学习“真倒霉”这个词语时，华文教师可以按这样的顺序提问：

“老师今天刚出门就摔了一跤，可以说老师今天怎么样？”——“‘真倒霉’后边应该说出什么句子？”——“你以前遇到过倒霉的事情吗？能不能说说？”

5. 归纳性

学习者回答问题后，华文教师应对其发言作出评价，并给出明确的问题答案，使他们的学习得到强化。必要的归纳和总结，对知识的系统与整合、认识的明晰与深化、问题的解决以及学习者语言表达能力的提高都具有十分重要的作用。

四、华文教师提问的态度

1. 要创设良好的提问环境

提问一般要在轻松的环境下进行，也可以制造适度的紧张气氛，以提醒学习者注意，但不要用强制性的语气和态度提问。要注意师生之间的情感交流，消除学习者过度的紧张心理，鼓励学习者不怕说错，积极参与问题的回答，大胆发言。

2. 要保持谦逊和善的态度

提问时，华文教师的面部表情、身体姿势以及与学习者的距离、在教室内的位置等，都应使学习者感到信赖和鼓舞，而不能表现出不耐烦、训斥、责难的态度，否则会使学习者产生回避、抵触的情绪，影响学习者的学习兴趣。对一时回答不出的学习者要适当等待，启发鼓励；对错误的或冗长的回答不要轻易打断，更不要训斥；对不作回答的学习者不要批评、惩罚，应让他们听别人的回答。

3. 要正确对待学生回答提问时的意外

有些问题，学习者的回答往往出乎意料，华文教师可能对这种意外的答案是否正确没有把握，无法及时应对处理。此时，华文教师切不可妄作评判，而应实事求是地向学习者说明，待思考清楚后再告诉学习者或与学习者一起研究。当学习者纠正华文教师的错误回答时，华文教师应该态度诚恳，虚心接受，与学习者相互学习，共同探讨。

提问能力是基本交际方式之一，课堂上不能只是单向的老师问学习者答，也要注意培养学习者的提问能力。华文教师可在提问之后，要求学习者提同样的问题，也可以要求学习者就陈述句提问，练习多种形式或角度的变换提问。

第三节　华文教学的讲解技能

讲解是华文教学最主要的方式，讲解技能是最基本的教学技能之一。在华文教学中，讲解必须与训练相结合，精讲多练，而不是满堂灌。在华文教学讲解的过程中，问答、板书、演示等形式的运用也是必不可少的，不能截然分开。语音、汉字、词语、语法、课文的讲解没有固定、规范的形式，每个华文教师都可以根据教学内容和教学对象自创风格。

一、教学讲解的基本要求

1. 准备要充分

华文教师应对讲解内容作全面的分析和把握，做到准备充足，力图将所要讲解的知识清晰地呈现给学习者。不管是词语教学还是语言点教学，一定要准备充分，事先没把握的知识一定要通过查阅相关工具书解决。同时也要思考讲解的方法、方式及切入的角度。

2. 内容要准确

华文教师讲授的内容必须是准确的，否则，就会误导学习者说出一些不正确的语言。而且，在华文教学中，除了语言知识及技能讲练外，还有一个很重要的组成部分就是文化教学内容。对于文化教学内容，华文教师更要注意把握好分寸，对涉及种族、宗教、政治信仰等方面的内容一定要把握分寸，不能信口开河，一定要做到准确、客观。

3. 讲解要生动、形象

华文教学讲解应既生动，又形象。比如，在讲解语言点时，华文教师可借助图画、描绘、表演等手法或教学媒体手段使学习者通过感知，领会其用法和使用语境。比如，教“一……就……”格式时，如果华文教师只是作一般的讲解：“一……就……”表示两个动作或情况紧接着发生，如“我一回家就做作业”，效果可能不太理想，因为整个过程始终是华文教师一个人的活动，学习者只是被动地听，至于是否明白，是否会使用就不得而知了。要使这堂课上得形象、生动，华文教师可以通过自身的肢体语言设计使讲解生动起来。比如，教师先让自己微笑起来，然后问学生：“老师一笑，同学们就怎么样啊?”教师并在黑板上板书“老师一笑，我们就……”学生们就会踊跃回答；接着，教师再展示出自己生气的样子，然后问学生：“老师一生气，同学们就怎么样啊?”教师并在黑板上板书“老师一生气，我们就……”学生们也会踊跃回答。学生在回答的过程中，也就在不知不觉中掌握了这个语言点。

当然，教师也可以再通过其他动作演示让学生明白、理解这个格式使用的情景，比如，“打开书、读书（我一打开书就读）”；“拿笔、写字（我一拿起笔就写字）”等。最后，教师通过游戏形式让学生用指定的“一……就……”格式造句：一名学生做动作，另一名学生说出句子。这样生动形象、富有趣味的讲授能够激发学生的兴趣，使他们集中注意、积极思维，对学习内容产生深刻的印象。

4. 语言要简洁、通俗

华文教师应使用简洁而明快、准确而精练、形象而通俗的语言进行讲解。学习者只有听得懂、听得明白，才有可能接受和掌握华文教师所讲授的内容。因此，华文教师在选择例子时，应尽量适合学习者的年龄特征和经历，并尽可能选择学习者比较熟悉的事物，使他们容易把这些事物与即将学习的知识联系起来，顺利实现新旧知识的迁移。

5. 语速要适中

在教学讲解过程中，华文教师应注意语速、语调的科学运用，并根据学习者的反应及时作出相应的调整。在确定基本的速度和音量后，语音的高低、强弱、快慢和停顿还应根据内容有一些变换，以吸引学习者。一般来说，华文教师在讲解时应该声音洪亮、吐字清晰、发音规范、节奏适宜、语调自然。但有时也要根据学习者的汉语水平作适当的调整。对于初级阶段的学习者，特别是零起点的学习者，语速应放慢，重点部分可重复两遍；而对于中高级阶段的学习者，华文教师可采用正常的语速讲解，以利于培养学习者的交际能力。

二、讲解的方式

华文教学讲解主要有以下三种方式：

1. 解析式

解析式多用于语法讲解。语法教学常常需要归纳语言点的用法，华文教师常通过演示、对比、分析、归纳等方法来进行讲解。例如，有数量补语的“比”字句教学。

老师：李军高178cm，张家宝高180cm（可以用简笔画在黑板上表示出来），用“比”字句怎么说？

学生：张家宝比李军高2cm。

老师：很好。如果一定要用上“一点儿”，可以怎么说？

学生：张家宝比李军高一点儿。

老师：西瓜很大，葡萄很小，用“比”字句怎么说？（出示挂图）

学生：西瓜比葡萄大。

老师：对。西瓜很大，葡萄这么小。如果我们要说出这两样东西差别很大，用上“多”字，可以怎么说？

学生：西瓜比葡萄大很多。

老师：（板书：西瓜比葡萄大很多）请注意，这个句子不对。“比”字句形容词前边不能用“很”。要说：“西瓜比葡萄大得多。”也可以说：“西瓜比葡萄大多了。”（教师板书这两个句子）请把这两个句子读一遍。

学生：西瓜比葡萄大得多。
西瓜比葡萄大多了。

老师：很好。哈尔滨 -20℃，三亚 18℃，用“比”字句怎么说？

学生：哈尔滨比三亚冷得多。

老师：我们还可以说——

学生：哈尔滨比三亚冷多了。

老师：很好！大家说得非常好！我们一起来看看，如果要说两个东西相差多少，我们可以怎么说呢？看老师写出来啊：
A 比 B + 形容词 + 数量（教师一边板书，一边领读）

2. 解说式

解说式多用于词语讲解。在词语教学时，华文教师有时会用学习者的母语或学习者已经掌握的另外一门语言直接翻译某个词语，有时也用学习者已经学过的词语来解释新词，有时又用同义词、近义词或反义词来解释新词，有时则通过设置具体语言环境、上下文、例句来解释词语，这些方式都是以华文教师解说为主。还有近义词的辨析也多用这种方式讲解。例如，“任意、肆意”的辨析：

比较：任意、肆意

相同点：都可以作状语，表示按照自己的意愿做事。

不同点：

（1）语义方面。

“任意”侧重表示不按规则、不受约束地做事，好事坏事都可以用。

例1：装修时不能任意改变房屋的结构。

例2：老师让孩子们任意发挥自己的想象力，画出未来世界的样子。

“肆意”侧重表示做事完全没有顾忌，非常地过分。语义比“任意”重，多用于不好的事。词语搭配如“肆意破坏、肆意攻击、肆意欺骗”等。

（2）句法方面。

“任意”还可以作形容词，表示不受任何条件限制的。“肆意”只有副词的用法。

例：任意两点都可以连成直线。

　　*肆意两点都可以连成直线。

3. 解答式

解答式多用于课文讲解。在课文教学中，华文教师可通过“教师设置问题、学习者回答问题”这样的方式来达到理解课文内容的目的。

第四节　华文教学的演示技能

华文教学演示技能是指华文教师在课堂教学过程中向学习者展示实物、挂图，或通过幻灯、投影、电视等媒体展示或动作、情景演示，说明有关语言点的知识及使用条件，使学习者获得感性认识的一种教学活动方式。优秀的华文教师应该能够根据教学内容和学习者的认知特点，准确地选择演示类型，并能熟练地进行演示操作和讲解。

教学中运用直观演示手段，能够丰富学习者的感性经验，减少掌握新知识尤其是抽象知识的困难。汉语中的副词、趋向补语、能愿动词、可能补语等都是教学中的难点，单从理论上进行解说、讲解，学习者可能会在使用上产生混淆及偏误。如果在教学中运用直观演示的手段，则可以避免教学内容抽象、空洞、难于理解的缺点。

华文教师在演示的同时需要进行必要的讲解。学习者以视听结合的方式理解并接受知识，对于提高他们的理解力和巩固知识有重要的作用。

演示与讲解相结合的形式有以下几种：

1. 用直观手段辅助讲解

华文教师通过对教学内容进行语言描述并附直观的教学演示，让学习者在观察的过程中获取知识。比如，对趋向补语“出去、进来”等的教学，可以用图示，也可以用动作演示。

老师：罗小玉，请你到教室外边去。（罗小玉走出去）

老师：现在，罗小玉出去了。我们可以怎么说？

学生：罗小玉出去了。

老师：罗小玉，你怎么说？

罗小玉：我出来了。

（老师请罗小玉再进来。罗小玉进来后）

老师：现在我们怎么说？

学生：罗小玉进来了。

老师：罗小玉，你怎么说？

罗小玉：我进来了。

（此时教师站在黑板前边，再请罗小玉到黑板前边来）

老师：罗小玉，你过来。

（罗小玉走过来）

老师：罗小玉过来了。罗小玉，你该怎么说？

罗小玉：我过来了。

老师：你们怎么说？

学生：罗小玉过去了。

（教师搬来一张椅子让罗小玉站到课桌上）

老师：现在我们怎么说？

学生：罗小玉上去了。

老师：罗小玉呢？你怎么说？

罗小玉：我上来了。

老师：罗小玉，你下来吧。

（罗小玉下来了）

老师：现在我们怎么说？

学生：罗小玉下来了。

老师：罗小玉呢？

罗小玉：我下来了。

通过这一系列的动作演示，让学习者懂得了趋向补语用在什么样的语境下。让学习者懂得，说话人所处位置不同，表达趋向的说法也不同。

2. 将直观教学手段作为讲解的出发点

把直观教学手段作为讲解的出发点，一般是华文教师先提出问题，然后让学习者根据问题对直观事物进行观察，最后，华文教师对学习者观察结果进行概括并讲解。这时，直观教学手段的应用只是作为华文教师讲解的出发点，为学习者的学习提供感性基础。例如，在教表示存在的“有”字句时先展示 PPT 或幻灯片，让学习者对地方和存在的事物之间的关系有一个感性的认识。

3. 引导学习者自己得出观察的结论

这种方式由华文教师先提出问题，然后由学习者自己观察。在观察的基础上，引导学习者自己思考，得出概括性的结论，最后由华文教师进行总结。例如，对“才”和“就”的教学（本教学案例由暨南大学彭小川教授设计）。

（1）教师先在黑板上展示设计好的例句。请学习者思考这两组句子的区别，领会说话人的意思。

他昨晚 11 点睡觉。	他昨晚 11 点睡觉。
他昨晚 11 点才睡。	他昨晚 11 点就睡了。
他花了 3 个月才学会。	他花了 3 个月就学会了。

（2）学习者观察例句，讨论并发言。

他昨晚 11 点睡觉。	他昨晚 11 点睡觉。
他昨晚 11 点才睡。	他昨晚 11 点就睡了。
（说话人认为动作发生得晚）	（说话人认为动作发生得早）
他花了 3 个月才学会。	他花了 3 个月就学会了。
（说话人认为时间长）	（说话人认为时间不长）

（3）教师引导学习者总结“才”和“就”的这种用法。

时间＋才（认为动作发生得晚、进行得慢或时间长）

时间＋就（认为动作发生得早、进行得快或时间短）

第五节　华文教学的结课技能

一堂好的华文课，不仅应当有良好的开端，还应该有耐人寻味的结尾。华文教学课堂结课技能是指在一个教学内容结束或一节课的教学任务终了时，华文教师有目的、有计划地通过归纳总结、重复强调、实践等活动使学习者对所学的新知识、新技能进行及时的巩固、概括、运用，把新知识、新技能纳入原有的认知结构，使学习者形成新的完整的认知结构，并为以后的教学做好过渡的一类教学行为。

结束教学的方法多种多样，各有千秋。华文教师可以根据不同教学内容和不同年龄段的学习者灵活选用。归纳起来，华文教学结课技能主要有：

1. 归纳法

归纳法是华文教师引领学习者以准确、简练的语言对所讲练的重要知识点进行概括、总结，厘清知识脉络，突出重点和难点，归纳出系统知识结构的方法。例如，假设本堂课的教学重点是讲解趋向补语的引申意义，那么，在教学末段，就可以这样采取归纳法结课：

老师：好，今天大家的表现都很不错，你们看，老师笑怎么样啊？

学生：老师笑起来了。

老师：对，笑起来了。“动词+起来”表示动作开始并且继续进行。（教师板书：V+起来：笑起来）

老师：×××，你看出这是谁写的字吗？

学生：老师，我看出来了，这是玛丽写的字。

老师：很好。看出来的否定形式是什么呢？

学生：看不出来。

老师：对。“动词+出来”表示辨认，或动作使事物从无到有，由隐蔽到显露。（教师板书：V+出来：看出来）同学们能再说说还有哪些词语可以与趋向补语“起来”搭配吗？

学生：听出来、吃出来、写出来、画出来、做出来……

老师：很好。请告诉我还有什么其他的关于趋向补语的表达方式。

学生：说下去。

老师：对。“动词+下去”表示正在进行的动作持续进行到以后。（教师板书：V+下去：说下去）

老师：同学们，今天老师讲的内容你们都记……

学生：记下来了。

老师：很好。“动词+下来”表示动作从过去继续到现在。（教师板书：V+下来：记下来）

老师：（指着板书）这是我们今天学习的内容。

2. 比较法

比较法是华文教师对教学内容采用辨析、比较、讨论等方式结束课堂教学的方法，意在引导学习者将新学的知识与原有的知识进行分析、比较，明确它们之间的异同点，使学习者对内容的理解更加准确、深刻，记忆更加牢固、清晰。例如，在讲解“想”和“要”后，可以采取对比的方法结课。

老师：我们刚刚学习了“想”和“要”。请大家说说，“我想买双皮鞋”跟“我要买双皮鞋”一样吗？

学生：不一样。

老师：怎么不一样？

学生：（此时学生可能说得出来两者的异同，也可能说不出来。如果学生说出来一些，教师可以逐步引导，帮助学生说完整；如果学生都说不出来，教师可以主动帮助学生回忆两者的异同）不知道怎么说。

老师：（笑）那好，我们一起来比较一下吧。“想”，表示有这个想法，可是，最后去不去买，还不一定；“要”，表示决定去买，也就很可能会去买。“想”的语气稍弱一些，表示有这种想法或打算，可是，去不去做还不一定。“要”的语气很强，说话人的语气很坚决，表示一个决定、决心，说话人一般会去做。

3. 练习法

练习法是华文教师通过让学习者完成练习、作业的方式结束教学的方法，这是最简单、最常用的一种结课方法。华文教师可以通过精心设计的练习题，趁热打铁，既使学习者所学语言知识、基本技能得到巩固和运用，又使教学效果得到及时的反馈。

4. 提问法

提问法是在教学结束时，华文教师围绕着教学内容进行口头提问，让学习者回答的方法。然后华文教师或其他学习者再根据回答的情况进行必要的修正和补充的方法。需要指出的是，口头提问必须针对要点、难点和关键点，切忌跑题。

结课的技能虽然很多，但从大的方面来说主要有两类，即封闭型结课和开放型结课。封闭型结课的目的是巩固学习者所学的知识，把学习者的注意力集中到课程的要点上。这种方法是对教学内容的归纳总结，让学习者能把学到的知识应用到实际交际中去。开放型结课不仅限于对教学内容要点的复习巩固，而且把所学的知识向其他方面延伸，以引起学习者浓厚的学习兴趣，或把前后知识联系起来，使学习者的知识系统化。在实际教学中具体采用什么方式结课，华文教师要根据教学内容的性质和学习者的年龄特点等灵活处理。

第八章　华文课堂教学

第一节　华文课堂教学的地位和作用

课堂教学是教师根据特定的教学目的围绕一定的教学内容在课堂上运用恰当的教学方法指导学生所进行的一系列有效的教学活动，是教育教学活动中普遍使用的一种形式。与之相对应的，即在课堂教学以外进行的学习活动，包括在家庭、校园和其他场所的学习，统称为"课外学习"。

一、课堂教学的特点

与课外学习比较，课堂教学具有以下几个明显的特征：

1. 目的明确，任务性强

每门课程都有一定的教学目标和任务，教师要在规定的教学时间内完成这些目标和任务，必须通过精心设计，结合教材教学内容以及学生的具体情况，将课程总的教学任务和目标分散到每一阶段、每一课时。因此，每节课的教学目的和任务都是明确的，学生必须在教师的指导下学习相关的知识，完成相应的技能训练任务。相比较而言，课外学习具有一定的随意性，其连续性和任务性没有课堂教学明显。

2. 师生互动，双向交流

课堂教学是通过教师教来帮助和指导学生学，从而达到让学生掌握预定知识和技能的目的。教师的教学必须以学生为中心，突出学生在课堂中的主体地位，而学生的学习则是在教师的指导下进行的，并以教师为主导，这是一个互动的过程，师生在不断地交流、讨论和练习中完成预期教学目标。在课堂教学中，学生有任何疑问，都能及时得到教师的指导，而教师也能迅速了解学生的学习情况，同时也便于及时调整教学的相关策略。

3. 集中学习，有利于培养学生的竞争与合作意识

课堂教学是一种以集体为单位进行的严肃活动，有一定的组织纪律和规则，对学生的学习有明显的约束作用。在课堂教学过程中，学生必须跟着教师的教学节奏完成相应的学习任务。在课堂上，学生不能随心所欲，注意力需高度集中。另外，在集体

学习中，学生很容易产生个人荣誉感和竞争意识，这有利于学生提高参与意识和学习的积极主动性，从而优化学习效果。同时，课堂上的许多学习任务都是由学生之间协作完成的，这有利于培养学生的分工与合作意识。

二、课堂教学的地位和作用

教学活动一般包括总体设计、教材编写、课堂教学、成绩测试等环节，在这些环节中，课堂教学是中心环节。课堂教学是教师传授知识、学生学习知识和掌握技能的主要场所。它在全部教学活动中处于中心地位，其他一切与教学有关的活动都是为课堂教学服务的。

总体设计和教材编写都必须从课堂教学的特点和需要出发，以适应和满足课堂教学为宗旨，并接受课堂教学的检验；而成绩测试也要围绕课堂教学的实际来实施，测试的内容和方法要有利于改进课堂教学，测试结果要能给课堂教学提供有效的反馈。总之，教学原则的贯彻、教学计划的实施、教学方法的运用、教学目标的实现都必须通过课堂教学来进行。

可以说，课堂教学的顺利与否关系到教学的成败与否。因而华文教师应格外重视课堂教学，了解华文课堂教学的基本要求，掌握一些常规训练方式，并努力提高课堂教学艺术。

第二节　华文教学的课型及课型设置

华文教学的总体目标是培养学生准确、熟练地运用华文进行交际的能力，同时让学生了解中华文化。华文课堂教学的具体目标是培养学生用华文进行听、说、读、写的语言能力。要培养学生的这些能力，可以通过一种课型，也可以通过多种课型。

根据华文教学的目标及内容，可以把华文教学的课型分为两大类：一类是语言课，另一类是文化课。语言课又可以分为语言知识课和语言技能课，文化课则可以分为文化知识课和文化技能课。语言知识课侧重介绍关于华文的基本知识，如汉字课、语法课、语音课等。语言技能课则主要侧重训练学生的语言技能，可以是单项技能，如听力课、说话课等；也可以是多项技能，如听说课、读写课等。文化知识课主要是系统介绍中华文化知识，如中国传统文化、中国概况等。文化技能课则侧重训练某种体现中华文化特色的才艺，如中华武术、中国书法等。

由于海外华文学校的课时往往有限，无法开设大量的课型，所以，下面仅侧重介绍华文教学的基本课型及特点。

一、华文教学的课型及特点

按教学内容，华文教学的课型大致有以下类型：

1. 综合课

综合课是从语音、词汇、语法和汉字等语言要素出发，结合相关的文化知识，对听、说、读、写等各项言语技能和言语交际技能进行综合训练的一种课型。它集语言知识和必要的语言文化背景知识、言语技能及言语交际技能于一体。

在现行华文教学的课型设置中，综合课是主干课程，它除了介绍语音、词汇、语法及汉字等必要的知识，并训练学生用所学的语言和文化知识进行听、说、读、写等交际活动外，同时还在语音、汉字、词汇、语法等方面为其他课型，如听力课、口语课、阅读课、写作课等打下基础。

在多课型设置和配套系列教材编写中，听力课、口语课、阅读课、写作课等都属于综合课的“卫星”课程。每一课的生词、新语法点、主要交际训练项目一般都始现于综合课，其他课型基本上围绕着出现于综合课的新内容进行专门的技能训练。

综合课的教学任务是全面进行语音、词汇、语法和汉字的教学，并结合语音、词汇、语法和汉字教学进行言语技能和言语交际技能的训练。因此，综合课具有全面性、多任务性、基础性等特征。

2. 听力课

听力课是一门侧重提高学生听的能力的技能训练课。它的主要任务是通过系统的听力训练，培养学生在言语交际中的听力理解水平。

由于综合课在语音、词汇、语法等方面为听力课起了铺路作用，因此，听力课主要应侧重于听力理解和听力速度等技能训练，具体内容包括识别语音的能力、词义和语义理解能力、记忆储存能力、听的技巧等。其中，识别语音能力的训练主要是训练学生辨听、识别音节（包括声母、韵母、声调）、连读、停顿、重音、语调、语气的能力；听的技巧包括抓关键、跳障碍、联想和预测等。

从语言交际的角度来说，“听”是“输入”，属于接受和领会，是被动的行为，因而在听力课上，学生主要是处于一种被动接受状态。如果教师不注意教学方法，学生始终处于消极被动的地位，就不可能取得良好的教学效果。因此，在听力课上，教师尤其应该注意设法发挥学生的积极主动性。

3. 口语课

口语课是一门主要培养学生运用华文进行口头交际能力的技能训练课。口语课作为一门相对独立的课程，其主要任务是培养学生以口头方式运用华文进行交际的能力，具体来说，就是训练学生正确地运用华文语音、语调、词汇、语法及各种功能项目，在实际生活的不同场合向不同对象表达自己的思想。

一般来说，人们为了交际，必须具备两种能力，即语言能力和交际能力。语言能力是指具有语言知识，并能运用这些知识理解和构造句子的能力；而交际能力是指在实际生活中恰当地使用各种语言知识和语言技能，获得或表达信息的能力。有了语言能力并不等于就已经具备了交际能力。

从语言交际的角度来说，“说”是“输出”，属于表达和应用，是主动的行为。口头语言表达是一个较为复杂的语言生成过程，对第二语言学习者来说，口头交际能力需要经过有计划的培养、反复的实践才能获得，口语课就是专门培养这种能力的课型。因而口语课的主要环节是学生练习说话，课堂教学的过程也就是学生参与交际的过程，华文教师应尽量使课堂教学交际化。要做到这一点，教师在课堂上不能一味地让学生读，读的目的是为了让学生能准确、自由地说。教师要尽量结合课文内容组织交际性练习项目，设法使学生运用学过的词汇和语法知识，表达自己的思想，发表自己的意见。

口头表达能力表现为语音能力、遣词造句的能力、成段表达能力和语用能力，这些也是口语课应侧重训练的内容。

4. 阅读课

阅读课是一门侧重培养、提高学生阅读能力的技能训练课。它的主要任务是让学生通过视觉感知华文的字、词、句子、段落和篇章等形式的书面文字材料，掌握熟练的阅读技巧，培养良好的阅读习惯，从而获得独立的阅读华文文字材料的能力。

培养学生的阅读能力是一个从低级到高级、从简单到复杂的循序渐进的训练过程。首先应培养训练学生识字、辨字，以及认读字、词、词组的能力，再逐步培养训练学生对华文字义、词义、句义的理解能力，最后过渡到对段落、篇章大意的理解能力及概括能力的培养和训练。

在这一过程中，还要有意识地使学生掌握一些阅读技巧，包括如何猜测字义、词义；如何抓关键性的内容和中心意思；如何找主要内容或细节；如何进行推理、判断、预测；如何跳过不理解或不完全理解的非关键性的词语，等等。

从语言交际的角度来说，“读”是“输入”，属于接受和领会，与“听”一样，也是一种被动的行为，因而在阅读课上，华文学习者也容易处于被动接受状态。因此，教师应该注意阅读课自身的特点，采用适当的教学形式，调动学生的积极主动性。阅读课是一门实践课，阅读能力必须通过阅读实践来培养，而不能以老师的讲解代替。因此，阅读课的主要活动是学生进行阅读实践。教师在课堂上的作用不是信息的提供者、课文的解释者，而应当是学生学习的顾问，通过提问、介绍有关背景及文化知识等，激发学生的阅读兴趣，让学生根据阅读的具体要求完成阅读任务。

5. 写作课

写作课是一门侧重培养、提高学生写作能力的技能训练课，其主要任务是训练已经有了一定华文基础的学生按照华文的思维逻辑，写出合乎汉字规范、合乎语法、合乎华文表达方式、合乎华文文体特征的篇章。

这里所说的“一定的华文基础”，一般是指学过华文的基本语法，至少掌握了一千个以上的华文词汇。因此，写作课往往在学生有了一定的华文基础时才开设，这与听力课、口语课、阅读课等技能训练课不一样，在初学华文阶段，一般不开设写作课。

写作课的训练内容包括华文书面语的基本格式、常见文体的类型、各种文体的基本结构等。

写作课一般应遵循以下三个教学原则：第一，注重华文书面语表达方式的训练。这是指在写作课上，写作课的主要训练内容不是汉字、词语、语法练习，而是书面语的篇章结构、连接方式、表达格式及标点符号用法等。第二，读写结合，以读带写。在每次写作之前，都给学生两篇范文，教师带着学生分析范文，让学生根据范文提供的表达方式去写。第三，写作内容要具体。在学生动笔之前，应当给学生以明确的提示，使学生知道写什么、怎么写、应当注意些什么等，而不能只给出一个题目。

6. 其他常见课型

除了前面介绍的几种基本课型外，华文教学中常见的课型还有听说课、读写课、听力写作课、视听说课、汉字课、语法课、文化课等。

听说课、读写课、听力写作课、视听说课等是从主要侧重培养学生的某几方面的能力来划分的课型。这些课型一般集中训练两种或三种语言技能。

汉字课、语法课、文化课等是从教学的主要内容来划分的课型。汉字课以汉字形、音、义的构成特点和规律为教学内容，帮助学生获得认读和书写汉字的技能，一般在初学阶段开设。语法课以汉语词组织成词组的规则、词或词组组织成句子的规则、句子组织成语段的规则及语段组织成语篇的规则为教学内容，让学生通过理解语法规则进而理解华文本身，并在交际中运用语法规则进行正确的表达，一般在学生已有一定的华文基础后开设。文化课以中华文化为教学内容，帮助学生系统地了解中华文化，进而为学习华文奠定文化基础，一般在中高级阶段开设。

二、华文教学的课型设置

华文教学的课型设置，要考虑诸多因素，主要可从以下几个方面着眼：

1. 根据课时量设置课型

一般来说，课型的设置应依据学校周课时的多少而定。如果周课时较多，例如，学校每周有华文课 20 节以上，就可以考虑开设综合课和各种单项技能课，综合课一般应占总课时量的 1/3 或 1/2，即 6 ~ 10 课时左右，其余课时可依据学生水平而定，一般初级阶段为口语课 4 课时，听力课 4 课时，阅读课 2 课时。如果周课时为 10 课时左右，可开设综合课，再配以听说课、阅读课等多项技能课。如果周课时少于 6 课时，则不宜开设单项技能课，而是只开设一门综合课，但教师要注意在综合课上安排专门的单项技能训练环节，培养学生各种言语技能。

2．根据总体教学目标设置课型

如果总体教学目标是让学生掌握基础的华文知识及基本的言语交际能力，不强调对中华文化的系统掌握，那么，在课程设置时可重点考虑语言类的课型，文化类课型可以不单独设置，只在语言课中有意识地介绍涉及的相关文化知识。如果强调对中华文化的熏陶与培养，则可开设一些文化技能课，如传统手工、中华武术等。如果侧重培养学生的交际能力，则可以以语言技能课为主，语言知识课可以不单独开设或有针对性地少量开设。

3．根据教学对象特点设置课型

设置课型时，要充分考虑教学对象的特点，包括年龄、心理、学习特点等。例如，针对幼儿开设的课程就应以语言技能课为主，而且应突出听说技能，在课程名称上也应体现教学对象的年龄特点，如唱游课、语言活动、故事欣赏、创意手工等。

4．注意课型的纵横关系

纵横关系包括横向关系和纵向关系。注意课型的横向关系是指要考虑同一学期开设哪些课程，各门课程的主次关系如何，课时比例如何安排。注意课型的纵向关系是指同一门课程在不同的教学阶段或年级如何合理衔接，初级阶段开设的课程在中级、高级阶段是否继续开设，课时是否需要调整，课程名称如何体现稳定与差异，等等。

第二节　华文课堂教学的要求与常规训练

一、华文课堂教学的要求

要使华文课堂教学顺利开展，必须对课堂教学环境、教学管理、学生、教师等方面提出以下基本要求：

1．课堂教学环境

要开展华文课堂教学，首先必须有一个良好的课堂教学环境。具体来说，应该有一个相对稳定的教学场所，即教室。教室应宽敞、明亮、整洁、安静、安全，有利于教师和学生安心上课；教室内教学设备应齐全，尤其是应具备基本的教学设施，如黑板或白板、讲台、课桌椅、粉笔或白板笔、黑板或白板擦等。教室可以采用固定使用方式，即每个班级配一个固定教室；如果教室有限，也可以采用自由使用教室的方式，即每个班级每次课不一定在同一个教室进行。无论教室的使用是否固定，都需提前在课表上作出相应安排。此外，还可结合教学的实际需要配备一些电子教学用具，如投影仪、幻灯机、电脑、电视、录音机等。

2. 教学管理

良好的教学管理是保证课堂教学得以顺利进行的基础。教学管理包括教学秩序的维护、教学纪律的制定与实施、教学总体安排的设计与监督以及与教学相关的其他辅助活动的安排与开展。

(1) 教学秩序必须严谨。特别是要准时设置上、下课铃，有效控制上、下课的时间；学生进出学校和教室的秩序要稳定，不能拥挤混乱；教师和其他员工的分工要明确，各司其职；选拔适当数量的学生及学生家长配合学校和教师开展教辅工作。

(2) 教学纪律要严明。学校管理部门应对教师和学生提出一定的规范和要求，并实行一定的奖罚措施。例如，要准时上、下课；上课要遵守纪律，不吃东西、不看小说、不讲小话等；衣着要整洁；语言要文明；不能随意旷课、迟到或早退；有特殊情况不能上课要请假；教师不得体罚学生；教师如需调课，需提前填写调课申请表并经相应教学管理部门同意等。

(3) 教学总体安排要合理，要有利于在课堂教学中实施。教学总体安排是对具体课堂教学的总体设计，课堂教学应努力达到教学总体安排的最终目标，并严格按照总体设计的教学阶段安排教学进程。

(4) 与教学相关的其他辅助活动必须以有利于促进课堂教学工作为前提。这包括各种学校集体活动的开展（例如，运动会、晚会等）、学校的饮食安排、住宿安排等，这些活动和工作的安排都必须为课堂教学工作服务。

3. 学生

课堂教学是由教师“教”与学生“学”构成的双向交流过程。要使华文课堂教学取得良好的教学效果，必须重视学生，充分发挥学生在课堂教学过程中的主体作用。在华文教学中，要先根据学生的年龄以及已经具备的文化知识背景、语言基础、学习目的、学习时间等方面的差异进行合理分班。课堂教学的时间是有限的，合理的分班有利于教师安排教学内容，达到教学目的。华文教学的重要任务之一是语言教学，语言教学需要大量的操练，因此，一般来说，每个班的学生应尽量控制在 10 ~ 25 人左右。学生人数过多，在课堂上操练的人均机会就少，教师也就不好组织课堂活动；学生人数过少，不利于形成班级学习的氛围，也不利于教师语言教学活动的开展。如果根据分班前测试结果，某水平的学生人数少于 10 人，可将两类学生混合编入一个班，但是，这样教师在上课时就需分段进行教学，先教一组学生，让另一组学生自习或做练习；之后，让第一组学生复习或做练习，再教第二组学生。在这样的班级中，教师需要安排好每组的时间，掌控交替进程。

4. 教师

华文教师既是华文课堂教学的组织者、实施者，又是知识的传授者。要使华文课堂教学顺利进行，华文教师首先必须具备良好的华文知识和华文能力，同时还要具备相应的教学能力，必须接受一定的师范教育，掌握相应的教学技能，掌握备课、设计教学、组织教学等必备的教学基本功。其次，教师还必须具备良好的职业道德，有高度的教学责任心、高度的工作热情、吃苦耐劳的品德；对学生充满爱心，能够成为学生言行和品德的表率。此外，还要有一定的教育学、心理学知识，懂得一般的教育规律，善于揣摩学生的心理，能与学生进行有效的沟通。

二、华文课堂教学的常规训练

华文课堂教学最终的教学目标是培养学生熟练地运用华文进行交际的能力，因此，在课堂上应主要训练学生听、说、读、写等方面的能力。对各类能力的训练与培养可采取不同的方法，下面介绍一些常规训练内容和基本方式。

1. 听的常规训练

听的主要训练模式是听和练习。“听”包括聆听和视听，聆听是指单纯通过耳朵获得信息，包括听录音、听老师说、听广播等，视听是指边看边听，包括看电视、电影、录像等。听的内容可分为听音、听词、听句子、听语篇等一些层次，听的内容不一样，采用的方式也不一样。

（1）听音的常规训练。

听音指的是对华文语音的识别，听音的内容包括对音节中声、韵、调的听辨等。常见的训练方式有听写音节、听后标声调、听后写声母、听后写韵母、听后跟读、听后说等。这些方式又都可以灵活采用不同的形式，如“听后标声调”可以是让学生直接写上声调，也可以让学生说出声调，也可以要学生用数字来回答是什么声调，还可以是教师说一个声调让学生变成另外一个声调。例如，“dàyì”，可以让学生在“dayi”上标出声调，也可以让学生听后读这两个声调，也可以请学生用“44”来说明是第几声，教师还可以要求学生听后把两个声调变成“22”，这样学生应读“dáyí”。语音训练是比较枯燥的，教师要善于变换各种形式训练语音练习项目，尽量使枯燥的练习变得生动有趣。

（2）听词的常规训练。

听词主要训练学生对词音和词义的听辨能力。词音包括对词语的音节和词语中的连读、变调、轻声、儿化等语音现象的听辨；词义是指一句话或一段话中一个词的意义。

听词的常规训练方式有听写、听后读、听后选择正确的答案（变调、轻声、儿化、词义）、辨别词义、听词说句子、听一组词后找出异类词等。

（3）听句子的常规训练。

听句子主要包括训练学生对句子的语音和意义的听辨能力。句子的语音除了对构成句子的词语的音节情况的听辨外，还包括停顿、重音、语调、语气等内容。

听句子的常规训练方式有听写、听后读、听后写、听后说、听后找出句子重音、听后模仿句子的语气和语调、听后划分句子中应停顿的地方、听后回答问题、听后选择正确答案等。

（4）听语篇的常规训练。

听语篇包括听对话和听短文，主要训练学生对语篇意义的理解能力，包括概括观点、抓主要信息、理解大意等。

常规训练方式有听后复述、听后判断答案正误、听后选择正确答案、听后回答问题、听后对话、听记主要内容、听后表演等。

2. 说的常规训练

说的常规训练内容主要是培养学生的语音能力、对话能力以及成段表达能力。

语音能力的培养主要是培养学生表达华文语音要素的能力。语音训练主要包括声母、韵母、声调的练习。此外，还有轻声、儿化、连读、语调、语气、停顿、重音等语音成分的训练。常规训练方式有跟读、朗读、变读等。

对话能力的培养一般要按“词—句子—短小的对话—较长的对话—自由交际”这样一个过程进行。每个过程中训练的侧重点都不一样，因而采用的训练方式也略有不同。词语阶段的常规训练方式有词语扩展、同义词语替换、用词造句、跟读、朗读等。句子阶段常规的训练方式有朗读、跟读、复述、看图说话等。对话阶段的常规训练方式有朗读、跟读、分角色读、分角色表演、分角色对话、完成对话、问答等。

成段表达能力的培养目标主要是通过训练，让学生能连续说一段话和一篇话。要使学生掌握成段表达能力，除了要训练学生说句子的能力外，还必须培养学生把若干个句子组织成语段和把若干个语段组织成语篇的能力。这里，不但有语法方面的因素，还有培养学生用华文进行逻辑思维能力的问题。成段表达能力培养的常规训练方式有复述、看图说话、讨论或辩论、演讲、讲故事、口头作文、朗读、用所给词语或句子说一段话、口头描述、选择恰当的关联词、填关联词、排列句子顺序、排列段落的顺序等。

3. 读的常规训练

这里的“读”是指阅读。阅读训练主要包括两个方面：一是阅读理解，二是阅读速度。一般来说，理解是基础，在理解的基础上再求速度。因此，在阅读训练的初期应以阅读理解为主，在学生有一定的阅读理解能力之后相应加快阅读速度。

阅读理解先从识字和词语训练开始，进而训练阅读句子和短文的能力，最后才让学生阅读不同文体的长文章。阅读理解能力的常规训练方式有选择正确的答案、判断正误、选词填空、综合填空、填关联词、回答问题、概括主要意思、给短文加标点符号等。

阅读速度的训练是阅读能力培养中一个重要的、不可忽略的方面。提高学生阅读速度的常规训练方式有限时阅读，从阅读材料中快速找出相关信息，找关键词、关键句和关键段，猜测词义，跳跃障碍获得主要信息等。

4．写的常规训练

“写”主要包括两个方面：一是写字，二是写作。写字是写作的基础；写作主要是指笔头表达，一般先从写句子、写话开始，进而过渡到写简单的应用文，最后训练一些较难的文体的写作。

写字训练要侧重两个方面：一是笔画和笔顺规则，二是字的结构。写字训练的常规训练方式有描写、临写、抄写、默写、听写、看拼音写汉字等。

写作训练在不同的阶段应采用不同的训练方式。最开始训练写句子、写话的常规训练方式有说后写、听后写、看图写话、听写等。

简单的应用文主要包括写信（包括信封的写法）、写便条（包括请假条、留言条、借条、收据、介绍信、便条等）、填表（包括银行票据、邮局票据、学校票据、住宿票据等）、日常信件（包括感谢信、意见信、祝贺信、申请书等）、通知、日记、贺卡、请柬等。训练学生写简单应用文的常规训练方式有抄写、读后写、仿写、补写、改写等。在学生掌握一定量的汉语词汇和表达方式并学会一些简单应用文的写作之后，便可以开始训练学生成段写作直至写完整文章。常规训练方式有扩写、续写、缩写、改写、命题作文、修改病文、写提纲、根据问题写文章、看图作文等。

第四节　华文课堂教学艺术

教学既是一门科学，又是一门艺术。不同的教师在同样的学生中采用同样的教材，运用同样的教学原则和教学方法，教学效果往往会有一些差别，这种差别是由于教师的教学艺术水平的差异而形成的。要使华文课堂教学收到良好的教学效果，教师必须掌握相关的教学艺术。教学艺术主要通过课堂教学技巧体现出来。课堂教学技巧是指教师在课堂上进行教学时采用的各种有利于取得良好教学效果的方法。课堂教学技巧虽然要受到教学原则和教学方法的制约，但比教学原则和教学方法更具灵活性，它只能由教师个人控制与实施，它能充分体现教师个人的教学艺术和教学风格。下面从备课、课堂组织管理、教师语言、板书等几个方面来讨论华文课堂教学艺术。

一、备课中的艺术

良好的课堂教学艺术、丰富的课堂教学技巧要靠不断探索、长期积累和充分准备。充分准备首先从备课开始。备好课是课堂教学成功的基础。

教师在接受一门课程的教学任务之后，首先要研究教学大纲，了解该课程的目的和要求。其次要通读教材，把握教材的整体特点及其中所体现的教学原则和教学方法。再次，在此基础上，制订该课程的教学计划，包括教学阶段的划分、教学重点的确定及教学时间的分配。最后为具体的每一课或每一课时编写教案。

研究大纲及教材有利于教师掌握课程的总体性质和任务，用以指导具体教案的编写；教案的编写要在大纲及教材的教学原则和教学方法指导下实施。编写具体教案时要做好以下三方面的工作：

1. 分析教材

教师必须对教材内容有全面了解，只有这样，才能在课堂教学中灵活运用教材中的教学内容，扬长避短，取得良好的教学效果。分析教材时首先要明确该课的教学目的，分析该课内容与前后课文的联系以及与该课同时教授的平行教材中相关内容的联系。通过分析该课教学内容的内部关系，确定教学重点、难点，并按一定的方法对教学内容进行合理编排。此外，还要注意发现教材中的不足与错误，在教学中加以改进。

2. 分析教学对象

备课仅仅研究教材还不够，还必须结合学生的实际水平进行有针对性的备课。一般来说，教师在接受一门课程的教学任务后，首先应了解学生的总体情况，即学生的现有知识水平、学习态度、学习风气以及学生的姓名和其他相关背景情况。在教学过程中，教师要善于发现学生的特点及学习中存在的问题。具体备课时，要预先考虑本班学生可能遇到的难点，对教材练习进行适当的补充和调整，设计比较容易被学生接受的练习和讲解方式，以便取得最佳教学效果。

3. 确定教学方法

在分析教材和教学对象的基础上，应设计相应的教学方法，包括如何开始课堂教学，是先复习旧课，还是先检查学生预习新课的情况；如何展示和讲练新知识，是从课文开始还是从句型开始；如何进行练习，是集体练习还是个体练习，是提问还是讨论；如何向不同水平的学生提问；如何利用辅助教具等。

在做好以上准备工作后，就可以开始撰写教案。教案的内容一般包括课题、教学内容、教学目标、教学重点与难点、课时安排、教学用具、教学环节、板书设计等。教案的详略可依据教师的教学经验及习惯而定，但一定要将教学的主要环节设计好，使各个环节的重点清楚，环节之间衔接自然。

二、课堂组织管理艺术

课堂教学要顺利进行，必须有良好的课堂秩序和课堂学习气氛，这样才能集中学生的注意力，使学生全身心地投入其中。要使课堂教学既生动活泼又井然有序，充分发挥学生的积极主动性，教师应注意以下几个方面：

1. 精心设计教学内容，教学时间安排科学合理，使教学节奏张弛有致、灵活多变

教师应严格掌握教学时间，合理分配各个教学环节的时间比例，不随意浪费课堂时间，如在教学时间发作业、调设备、与学生闲聊和教学内容无关的话题等。教学节奏要张弛有致、快慢相间、富于变化。例如，同样是读课文，第一遍可以读得慢一点儿，第二遍可以适当加快，如要读第三遍，就可以使用正常语速。在复习旧知识时，讲解的语速可快一点儿，而在讲授新知识时，则要有意识地放慢语速。如果前一个教学时间段任务比较多、比较难，学生学起来相对费力，那么，在下一个教学时间段就应该安排相对轻松一些的任务，让学生的紧张情绪得以舒缓。在教学内容的安排上，应做到详略得当，重点突出，切忌对所有教学内容均衡用力。例如，一位教师在教生词时，共23个词，每个词不区分用法的难易、使用频率的高低，都给出三个例句，即使是非常简单的名词，也如此安排，对于一些用法相对复杂的词，也未突出讲解，平均用力，使课堂教学效果大打折扣。此外，一堂课的教学难点不要集中在一个教学时间段，应将难点分散进行，以保证学习效率。

2. 努力创造生动活跃的课堂气氛

华文课堂教学以语言为主要教学内容，主要目的是培养学生使用华文进行交际的能力。要达到这一目的，需要学生反复地操练和模仿。模仿和操练有单一性，而且易出错，时间一长，学生往往容易出现畏难、厌烦情绪或产生信心不足等心理障碍。要使学生克服这些消极心理状态，放下“包袱”，轻松愉快地学习，教师必须要尽量创造轻松活泼、愉快热烈的课堂气氛。为此，教师应该经常变换讲解及练习形式，给学生新鲜感，以激发学生的兴趣；教态要亲切、热情；精神要饱满；语言要风趣、幽默，抑扬顿挫，有感染力。当课堂气氛比较沉闷时，可以用讲故事、做游戏、比赛等形式来适当调节课堂气氛。当然，在强调创造活跃的课堂气氛的同时，教师应把握好尺度，不能让课堂太随意、太松垮。

3. 维护课堂纪律，稳定课堂秩序

在课堂教学中，可能出现部分学生交头接耳、思想开小差、打瞌睡、做其他事情甚至争吵等情况。遇到这些情况，教师不宜直接批评学生，造成师生间的紧张局面，而宜采用提问、暗示、神态提醒的方式把学生的注意力重新吸引到课堂上来，这样处理，一方面间接地制止了学生的不良行为，另一方面也顾及了学生的面子，有利于师生感情的融洽。但是，如果学生屡教不改或者严重地影响了课堂秩序，教师就应该正面加以制止，以保证课堂教学的顺利进行。对于迟到和缺课现象，老师应先调查，分析学生迟到和缺课的原因，从关心学生的角度对其进行教育，切忌一开始就粗暴批评，以免使学生产生不满或对抗情绪。对于不接受帮助教育、无心学习的学生则应按学校的规章制度严肃处理，以正班风和学风。

4．对课堂投入情感，用饱满的热情吸引学生

在课堂教学过程中，教师的情感和情绪会对学生产生巨大的影响。教师如果愁眉紧锁，说话有气无力，甚至呵欠连天，那么，学生对这堂课也会打不起精神。反之，如果教师兴致勃勃，富有情趣，激情澎湃，那么，学生也会被教师带动，积极投入到课程学习中。因此，教师对每一堂课都要投入情感，对所教课程要持有兴趣的情感，对学生要有爱的情感，对课堂要有执著、认真的情感，这样，学生才会在老师的带动下形成对课堂及学习内容的情感，才会产生学习兴趣。

三、教师语言艺术

教师语言是体现教师个人魅力的重要组成部分。根据教师语言的载体，可以将教师语言分为口头语言和书面语言。课堂教学主要使用的是较为正式的口头语言，与日常口语有所不同，课堂教学口语往往带有一定的书面语特征。根据教师语言的使用场合与作用，可以将教师语言分为教学语言、教育语言和教师交际语言。教学语言是在课堂教学中所使用的语言，主要包括讲授语、提问语、导入语、结束语、应变语等类型。教育语言是教师对学生进行思想品德教育时所使用的语言，如表扬、批评、沟通、说服等。教师交际语言是教师以职业身份同学生以外的其他人（如家长、同事、社会人士等）交往时所使用的语言。作为一名华文教师，应努力提高自己的语言水平和表达艺术。

下面，先从宏观方面强调在华文课堂教学中教师使用语言时应注意的方面，再介绍课堂教学中使用频率较高的提问语、表扬语、批评语的使用技巧。

1. 华文课堂教学语言的使用技巧

（1）课堂教学语言应准确、规范，表达应清楚、流畅，语气要亲切，语调要抑扬顿挫、富于变化，说话要生动风趣。

一堂课，要使学生爱听，教师的讲课方式很重要。如果教师在讲课时，像念书稿一样，把教案从头念到尾，语调单一，没有变化，那么，学生肯定不喜欢听。但是，如果教师用讲故事的口吻对学生娓娓道来，声音高低起伏、错落有致，说话时表情丰富，不时让学生开怀一笑，那么，肯定能吸引学生的注意力，让学生对课程充满兴趣。

（2）语速要适应学生的水平，语言应精练，要克服口头禅或过多重复等不良语言习惯。

教初级水平的学生，教师的语速往往明显慢于日常表达时的速度，而教中高级水平的学生，教师的语速则宜保持正常水平。以教初级水平学生为主的教师去教中高级水平学生时，如果习惯性地保持较慢的语速，就会影响教学节奏，同时不利于训练学生的听力。在讲课时，应尽量避免出现口头禅，如“这个、这个”，“嗯”，“对吧、

对吧”等，或一些对学生可能会产生负面影响的表达方式，如“你看你、怎么搞的、又不会、你怎么总是……、你给我……”，要尽可能避免。

（3）选词用句要简明易懂，要随着学生水平的提高逐步增加语法和词汇的难度，切忌出现解释性语言中的词语比被解释词句还要难的情况。

例如，一位老师教生词时，习惯用词典上的释义先解释一下所讲生词的意思，不管生词的词性及词义特点如何，都一律这样处理。如教“广场”一词，老师解释为“指面积广阔的场地，特指城市中的广阔场地”，其中的“广阔、场地”等都是学生没有学过的词语，这个释义学生自然无法理解。即使教学对象是中高级水平的学生，选词用句也应简明易懂，不宜使用太多书面表达方式，但是，可适当增加语法和词汇的难度。例如，同样是问学生的相识过程和学华文的原因，对初级水平的学生可以问“你们是怎么认识的”、“你为什么学华文”，对中高级水平的学生则可以问“能说说你们相识的过程吗”、“你学华文的目的是什么”。

（4）课堂中使用的语言要有意识地重现已经学过的词汇和语法，以帮助学生复习巩固已学过的知识。

有经验的教师在课堂表达时往往会倾向于选择刚刚学过的词语和句式，例如，一位老师教“是……的”句时，给学生的例句是“锯子是鲁班发明的”和“蒸汽机是瓦特发明的”。这两个句子中的词语似乎离生活比较远，但是，如果看了教材，就会发现，这两个句子所表达的内容都是在这一课之前的几课刚刚学过的。在学“是……的”句的过程中，教师让学生不知不觉地巩固了刚学过的内容。

（5）课堂教学要求的表达要注意学生心理，讲求艺术。

在课堂上，学生的表现有时未能达到教师预期的目标，教师希望学生改进，这时，应尽量从肯定或关心的角度入手，认可或体谅学生的表现，再提出进一步的要求。例如，当学生回答问题时的声音比较小时，教师如果说“你的声音像蚊子叫，我们怎么听得到”，学生可能会受到打击，声音也许会更小，但如果老师从正面肯定，说“你说得很有道理，请你再大声地说一次给大家听”，那么，学生就会很有信心地大声再说一遍；再如，学生上课打瞌睡，如果老师当众指责“你怎么上课睡觉呢，要睡回家睡去”，学生肯定非常不好意思，接下来也无法专心听课，但如果老师在同学分组讨论时再轻轻走到这位同学身边，拍拍他，问“你怎么了，是不是身体不舒服，还能坚持吗”，学生就会感觉到老师对自己的关心，不好意思再打瞌睡，而是认真地完成后面的学习任务。

（6）尽量运用华文和学生交流，培养学生用华文思维的习惯。

在海外华文教学中，教师往往使用所在国的官方语言作为教学的媒介语，在初学阶段，适当使用媒介语是可以的，但应尽量减少使用的量，能不用就不用，以便培养学生用华文思维的习惯。然而学生往往非常依赖媒介语，希望在学习华文过程中，老师能时时用媒介语来解释，以帮助其尽快理解。作为华文教师，应该有意识地向学生强调“在华文课堂上老师强调使用华文”这一原则，并让学生明白老师这样做的目的，并且一直坚持这一原则，切忌被学生牵着走。

2. 华文课堂教学表扬的艺术

课堂教学表扬是指教师在教学过程中针对学生表现进行正面肯定的教学语言行为，是教师教育、引导、鼓励学生的重要手段之一。教学表扬对于树立学生的信心、提高学生的学习积极性有着积极的推动作用，因此，在课堂教学过程中，教师应充分重视表扬的积极作用，尽量发现每个学生身上的闪光点，多使用表扬和鼓励性语言。在表扬时，应注意以下方面：

（1）表扬的面要广，表扬的标准不宜过高。

要让每个学生都有机会获得表扬，不宜每次课都只表扬几个总体表现突出的学生，而对其他学生的进步视而不见。教师设定的表扬标准不宜太高，也不能一成不变，应做到因学生而异。学生在学习华文时的起点往往不一致，有的学生有一定的基础，在课堂上的表现自然比较突出，有的学生没有任何基础，在课堂上相对会比较缺乏信心。针对这种情况，教师不应过度强调学生间的横向比较，而应重视每个学生的纵向发展，即他的现在与他的以前相比有无进步。例如，一位学生开学时一个字也不认识，经过一个星期时间的学习，他认识了 30 个字，这个数字对于有一定华文基础的学生来说可能微不足道，但对于他本人而言则是非常了不起的进步，因此，值得教师表扬。在这种情况下，教师在表扬的同时应强调表扬的是这位学生相对于他自己所取得的进步，这样就能让所有学生都感受到，只要自己进步了，老师就会发现并给予充分肯定，从而树立学习的信心。

（2）表扬要中肯，有针对性，因人而异。

表扬的语言不能总是千篇一律，如果每个学生回答完问题，老师都一律说“很好”，就缺乏区分度，久而久之，也让学生觉得这并非真正的表扬，同时，教师也无法通过表扬让学生们知道自己“好在哪儿，为什么好”。例如，学生朗读完之后，教师可针对学生的具体表现作出有针对性的表扬：“读得很好，声音很洪亮，发音也很清晰”；“你读得很有感情，我被你的朗读打动了”；“你的朗读虽然没有其他同学那么流利，但是，你很认真，有一种不服输的精神，相信只要坚持下去，一定会有非常大的收获”，等等。再如，学生回答老师的问题，有的学生态度积极，可以给予肯定；“很好，你能很积极地举手回答老师的问题，学习很主动，我很欣赏”；有的学生回答出了要点，但回答时的语言不太流畅，可以说“你很努力地说出自己的想法，我听明白了，你的想法很有道理，说明你认真思考了”；有的学生可能既未回答出要点，语言也不流畅，似乎没有值得表扬之处，但只要学生勇于表现，就应该得到认可，老师可以说“虽然你回答得并不完全正确，但是，我要肯定你积极参与课堂讨论的态度，只要有这种积极的态度，不愁学习没有进步”。

（3）表扬要及时，方式宜灵活多变。

表扬可以通过口头语言来表扬，也可以通过身体语言来表扬，如向学生竖起大拇指、鼓掌、点头或眼神鼓励，也可以书面表扬，如在学生的作业本或试卷里针对学生的情况提出表扬。从表扬的场合来分，表扬可以分为当场表扬和个别表扬。当场表扬是当着全体学生的面公开表扬；个别表扬是教师面对所表扬学生单独进行的表扬。当场表扬给学生带来的荣誉感更强烈，因此，应以当场表扬为主，辅以个别表扬。当场表扬时应明确说出被表扬学生的名字。不论采用哪种方式，表扬都要及时，在学生有相应表现时就应及时予以肯定。

（4）表扬的同时提出建议。

虽然在教学过程中提倡以表扬为主，但是，表扬的目的始终是为了帮助学生树立学习信心，以获得更好的学习效果。因此，不能为表扬而表扬，一味地表扬可能会让学生过度自信，停止进步。在表扬学生的同时，有针对性地提出一些建议，是一种更艺术的表扬方式，例如，“你读得非常好，很有感情，如果声音再大一点儿，就更好了”；“你的作文写得非常好，文字非常优美，结构也很合理，主题集中突出，如果书写能再工整一些，就更完美了”等。这样的表扬语一分为二，既指出了优点，又明确了进一步努力的方向，能发挥更大的积极教育作用。

3. 华文课堂教学批评的艺术

课堂教学批评是指在教学过程中，教师针对学生出现的错误而提出意见的教学语言行为，也是教师教育、引导、鼓励学生的重要手段。由于教学批评属于一种挫折教育，如果使用不当，会给学生造成心灵上的伤害，因此，教师在使用批评时尤其应讲求方法。

（1）对学生所犯错误的批评，应就事论事，不应对学生的人格甚至生理缺陷进行批评。

像“你算了吧，我看你是永远也学不好了”；“你总是屡教不改，你就是个坏学生，没得救了”；“别人都说你智力有问题，我还不相信，这回我真信了”之类的话，千万不能从教师口中说出，否则会对学生造成极大的心理伤害，导致学生以后无心向学或者厌学。

（2）批评时要注意学生的个性差异，调整批评的方式。

对于性格内向、自尊心较强的学生应采用引导式批评，不宜过分严厉；而对于比较顽劣、屡教不改的学生则应严厉一些。

（3）注意批评场合。

根据批评的场合，可以将批评分为当众批评和个别批评。由于批评属于挫折教育，因此，应慎用当众批评的形式，即使当众批评，也最好不直接点名。对于偶尔犯的小错误，可进行个别批评。对影响较大的错误则要提出严厉批评，并当众指出其错误的严重程度及危害性。对故意违反规则、扰乱教学秩序的行为更要严厉批评，引起学生的足够重视。

(4) 批评时应讲明道理，并提出相应的改正要求。

批评的目的是为了帮助学生认识到问题所在，让学生以后不再犯同样的错误，因此，批评时最重要的是让学生明白错误的原因，告诉学生应该怎样做才是正确的，从而正面引导学生的行为，这样才能真正帮助学生克服错误，提高认识，改正不良行为。

(5) 批评学生时教师要控制自己的语言和情绪。

批评用语要得体，不能有侮辱和歧视的性质，尽量避免情绪过度反应引起的失态，要尽量树立公正性和权威性。切忌粗言粗语，对学生大加指责，要让学生明白老师是为了他好，是为他着想。像“你把我的脸都丢尽了”；“我当了这么多年老师，还没有学生犯过这种错，你太让我失望了”之类的话，都没有站在犯错学生的角度，很难让学生从心里感受到老师对自己的关爱。

四、课堂教学板书的艺术

板书是课堂教学的重要手段。板书可以突出教学的重点与难点，引起学生的注意，也可以使课堂教学内容更具条理性。对华文教学而言，板书还可以为学生提供更多的认读和学习汉字的机会。因此，教师应重视对板书的利用。在板书时应注意以下几个方面：

1. 板书应工整、清楚，不能随意乱写、字迹潦草

教师板书得认真与否能对学生产生一种无形的影响，如果教师板书认真、严谨，学生也会形成认真的学习态度。特别是对于刚开始学写汉字的学生，教师在板书时更应一笔一画地写清楚，不宜为求快而连笔草书。这样一方面不利于学生观察、模仿教师写字的过程，另一方面也不利于学生辨认字形。

2. 板书的汉字应正确、规范，板书时应注意笔顺，给学生以示范的作用

作为华文教师，对汉字的笔画笔顺规则应了然于胸，平时要有意识地注意每个字的规范写法，因为在教学过程中，学生对每个字都有可能提出疑问，即使是中高级水平的学生，也有可能会质疑教师在板书过程中出现的一些问题。例如，一位教高级水平的教师在上课时，在黑板上板书了“柿子”一词，板书时误将右边的“市”的点与竖连成一笔，于是，一名学生问“‘柿子’的‘柿’的第五笔是什么，与‘沛’的右边一样吗?”教师的板书是一个动态、即时进行的过程，每一个字都有许多双眼睛认真看着，不容忽视。因此，在备课时，应确保每个字的笔顺都是熟练的，如果有把握不准的，应及时查阅相应的工具书。

3. 板书设计要美观

在备课时应该根据教学内容设计好板书内容及排版形式。一般来说，黑板中间的

部分主要用来书写新学的知识要点，两边的部分可用于书写临时性的板书内容。特别是针对课文内容的板书，必须通过课前的精心设计，才能把课文的内容、结构特点充分展现出来。板书对培养学生的思维能力与改进学生的学习方法都有着积极的作用，教师应充分利用板书设计来引导学生发现问题、思考问题并一步步解决问题。

4．板书要条理清楚，要善于用不同颜色的粉笔或一些记号来突出重点

教师在课前应准备好三种不同颜色的板书工具，以黑板为例，一般的板书内容主要使用白色粉笔，需要重点突出的内容就用红色或蓝色粉笔，但红色或蓝色字的比例应小于白色字的比例。如果要请学生在黑板上听写或回答问题，教师进行即时批改，也应用不同颜色的粉笔来加以区分。

5．要注意板书方式与时间

在课堂教学过程中，教师的板书与讲解应是穿插进行的，先讲解内容，再板书要点，或者先板书要点，再围绕板书进一步阐释相关内容。讲完再写，或者写完再讲，不能背对着学生边讲边写。如果有时讲写需要同步进行，也应将身体侧向学生，使身体保持与黑板呈大于90°的体位。

第九章　华文教学设计

第一节　华文教学设计的意义

教学是一个系统，它是为实现某些特定目标而由各种要素按照一定互动方式组织起来的集合体。它受学习规律和教学规律等规律的支配，同时也为诸如教学对象、教学内容、教师以及教学设施等各种主客观条件所制约。这些内外因素相互联系、彼此影响，它们按不同方式组织而成的教学系统，会有不同的教学效果。因此，从教学最优化角度出发，需要我们根据学习和教学规律，对各种教学因素进行全面分析，综合考虑，合理安排，以便它们形成协调统一、相互促进的整体。而这种全面分析考虑、并在此基础上选择最佳教学方案的过程就是一种教学设计的过程。赖格卢思（Reigeluth）在《教学设计是什么及为什么如是说》一文中就指出："教学设计是一门涉及理解与改进教学过程的学科。任何设计活动的宗旨都是提出达到预期目的的最优途径，因此，教学设计主要是关于提出最优教学方法的处方的一门学科，这些最优的教学方法能使学生的知识和技能发生预期的变化。"

华文教学作为一个系统工程，其教学目标、教学内容、教材以及教学对象、教师、教学设施环境等都存在复杂多样性，更需要科学设计。华文教学的设计就是根据华文学习与教学的规律，在全面分析各种主客观教学条件的基础上，对教学内容、教学途径、教学方法等进行科学的设计安排，从而保证教学目标中所规定的知识技能的最终获得。华文教学设计对于华文教学具有重要的实践和理论意义。

一、华文教学设计的实践意义

华文教学系统是由教学目标、教学内容、教师、学生及教学设施等构成。教师、学生是教学主体，教材是中介，教材所反映的教学内容是客体，学生是在教师指导下，通过学习掌握教学内容来实现教学目标和达到教学要求。教学内容以什么方式，按什么顺序展现给学生，将影响对学生知识技能的培养和提高，并影响教学目标实现的效果。而教学设计的任务之一就是要根据学生的实际情况，科学处理教材和教学内容，促进教学主客体之间的最优化组合。

语言知识技能的学习与训练是否具有有效性，与教学能否提供给学生直接的感官和情感体验息息相关。现代教学技术设施与教学内容的结合，有助于学生积极思维和获得相应的感官或情感体验。但不同的知识技能有不同的认知特点，同一种教学技术设施运用在不同的知识学习上会产生不同的效率和效果。教学设计就是要依据教学目标及学生认知思维对信息资源所提出的需求，选择设计适宜的教学技术设施的类型和相应的教学方法，从而有利于教学技术设施的教学功能的发挥。

教学设计还有利于教学主体（教师与学生）之间形成良好的互动关系。要实现课堂教学的目标，需要师生之间的密切配合与共同努力。教师在其中起着主导作用，学生的主体地位与主体意识的发掘也有赖于教师。而教学设计正是要求教师在充分了解学生的特点与需求的基础上，精心处理教学内容，选择教学方法和教学技巧，以激发学生学习的主动性与创造性，从而形成以教师为主导、学生为主体的良好教学关系。

可以说，教学设计正是通过对这些要素之间的关系和相互作用给出符合教学目标的安排，使教学各因素的组合更趋于合理，从而提高教学效率，并实现积极的实践意义。

二、华文教学设计的理论意义

教学设计对教学内容、教学途径等问题的分析是建立在学生如何学习的规律的基础上的，对教学系统的设计安排也是以相应的教学理论为依据的。教学设计实际上就是将学习与教学理论应用于解决实际的教学问题的技术。教学设计作为一种应用技术，在实践中必然会遇到各种问题。而华文学习与教学理论就在对这些教学问题进行研究和解决的过程中，或得到修正，或得到证实，或得到完善，因此，华文教学设计的研究与实践也有利于推动华文学习与教学理论的发展。

第二节　华文教学设计的依据和原则

一、华文教学设计的依据

帕滕（J. V. Patten）在《什么是教学设计》一文中指出："教学设计是设计科学大家庭的一员，设计科学各成员的共同特征是用科学原理及其应用来满足人的需要。"由此可见，教学设计具有科学性和可操作性。教学设计的科学性体现在它是以学科知识理论、学习理论和教学理论为依据来解决教学问题的。乌美娜在《教学设计》（1994）一书中也说："它（教学设计）以优化教学效果为目的，以学习理论、教学理论和传播学为理论基础。”

华文教学设计的理论依据包括以下三个方面：

1. 汉语及中华文化知识

华文教育的教育对象是海外华侨华人学生，其核心内容是汉语言和中国文化，所以，华文教育要遵循汉语言教学作为一种外语教学、中国文化教学作为一种外来文化教学的特殊规律。而这一特殊规律首先是由汉语言和中国文化本身固有的特点所决定的。“比如，汉语采用方块字，文字依‘六书’而造，具有其他拼音文字所没有的表形、表声、表意功能，名词没有单复数之分，代词没有阴性、阳性、主格、宾格的区别，语音讲‘平、上、去、入’四声，语法、句法既灵活又复杂……”① 不仅如此，中国文化在语构、语义、语用等方面也都表现出自己的独特性。因此，华文教学的设计必须建立在汉语言理论知识（如语音、词汇、语法、修辞、文字、写作等）的基础上，针对汉语言文化的特点而展开。

2. 语言、文化习得规律

在教学过程中我们常常发现，有些句式教师认为十分简单，学生却很难掌握，而有些教师认为很难的句式，学生掌握起来却毫不费力。究其原因，是因为学习者有自身的习得规律。如果我们教的语言内容及安排的顺序不符合学生的习得规律，学生就不易接受。因此，“在考虑个人的能力是如何发展的问题时，仅说明能力是什么是不够的，我们还必须深入考查能力是如何习得的问题。”② 深入研究学习者自身的习得规律是教学设计的重要理论依据。

华文教学设计的直接理论依据是华文学习规律。如把华文作为第二语言学习的华侨华人往往会采用负迁移、过渡泛化和简化等学习策略；如部件构成复杂的汉字要难于部件构成简单的汉字，形声字的声旁存在正、负两类迁移现象等。另外，华文学习群体独特的语言文化背景又决定了华文学习者在日常生活中都会或多或少地受到来自家庭社区的某些汉语普通话或汉语方言的熏陶，会不知不觉地对汉语有一种认同感、亲近感。这样，华侨华人在习得华文的过程中，接受能力相对就会较强，学起来也会相对轻松些。华文教学设计就是要研究如何依据学习者习得华文的特殊规律来设计安排教学活动。

3. 华文教学规律

华文教学设计又要依照华文教学自身的特点与规律来进行，如与汉语作为第二语言教学的汉语国际教育相比，华文教学具有多重性，它往往是语言、文化并列，表现

---

① 贾益民：《华文教育学学科建设刍议》，《暨南大学学报》（哲学社会科学版），1998 年第 4 期。

② ［美］R. M. 加涅、L. J. 布里格斯、W. W. 韦杰，庞维国、皮连生译：《教学设计原理》，上海：华东师范大学出版社 1999 年版。转引自孙立仁：《教学设计——实践基础教育课程改革的理论与方法》，广州：电子工业出版社 2004 年版，第 35 页。

出以语言教学为基础、以文化教育为重点的特征。因此，华文教学设计也就不能完全照搬第二语言教学或国内母语教学，而应有所吸收和扬弃。

二、华文教学设计的原则

教学设计的原则基于人们对学习规律与教学规律的认识而提出，用以指导教学设计，并在教学设计的实践中不断发展与完善。华文教学设计主要有以下三条原则：

1. 对象性原则

语言学习活动是通过学习者来实现的。学习者在生理、认知、情感等方面的特点都将导致学习效果的差异。只有充分了解学习者，才能做到“胸中有书，目中有人”，使教学设计有的放矢。它包括以下三点内容：

（1）学习者的年龄、国别、语言文化程度、家庭背景和学习风格等。

儿童、青年的思维方式、学习目的、学习方法、学习速度等都不相同。即使是同龄人，来自不同地域、不同文化背景、不同经济地位的学生，他们的见闻经历、学习习惯等也有差异。因而在设计教学内容、教学过程、学习过程中都要因材施教，注意针对性。例如，儿童学习语言首先是模仿记忆，因此，针对儿童进行教学设计时，语言知识一般不是直接讲授，而是通过对课文语句的模仿练习来习得。再如，审慎型学习者知识比较扎实，读写能力强，但一般不主动参与交际活动；而冲动型学习者喜欢交际，听说能力强，但易犯错误，因而在设计教学活动时需要根据学习者的学习风格加以调节。

（2）学习者的学习起点。

根据可懂性输入原则，设计的教学内容任务如果稍稍高出学习者目前的语言水平，学习效果最佳。设计难度合适及相当的教学任务需要了解学习者原有的目的语水平，比如，学生学过什么课本，学了多长时间，达到了什么水平，识字量有多大，是否具备使用拼音的能力等。

（3）突出学习者“学习主体”的地位。

在教学设计中教师是主导，教学内容的设计、教学方法的选择等都由教师决定。但这并不意味着学习者只是被动地接受，因为教学的主要活动者是学习者而不是教师。教学设计必须从学习者的特点出发，充分考虑其学习目的和实际需要。设计的教学过程要能体现以学习者为主体的积极性教学原则，采取新颖实效的教学手段，充分调动学习者的主动性，发挥情感因素在教学中的作用。

2. 目标性原则

教学设计的任务就是为了更好地实现教学目标。华文教学是以培养学习者学习和掌握华文基本知识和技能、了解和传承中华文化为目的的教学活动。华文教学设计应紧紧围绕如何实现华文教学的目标而展开。一方面，教学设计要重视语言基础知识的学习和语言规则的内化；另一方面，教学设计要结合语言教学，逐渐加大文化教学的比重，特别是中国当代国情和文化知识的教学分量。因此，教师需要根据教学目标和学生实际，对内容的取舍、时间的分配、方法的选择等作出细致规划，突出重点，强调实用。

3. 循序渐进原则

语言教学体系是一个知识系统，也是一个能力训练体系，知识系统的传授、技能的掌握都不可能一蹴而就。学习者的学习表现出由易到难、由具体到抽象、由简到繁的顺序。教学任务的设计安排必须遵循这一顺序，采取以旧带新、逐步深化、循序渐进、螺旋式提高的原则。

第三节　华文教学设计的内容

乌美娜在《教学设计》一书中曾说："教学设计是运用系统方法分析教学问题和确定教学目标，建立解决教学问题的策略方案、试行解决方案、评价试行结果和对方案进行修改的过程。"这一定义启示我们：教学设计需要经过三个步骤，即首先依据学习和教学理论，分析教学目标和学生学习的初始情况；接着确定教学所要解决的问题；最后设计解决问题的方法策略，安排具体的教学活动。这三个步骤相互联系，上一步骤的"输出"可能是下一步的"输入"，彼此衔接，形成一个系统。

教学设计着重创设的是教与学的系统。教学或学习系统的根本目的是帮助学习者达成预期目标。因此，所有促进学生学习的方法、条件、经验、情境、资源等都应包括在这一系统中，可具体概括为教学任务的分析设计、教学过程设计、教学手段设计三个方面。这三个方面相互作用，贯穿于教学设计的三个步骤之中。

华文教学设计同样包括这三方面内容，下面逐一简要介绍。

一、教学任务的分析设计

教学任务的分析设计是教学设计的首要环节，它对后面的教学过程设计和教学手段设计起着重要的导向作用。

教学任务的分析，也叫学习需要分析，是课程标准所期望的学习状态与学生当前的学习状态之间的差距分析，而消除这一差距就是此次教学的任务。用公式可表示为：新课程标准所期望的学习状态－学生当前的学习状态＝教学任务。[①]

① 孙立仁：《教学设计——实践基础教育课程改革的理论与方法》，广州：电子工业出版社 2004 年版，第 251 页。

华文教学任务的分析设计就是通过分析比较华文教学目标与学生当前的学习状态之间的差距，来确定具体的教学任务。

分析设计华文教学任务的角度是多维的：

第一，从语言知识（如语音、词汇、语法、汉字以及语篇知识等）角度分析。如设计汉字教学任务时，我们要知道学生应该掌握哪些汉字及其知识，学生已经知道哪些汉字及其知识，已知汉字与未知汉字之间有什么联系，由此确定学生需要学习的汉字及其相关知识。

第二，从言语技能角度分析学生在听、说、读、写方面分别需要达到什么水平、掌握哪些微技能，学生已具有什么样的水平和微技能，还需要从什么方面进行训练，才能完成言语技能的教学目标。

第三，从言语交际技能角度分析学生需要掌握在什么场合、对什么人、用什么方式进行交际的能力。

第四，从态度情感角度分析。态度情感的教学目标是教学目标中不可或缺的组成部分。依照克拉申“情感过滤假说”，它对语言学习起促进或阻碍作用。可通过分析学生原有的态度情感与态度情感教学目标之间的关系，来设计态度情感教学任务。

第五，从学习者策略角度分析。学习者策略是指学习者为有效获取、贮存、检索和使用信息所采用的各种计划、行为、步骤、程式等。它包括学习策略、交际策略、社交策略。① 如设计形声字教学任务时，可以根据新、旧知识的相互联系，引导学生在认识声符与字音、形符与字义之间的联系基础上，掌握根据字形推测字音、字义的策略。

这五个维度不是孤立的，而是相互融合，共同构建了一个立体的华文教学任务体系。语言知识、言语技能的教学任务是言语交际技能的教学基础，言语交际技能的教学任务中包含着语音、词汇、句式、语体等知识和听说读写等技能，而态度情感的教学任务则为语言知识、言语技能以及言语交际技能的教学任务的实现提供动力。如《中文》（修订版）第九册第一课《我的爱好》的教学任务设计如下：

（1）会读会写本课的 14 个生字。

（2）掌握本课的词语，能理解，会运用。

（3）流利地朗读课文。

（4）培养学生爱读书的好习惯。

以上四个教学任务中，第一和第二点是从语言基础知识角度设立的，第三点是从言语技能角度设立的，第四点属于情感培养目标。而在华文教学中，表达技能训练不可缺少，因此，宜根据本课主题增加表达训练任务，如以“我的爱好”或“我最喜欢

---

① 束定芳、庄智象：《现代外语教学——理论、实践与方法》，上海：上海外语教育出版社 1996 年版，第 71～87 页。

读的书”为题进行一次演讲。

二、教学过程的设计

教学过程的设计是对具体的教学活动进行系统化的结构性安排。华文教学过程设计包括新知识技能呈现过程设计、新知识技能接受过程设计、新知识技能巩固应用设计三方面的设计工作。

设计新知识技能的呈现过程，要建立在学习者原有知识技能的基础上，新知识技能中的新成分建立在已习得的成分基础上，从而在整体上保证学习者认知过程的连续性和完整性。设计新知识技能接受过程时，可先复习与新知识技能有关的原有知识技能，再利用学习者原有的认知图式和新知识技能之间的同化关系，以及新旧知识技能之间的联系与差别，讲解新知识，促使学习者实现认知上的过渡与转折。例如，学习“了”，我们可以先复习以前学过的句式“他跑步”、“他明天跑步”、“他正在跑步呢”、“他每天都跑步”，然后将“他昨天跑步了”与上面的句子比较，学习者就容易理解“了”的意思了。这样设计有利于学习者形成一个清晰的由已知到未知的认知思路。语言知识技能需要经过适当的应用练习，才能达到深刻理解、真正掌握和正确运用的程度。设计巩固应用过程，可在学习者初步习得新语言项目的含义、表达形式和应用方法的基础上，创设应用新语言项目的言语情境，如采用图片、实物、动作等练习新知识技能的应用。设计时要注意对学习者在应用新知识中可能存在的困难或常犯的错误，有针对性地设置问题，并及时纠正学习者的错误，强调新知识应用的要点。

三、教学手段的设计

语言教学需要运用一定的教学手段，它能帮助学习者理解学习内容并加深印象，也有利于激发学习者的学习兴趣。传统的语言教学手段有图片、实物、教具、动作等。现代教学手段则包括各种信息技术，如演示类、学习资源类、模拟类等。尽管一种信息技术的技术功能是固定的，但同一种信息技术以不同的方式应用于教学中，会产生不同的教学功能。因而我们在设计教学手段时要注意：

第一，根据各类信息技术的教学功能特点，结合教学目标的需求，选择相应的信息技术及其应用方式。设计时需考虑通过信息技术的应用要形成的知识技能是什么？能取得什么样的态度情感效应？取得这一知识技能的认识规律是什么？能不能为现代技术手段所应用？是否注重知识技能和态度情感目标的落实？

第二，根据教学过程的设计特点，来安排现代教学手段应用的切入点。

第三，教学手段所创设的语言情境要能示范新语言知识技能的应用，同时保证学习者具有充分参与的机会，发展以情境为触发条件的言语交际能力。

当然，按照不同的学习理论和教学理论设计的教学模式会有所区别，具体的教学任务、教学过程、教学手段会各有特色。如行为主义教学设计强调“刺激与反馈强化过程”的设计；认知主义教学设计则依据新旧知识同化关系的分析结果，选择如奥苏贝尔的“先进行组织者”、皮亚杰的“平衡化过程”、布鲁纳的“发现法”等教学模式；而建构主义教学模式则突出培养学生的自主学习策略。但华文教学不论采取何种理论进行设计，都应从华文自身的特点出发，将华文学习规律、教学规律和具体的教学实践相结合，充分发挥教师个人的经验和创造性来做好教学设计。

第四节　华文教案编写

教案是教师备课思维活动的结晶，是教师上课的脚本，也是教师之间相互交流学习教学经验和教学理念的依托，它间接影响着教师上课的效果。因此，教师必须重视教案的编写。

一、教案编写原则

教案是教学设计的结果。当我们将教学任务、教学过程、教学手段等以书面形式落实下来，就形成了教案。教案体现了不同的教学设计理念。

教案是教师课堂教学的“脚本”，它反映了教师教学准备工作的情况和质量，对课堂教学能否按教学设计进行、有效完成教学任务、实现教学目标有直接影响，也是总结经验、改进教学的主要依据。因此，教案编写要讲究“三性”：

1. 科学性

科学性，即依据现代学习理论和教学理论编写教案。一份高质量的教案的形成，不仅依赖于教师的经验，更取决于人们对学习与教学的理性认识程度。基于不同学习和教学理论之上的教学设计与教案编写，对推动教学改革和提升教学质量都有意义。华文教案的编写需要依据华文学习和语言学习的规律，在设计教学目标时，力求教学目标多维化，在培养语言交际能力的同时，注重优秀文化的熏陶，并激发态度情感因素在学习中的促进功能；在设计教学内容时，力求循序渐进，螺旋式上升；在设计教学办法和学习方法时，力求发挥学生的能动性，培养学生自主学习的能力。

2. 实效性

教学设计、教案编写的目的都是为了完成教学任务和实现教学目标。因此，教案编写要注意可行性和合理性，力图使重点难点突出，教学环节不流于形式，能围绕教学任务落到实处，保证教学任务高效率地完成，切实提高学生的理解能力和表达能力。尤其是在设计教学方法时，要充分考虑到学生的参与程度，不可流于课堂气氛热闹，打乱了课堂节奏，降低了学习效率。

3．创造性

人们对学习和教学规律的认识是不断发展、不断深化的，教师要随时充实、更新自己的理论知识，运用更先进的教学理论与理念设计教学、编写教案。但人类的学习活动是复杂的，各种学习理论都是从不同层面、不同角度探讨人类学习的规律。理论的发展并不意味着新的理论可以完全取代旧的理论。教师应结合实际选择最佳的教学模式、教学方法。

二、教案编写的内容

教案有很多种：按形式可分为叙述式、提纲式、问答式、列表式等；按详略可分为详细教案和简略教案等。教案的形式和详略可根据教师自己的经验特点和每课教学内容的特点而定。但不论采用哪种形式，教案编写都应包括以下几大部分：课题、教学目的、教学重点、教学难点、教学时数、教学环节设计（课时分配、教学步骤、教学内容、教学方法、教学手段等）、板书、教学后记（教学经验教训、教学感想等）。

这几大部分相互依存，彼此关联，在编写教案时都需要精心规划、充分准备。此处仅选取教学目的、教学重难点、教学环节设计、板书设计四部分进行简要阐述。

1．教学目的

教学目的是课堂教学优质高效的前提。教学目的的设计应尽可能细化、立体化，尽可能涵盖汉字、语音、词汇、语法等语言要素，听说读写的言语技能、言语交际技能以及学习策略等多个维度。由于“语言教学”和“文化教学”是华文教育的两个并重的教学任务，华文教育不仅仅局限于教授语言，还包括在华侨华人新一代中传播和弘扬中华文化，因此，华文教学目的设计中应包含文化教学目的和态度情感教学目的。

2．教学重点难点

教学重点难点是一个教学单位要解决的主要教学问题，是教学目标的阶段化、具体化。难点不一定是重点，它是学生不易接受，或易混淆、易出错的教学问题。重点难点应尽可能细化到每一教学课时，教师甚至应该对每一个教学环节与教学步骤的重点难点都要做到心中有数。

3．教学环节设计

教学环节设计是教案的核心部分，必须考虑一个教学单位由哪些教学环节组成、每一教学环节又包含哪些具体内容、采用什么教学方法和教学手段、课堂活动以什么方式组织等。由于课堂教学讲求紧凑、高效，教师应事先设计好每一教学步骤与上一步骤、下一步骤之间如何衔接过渡，以及语言知识技能如何讲解归纳，并将预先设计好的教学言语记录在教案上，力求教学语言精确简明。

一个教学单位通常有开头、展开、总结三个环节。对三个环节的设计编写可借用“凤头、猪肚、豹尾”来形容其特点和要求：

第一，开头必须能有效创设学习情境，迅速吸引学生的注意力；能帮助学生建立新旧知识技能的联系，有利于学生由旧知识技能向新知识技能的顺利过渡。开头既可以由旧知识技能引入，也可以利用新旧知识技能之间的信息差，调动学生的好奇心和求知欲。

第二，课堂的展开部分是教学过程设计的主体。将其形容为“猪肚”是说，其对语言知识和课文内容的讲解要精当，言语技能训练与言语交际技能训练要充分，讲解以及练习的形式讲求变化，能给学生以不同感官、不同角度的知识情感体验。我们可以先学习语言知识和课文内容，再进行系统的言语技能与言语交际技能的训练，也可以将言语技能与言语交际技能的训练穿插在语言知识和课文内容的学习过程中，它们的顺序视具体情况而定，但对语言知识和课文内容的讲解是为言语技能和言语交际技能训练服务的，因此，要处理好它们在课堂教学中的比例。语言知识点和课文内容如果过多，可切分为若干个教学步骤逐一完成。

第三，课堂总结时要对课堂教学的重难点作一系统扼要的归纳，归纳侧重于语言点方面（如要求学生掌握的字词、语法规则、语用规则等），能促使学生将所学的语言知识技能进行拓展性运用。

4. 板书设计

板书是课堂教学的重要教学手段，它通过在黑板上突出学习重点，使课堂教学内容清晰、有条理，使学生对所学过的内容记得更深、更牢，也便于学生课后复习巩固所学内容。要点分明、清晰，字体美观的板书可以说是教师认真务实的教学态度的反映。

教案编写是教学设计的具体体现。作为教师，尤其是年轻教师，教案编写宜尽量详细，甚至不同难度的问题或练习应向哪些学生提出、怎样提出等都要精心设计，记录在教案上。教案编写完成后，还需反复推敲修改。只有这样，才能保证教学设计落到实处。

附：教案三份

【教案一】

《中文》第二册第二课《教室里》教案

一、教学目的

（1）学会本课的12个生字，要求会读会写，能根据部首“阝、⺮”判别字意。

（2）学会词语“（方位词或处所词）里、教室、本子”。

(3) 流利地朗读课文，并学会询问的基本形式，以运用于表达：这是你的书吗？

二、课时安排与教学重点难点

本课计划两课时完成。

【教学重点】

(1) 会读会写本课生字。

(2) 学会词语“(方位词或处所词) 里”。

(3) 流利地朗读课文，并学会询问的基本形式，以运用于表达：这是你的书吗？

【教学难点】

流利地朗读课文，并学会询问的基本形式，以运用于表达：这是你的书吗？

三、教学步骤

(一) 课堂导入

教师首先出示图片“在家里、在花园里、在教室里”让学生猜这个图片里的人是在哪里，然后导入词语学习。

(二) 字词教学

1. 字音教学

“室”(shì)、“书”(shū) 的声母是翘舌音，要读准。

“本子”的“子”(zi)、“教室里”的“里”(li)、“吗”(ma) 是轻声，不标声调。

注意区别读音相同或相近的字：

室 (shì) ——是 (shì) ——十 (shí) ——石 (shí) ——师 (shī) ——四 (sì)

里 (lǐ) ——立 (lì)

吗 (ma) ——马 (mǎ) ——妈 (mā)

她 (tā) ——他 (tā)

子 (zǐ) ——字 (zì)

2. 部首教学

阝：那、院、防

⺮：笔、笑、竿

宀：室、家

3. 字形教学

教　左右结构，部首是“攵”。

室　上下结构，部首是“宀”。

书（書）　书写时注意不要忘记第四画的“、”。繁体字为“書”，注意上面部分最后一竖下面不出头，不是“聿”。

那　左右结构，部首是“阝”。注意笔画的书写，第五画是横撇弯钩（㇌）。

她　左右结构，可以对照“他”、“地”等字。

本　注意对照“木”字和“禾”字。

笔（筆）　上下结构，部首是“⺮”。繁体字为“筆”，共12画。

讲（講）　左右结构，部首是“讠”。繁体字为“講”，部首是“言”，共17画。

4．词语教学

［本子］（名词）把成沓的纸装订在一起而成的东西。释义时教师以实物为例。

例：这是我的本子。

我有很多本子。

［书］释义时教师以实物为例。例：我的书、你的书、他的书、好书、漂亮的书。

［笔］释义时教师以实物为例。例：我的笔、你的笔、他的笔。

［教室］（名词）学校里进行教学的房间。释义时教师以实物为例。

例：这是我们的教室。

我们的教室很干净。

［里］（方位名词）与“外”相对。释义时教师以图片或情境为例，如图片“家里、教室里、花园里”，并与“家外、教室外、花园外”相对来教。

［吗］（助词）用在句末表示疑问。教师设置情境对话引导学生理解并使用。

例：你去学校吗？

这是你的书吗？

［不］（副词）用在动词、形容词和其他副词前面表示否定。注意提示学生“不”字的变音：在第一、第二、第三声的前面读（bù），在第四声字的前面读成（bú）。例：不多（bùduō）、不行（bùxíng）、不好（bùhǎo）、不去（búqù）、不是（búshì）。

5．句子教学

本课重点学习的句子是：“这是你的书吗？”可在讲助词“吗”时学习。

这个句子是带“吗”的疑问句。用“吗”的疑问句是在陈述句（肯定或否定形式）的句尾加上表示疑问的语气助词“吗”。如果你希望得到肯定或否定答复就可以用这种“吗”的疑问句。句子结构形式是：

陈述句—吗？即主语—谓语—宾语—吗？

例：他是你的同学吗？

你是小学生吗？

你喜欢中文学校吗？

在进行句子教学时，要注意从词语逐步扩展到句子的练习，还要注意词语替换练习。

（三）课文教学和练习

课文是方方和冬冬的对话。方方问了冬冬三个问题：“这是你的书吗”；“那是她的笔和本子吗”；“你在家里讲中文吗”。通过这三个问句的学习，教会学生用带“吗”的疑问句提问。教师可分角色让学生反复提问并回答。

可以用带“吗”的疑问句，让学生互相提问。练习时可以先给出大量词语，让学生用这些词提问。

（四）课堂小结

这课的重点是学习带“吗”的疑问句，教师出示“教室、笔、本子、书”等词，让学生复习询问方式。

（五）作业

依照下面的例子，用这课学过的词语提五个带“吗”的疑问句，并回答。

A：这是你的教室吗？

B：这不是我的教室。

A：那是你的书吗？

B：那是我的书。

四、板书设计

在教室里

A：____________________？

B：这不是我的书。这是云云的书。

A：____________________？

B：是她的。

A：____________________？

B：我在家里讲中文。爸爸、妈妈喜欢和我讲中文。

五、课堂反思

【教案二】

《中文》第六册第三课《海洋世界》教案

一、教学目的

（1）会读会写本课的15个生字。

（2）掌握本课的词语，能理解，会运用。

（3）重点学习的句子：

①令人惊奇的是聪明的海豚会唱歌跳舞。

②它们有时跳出水面，有时钻入水下，有时在水面用尾巴拍打着海水。

（4）流利地朗读课文，并培养学生关爱动物、爱护自然的情感。

（5）学会抓住特点描写。

二、课时安排和教学重点难点

本课计划两课时完成。

【教学重点】

（1）掌握本课的词语，能理解，会运用。

（2）重点学习的句子：

①令人惊奇的是聪明的海豚会唱歌跳舞。

②它们有时跳出水面，有时钻入水下，有时在水面用尾巴拍打着海水。

（3）学会抓住特点描写。

【教学难点】

学会抓住特点描写。

三、教学步骤

（一）课堂导入

教师由提问“你去过动物园（或海洋世界）吗，你见过哪些动物”导入，调动学生参与的兴趣。

（二）字词教学

1. 字音教学

“引”的读音是“yǐn”，不要读成“yǐng”。

“神”的声母是“sh”，不要读成“s”；韵母是“en”，要读准。

“演”的读音是“yǎn”，不要读成“yǎng”。

“巴”的声调是阴平，在词语“尾巴”中要读轻声。

注意区别读音相同的字：

xī　xī　xī　　kè　kè　kè　　shén　shén

吸——西——希　　客——课——刻　　神——什

wěi　wěi　dān　dān　yǎn　yǎn　tài　tài　dù　dù

尾——伟　担——单　演——眼　态——太　肚——度

2. 部首教学

巳（巳字旁）：巴　导　异

3. 字形教学

吸　左右结构，部首是“口”，共6画。注意右边的笔顺，第一笔是横折折撇。

引　左右结构，部首是“弓”，共4画。

神　左右结构，部首是“礻”，共9画。注意区分“礻”和“衤”。

玻　左右结构，部首是“王”，共9画。

璃　左右结构，部首是“王”，共14画。

担（擔）左右结构，部首是“扌”，共8画。繁体字“擔”，共16画。注意右边不要忘记上边的两笔。

演　左右结构，部首是“氵”，共14画。

尾　半包围结构，部首是“毛”或“尸”，共7画。

巴　半包围结构，部首是“巳”，共4画。

令　上下结构，部首是“人”，共5画。注意区分“令”和“今”。

态（態）上下结构，部首是“心”，共8画。繁体字“態”，部首是“心”，共14画。注意辨别和“熊”的不同。

肚　左右结构，部首是“月”，共7画。

与（與）独体字，部首是“一”，共3画。繁体字“與”，部首是“八”，共13画。注意上边的书写顺序。

注意区别形近字：

吸——极——级　　引——张　　担——但　　与——写

4. 词语教学

（1）要求学生掌握的词语。

［与］（连词）和。连接名词、动词或形容词。用于书面语。

例：排球与足球，他都非常喜欢。

去与不去，由你选择。

我喜欢大海的神奇与美丽。

［吸引］（动词）把物体、力量或人的注意力引到另一方面。可带名词、代词宾语。

例：长城吸引了中外许多游客。

这部小说吸引了许多读者。

只有这样的电视节目能吸引我。

［担心］（动词）放心不下。可带名词、代词、动词性宾语。

例：孩子第一次出门，她担心了很多天。

我一直担心奶奶的身体。

孩子游泳游得那么好，你担心什么？

他一直担心自己学不好。

［表演］（名词）演出的情况。

例：我最爱看鲸鱼的表演。

她表演的内容是回答各地的电话号码。

（动词）戏剧、舞蹈、杂技、魔术、体育等演出，把情节或技艺表现出来。可接名词、代词宾语。

例：小朋友们为客人表演节目。

已经表演几个节目了？

在本课中，“表演”是名词。

［节目］（名词）文艺演出或广播电台、电视播送的项目。作主语、宾语、定语（可作单音节名词的定语）。

例：今天晚上的节目怎么样？
下面该谁表演节目了？
今天晚会的节目单已经准备好了。

（2）教学中需要讲解的词语。

［神奇］（形容词）非常奇妙。
例：这一古代传说被人们加上了一层神奇的色彩。

［神态］（名词）神情态度。
例：神态自若。

［五光十色］（形容词）形容色彩鲜艳，式样繁多。
例：商店里的商品五光十色，琳琅满目。
我喜欢五光十色的海洋世界。

5. 句子教学

（1）令人惊奇的是聪明的海豚会唱歌跳舞。

在这个句子中，重点学习“的”字结构作主语的情况。这里“的”不带后置成分，与它前面的词语或句法结构形成“的”字结构，这种结构能作主语，还可以作宾语。

例：最努力的是他。（主语）
我喜欢的是黑面包。（主语）
你看到的不是莉莉。（主语）
他是吃苦最多的。（宾语）

（2）它们有时跳出水面，有时钻入水下，有时在水面用尾巴拍打着海水。

在这个句子中，重点学习“有时……有时……有时……”这一常用句型。如果句子叙述的是同一人或事物的情况，一般只要在首个分句出现动作的主体就行。

这种句子的基本格式是：“A 有时……，有时……，有时……”；或者“有时 A……，有时 B……，有时 C……”。

例：星期天我有时打球，有时看电影，有时看书。
她对我有时好，有时坏，有时非常热情，有时非常冷漠。
我们家有时姐姐做饭，有时妈妈做饭，有时我做饭。

（三）课文教学

教师可先让学生学习一些动物的名字，然后带学生朗读课文，再提一些问题让学生回答：

海洋公园里有些什么海洋动物？

海豚、鲸鱼能表演什么节目？

熟悉了课文以后，再让学生说一说自己去海洋世界看到的海洋动物，自己最喜欢的海洋动物有哪些（如果有的学生没有去过海洋公园，也可以说说动物园）。随后让学生朗读课文，并模仿课文的结构介绍一下自己喜欢的一个地方，如动物园、公园等。

在教学中，教师可板书以下一些词语，以对学生的复述给予提示：

吸引游客、各种各样、神奇和美丽、跳出水面、钻入水下、拍打海水、聪明、令人惊奇的是、可爱。

（四）课堂小结

这一课向我们介绍了海洋世界里各种各样的海洋动物，每种动物都有自己的样子和特点，例如，鲨鱼、海豚、鲸鱼（分别让学生说一说它们的样子和特点）。这些动物和我们一起生活在地球上，是我们的朋友，因此，我们应该好好保护它们。

（五）作业

（1）用课后的词语分别造一个句子。

（2）以“我喜欢的动物”为题，写一写它是什么样子的？有什么特点？

四、板书设计

美丽的海洋世界
吸引着许许多多的游客 →

{ 各种各样的热带鱼
少见的北极熊
吓人的鲨鱼
聪明的海豚
游得飞快的鲸鱼 }

→五光十色的海洋世界

五、课堂反思

【教案三】

《中文》（修订版）第九册第七课《桂林山水》教案

一、教学目的

（1）会读会写本课的 16 个生字。

（2）掌握本课的词语，能理解，会运用。

（3）重点学习的句子：

①我从没有见过漓江这样的水。

②桂林山水，奇妙无比，令人流连忘返。

（4）流利地朗读课文，并领略山水之美。

（5）从不同角度描写景物以及学习排比的描写手法。

二、课时安排与教学重点难点

本课计划三课时完成。

第一课时的重点是学习字词和课文朗读。

第二课时的重点和难点是学习第三段，学会从不同角度描写景物。

第三课时的重点和难点是学习第四、第五段，学会排比的描写手法。

三、教学步骤

（一）课堂导入

由教师出示桂林山水的图片，然后问学生那些山水各像什么，以此激发学生的学习兴趣。

（二）字词教学

1. 字音教学

“乘”的声母是“ch”，不要读成“c”；韵母是“eng”，不要读成“en”。

“骆”的声母是“l”，不要读成“n”。

“卷”的声调是去声，不要读成上声。

“衬”的声母是“ch”，不要读成“c”。

“猛”字的韵母是“eng”，不要读成“en”。

注意区别本课的多音字：

倒 { dào——倒映；dǎo——摔倒 }　　卷 { juàn——画卷；juǎn——卷起来 }　　当 { dāng——当官；dàng——当作 }

注意区别读音相同或相近的字：

chéng chéng céng　rǎn rán　wén wēn wén wèn
乘——成——层　染——然　文——温——闻——问

yí yī yǐ yì　luò luò　tuó tuō　měng mén
移——衣——以——易　骆——落　驼——脱　猛——门

lián lián nián　xiāo xiāo xiǎo xiào　kǎn kàn kuān
联——连——年　削——消——小——笑　砍——看——宽

juàn jiàn　yán yán yǎn yàn　chèn chēng　fǎn fàn
卷——舰　岩——严——眼——艳　衬——称　返——饭

2. 字形教学

誉（譽）　上下结构，部首是“言”，共13画。繁体字“譽”，上下结构，部首是“言”，共20画。

俗　左右结构，部首是“亻”，共9画。

当（當）　上下结构，部首是“⺌”或“彐”，共6画。繁体字“當”，上中下结构，部首是“⺌”或“田”，共13画。

乘　独体字，部首是“丿”或“禾”，共10画。

底　半包围结构，部首是“广”，共8画。

染　上下结构，部首是“木”。书写时注意“染”字右上角是“九”，不是“丸”。

纹（紋）　左右结构，部首是“纟”，共7画。繁体字“紋”，左右结构，部首是“糹”，共10画。

移　左右结构，部首是“禾”，共11画。

浮　左右结构，部首是“氵”，共10画。

联（聯）　左右结构，部首是“耳”，共12画。繁体字“聯”，左右结构，部首是“耳”，共17画。书写时注意右边上面是两个“幺”。

削　左右结构，部首是“刂”，共9画。

砍　左右结构，部首是“石”，共9画。

卷　上下结构，部首是“八”。书写时注意“卷”的上面是“龹”，不要写成“类”。

岩　上下结构，部首是“山”，共8画。

衬（襯）　左右结构，部首是“衤”，共8画。书写时注意“衬”的左面是“衤”，不是“礻”。繁体字“襯”，左中右结构，部首是“衤”，共21画。

猛　左右结构，部首是“犭”，共11画。“猛”的右边是“孟”，不要写成“盂”。

注意区别形近字：

乘——剩　染——杂　纹——文　络——驼　联——取

削——消　砍——次——欢　卷——危　衬——村——付

3. 词语教学

（1）要求学生掌握的词语。

［俗话］（名词）通俗并广泛流行的定型的句子，简练而形象化，大多数是劳动人民创造出来的，反映人民的生活经验，表达人民的愿望。

例：这次你没有考好别这么在意，俗话说“吃一堑，长一智”嘛。

我们之间的这个误会你就别再放在心上了，俗话说“不打不相识”嘛。

［感觉］（动词）觉得。必带形容词、小句宾语。可带“过”。

例：讲完四节课以后，他感觉很累。

大家都感觉小张很诚实。

他渐渐感觉到自己已经年老了。

此外，“感觉”还可作名词，指人的感官对外界现象所发生的反应。作主语、宾语。必带修饰语。

例：新来的小赵给我的感觉是对人热情、真诚。

人民大会堂给人一种雄伟、壮丽的感觉。

［彩色］（名词）多种颜色。可作定语、宾语。

例：我要洗几张彩色照片。

这张照片是彩色的。

（2）课文教学中需要讲解的词语。

［观赏］（动词）观看欣赏。作谓语。

例：他爱观赏名花异草。

我们昨天去观赏了杂技表演。

［形态］（名词）这里指生物体外部的形态和神态。作主语、宾语。

例：这些布娃娃形态逼真，小朋友爱不释手。

竹节虫的形态好似一段竹子。

在显微镜下观察变形虫时，我们会发现，它能变化出很多不同的形态，非常有趣。

［浮想］（名词）头脑涌现的感想。作主语。

例：看到这美丽的景色，令人浮想联翩。

此外，“浮想”还可作动词，指回想。作谓语。

例：面对窗外，他脑海中浮想起一幕幕的往事。

［联翩］（形容词）鸟飞的样子。形容连续不断。

例：眼前的山山水水，令人浮想联翩。

［诗情画意］诗画一般的美好意境。

例：桂林的山水充满了诗情画意，令人流连忘返。

［鬼斧神工］形容建筑、雕塑等技艺的精巧。也说神工鬼斧。

例：这些山像刀削、似斧劈，鬼斧神工，令人赞叹。

［奇妙］（形容词）稀奇巧妙（多用来形容令人感兴趣的新奇事物）。作谓语、定语。

例：这个构想十分奇妙。

走进娱乐城就好像进入了一个奇妙的世界。

［无比］（形容词）没有别的相比，表示程度很高。多用于好的方面。作定语、谓语、状语、补语。

例：他眼里充满了对敌人的无比仇恨。

核武器威力无比。

他虽身患重病，却无比坚强。

西双版纳的风光美丽无比。

［画卷］（名词）成卷轴形的画。比喻壮丽的景色或动人的场面。

例：游览西湖，让你感到像是走进了一幅美丽的画卷。

［迷蒙］（形容词）昏暗看不分明；迷茫。作谓语、定语。

例：烟雨迷蒙。

迷蒙的云雾更增添了山间的神秘色彩。

4. 句子教学

（1）我从没有见过漓江这样的水。

这个句子的教学重点是向学生讲授副词“从没”的用法。“从没/从没有”表示从过去到现在都没有。如果后面跟的是双音节动词、形容词或由单音节动词、形容词构成的短语，后面带不带“过”都可以；如果跟的是单音节动词或形容词，后面一般要加上“过”。

例：这件事情我从没（有）考虑（过）。

他从没（有）落后（过）。

我从没（有）这样想过。

这样好听的歌我从没有听过。

在给学生讲述了这样结构的基本用法后，可以给出一些词，如“看过”、“听过”、“想过”、“少”、“多”、“晚”、“早”、“快”、“慢”、“贵”、“贱”等词语，帮助学生构思语境来进行造句练习。

（2）桂林山水，奇妙无比，令人流连忘返。

这个句子的教学重点是向学生讲“令人……”这一结构的用法。“令”是使、叫、让、致使的意思。“令人……”这一结构必用在兼语句中。

例：他的技术令人佩服。

他说出那样的话真是令人生气。

她最后的决定真是令人难以理解。

在教授完这个句型后，教师可以把学生造句所需要的句子的大主语和兼语句式中的谓语动词分两栏在黑板上列出，然后请同学们用这两栏中提供的信息自由组合句子。在学生熟练掌握后，再让学生自己造句子。

（三）课文教学

教师在讲解课文之前，可先提问“你们听说过中国的桂林吗”来激发学生学习本课的兴趣。然后拿出桂林山水的挂图或有关录像，简单地介绍一下桂林的情况。最后再转入对课文的讲解。

（1）讲解课文第一、第二段时，问学生：

桂林的山水有什么特点？

（2）讲解课文第三段时，可边讲边提问：

桂林的水有哪些特点？

（体会从不同角度描写景物：“静”是从感觉来写，“清”是从视觉来写，“绿”是从颜色来写）

练习从不同角度描写景或物，如可以从哪些角度描写一个苹果。

将下面的语句分别与桂林的水的特点连起来。

桂林的水真绿啊	可以看见江底的沙石
桂林的水真静啊	让你感觉不到它在流动
桂林的水真清啊	像绿颜色染过的一样
	只有船后的一道道水纹，才让你感觉到船在前进，岸在后移

引导学生发散思维，还可如何描写这些特点。

（3）讲解课文第四段时，可提问：

①桂林的山有什么特点？

②将下面的语句与桂林的山的特点分别连起来。

桂林的山真奇啊	像一幅幅画儿
桂林的山真秀啊	像刀削、像斧砍
桂林的山真险啊	像老人、像巨象、像骆驼、像奔马、形态万千，令人浮想联翩
	像一首首诗，诗情画意

③引导学生发散思维，还可用哪些比喻来表现这些特点。

本文对桂林的山、水、洞进行了一些十分形象的描写，讲解时教师应重点抓住本课的一些比喻句，让学生初步学习比喻句的基本用法并说明使用比喻句的作用。结合课文例句分析比喻句，力求使学生能有身临其境的感觉。串讲完课文，可播放桂林山水的录像来帮助学生在脑海中形成对桂林山水的总体印象。最后要求学生流利地朗读课文。

（四）课堂小结

本文以丰富的想象描写了桂林的水的静、清、绿和山的奇、秀、险的特点（引导学生回顾课文分别用了哪些比喻来写桂林山水的特点）。

（五）作业

（1）完成练习册练习。

（2）发挥想象，完成下面一段话。

我最喜欢喝________了。________真________啊，像________，像________；________真________啊，像________，像________；________真________啊，像________，像________。

四、板书设计

桂林的水真清啊	可以看见江底的沙石
桂林的水真静啊	让你感觉不到它在流动；只有船后的一道道水纹，才让你感觉到船在前进，岸在后移

桂林的水真绿啊	像绿颜色染过的一样
桂林的山真秀啊	像一幅幅画儿，像一首首诗，诗情画意
桂林的山真险啊	像刀削、像斧砍
桂林的山真奇啊	像老人、像巨象、像骆驼、像奔马，形态万千，令人浮想联翩

五、课堂反思

第十章　现代华文教育技术

20世纪末，以计算机和网络通信技术为代表的信息技术对世界文化、经济和教育等领域产生了深刻的影响。现代教育技术强调现代教育思想和理论的指导，以现代教育媒体技术的研究和应用为重心，以取得最优化的教与学效果为目标，对教育思想、观念、内容、方法等方面产生了全面而深刻的影响。随着海外华文教育的发展，现代教育技术已在华文教育领域中的辅助课堂教学、教材建设、技能训练、测试、教学过程管理、教学研究等方面得到了广泛应用。现代教育技术在华文教育中的应用，不只是技术支撑的推动，更是海外华文教学多元需求牵引的必然。

第一节　现代华文教育技术概述

技术伴随着人类社会的产生而产生，人类社会又随着技术的发展而发展。教育技术是应教育发展需要而诞生的，并在教育中得以应用且不断发展。为迎合时代的要求和学生自身发展的需要，技术充当了引发教育变革的核心要素（南国农，2000）。华文教育作为一门教育学科，如同艺术教育、体育教育、外语教育等教育门类一样，受到现代教育技术的深刻影响，其教学理念、教学内容、教学方法等方面都将发生积极的变革。

一、现代教育技术概念及其内涵

教育技术的概念有多种的诠释。1994年，美国教育传播与技术学会定义教育技术为“对学习过程和学习资源的设计、开发、运用、管理和评价的理论与实践”（何克抗、李文光，2002）。2011年，有学者认为：“教育技术学是通过设计、开发、利用、管理、评价有合适技术支持的教育过程与教育资源，来促进学习并提高绩效的理论与实践。”（何克抗，2011）。随着科学技术的不断创新和发展，教育技术内涵不断地丰富和发展。

1. *技术层面*

教育技术是人类在教育活动中所采用的一切技术手段和方法的总和，既包括有形（物化形态）的技术，也包括无形（智能形态）的技术；既包括现代技术，也包括传统的技术［见《教育大辞典》（增订合卷本），上海教育出版社 1998 年版］。随着技术的发展，不同的媒体技术有不同的优势、局限性和应用领域。从黑板、印刷术、录音和电视等电子媒体技术、计算机和网络技术到目前发展的数字出版技术、移动媒体和云计算等，每种媒体在华文教学中都有不同的功能。华文学习在内容上涉及词汇、句法、语义、语音、汉字等，在技能上还包含了听、说、读、写。因此，自然语言处理（特别是中文信息处理）领域成果，包括语音识别与语音合成、机器翻译与机器辅助翻译、信息检索与信息提取、专业术语提取与术语定义自动生成、文本分类与聚类、自动文摘与文献述评、词典计算机辅助编纂等技术都会在华文学习、测评、教材建设等方面起到不同的作用。

2. 理论层面

教育技术的理论基础一般认为应该包括教学理论、学习理论、教育传播理论和系统论等四个方面。我们认为，不同的教育理论有不同的视角和优点，每一种理论对华文教育有不同的指导作用。

3. 应用层面

在华文教学过程中，现代教育技术可以提供直观、形象的多种符号信息，为学生创设更接近真实的语言情境，从而激活学生对事物和语言的原认知，提高学习华语的兴趣，形成主动参与语言实践的意识。应用现代教育技术可以使学生自然而然地处于目的语的环境，有效地实现跨文化交际。因此，在教育质量上，技术为满足多元华文教育需求，提供了支持。这表现在：一方面，可以通过技术的支持实现高效的教师主导的互动课堂；另一方面，技术同时为学生提供多样化的学习方式，以满足学生主导的个性化学习模式。在教育规模上，多媒体技术和网络技术在华文教育中的应用，将成为学生学习或认知建构的工具。互联网集图、文、视频、音频于一体，大大提升了媒体的教育功能，拓宽了教育传播的广度，并使得教学过程中各要素在时空上的组合关系发生改变。尤其是运用现代教育技术实现远距离华文教育，为扩大华文教育规模提供了支撑条件。

二、华文教学技术与媒体

华文教学中的教学媒体是华文教学信息的载体，是连接教师与学生、学生与教学内容的通道。

1. 华文教学媒体分类

华文教学信息必须通过华文教学媒体承载，并通过不同的媒体符号来表征。在华文教育中，教学媒体可以有多种分类，如果按作用于不同的感官来划分，华文教学的教学媒体可以分为听觉华文教学媒体、视觉华文教学媒体、视听华文教学媒体和交互作用型华文教学媒体。听觉华文教学媒体，如教师的口头语言、广播、录音等；视觉华文教学媒体，如教科书、板书、挂图、字卡、投影等；视听华文教学媒体，如录像、VCD、DVD 和电视等；交互作用型华文教学媒体，如多媒体网络、智能移动终端等。不同的华文教学媒体应用不同的符号系统，对承载不同华文教育课程信息具有不同的优势和局限性；教学信息的编码形式（符号）不同，作用于学生的感官不同，对学生产生的刺激也就不同，从而引起教学媒体在华文教学过程中对华文信息的呈现方式、组织方式、传播方式和对学生的言语训练功能等不同。

2. 不同华文教学媒体的不同特征

（1）华文教学信息的编码方式。

教学媒体用符号去表征事物运动状态与规律的信息（南国农等，2005）。表达、传递和交流华文教育信息的符号可以是多种多样的。随着媒体技术的发展，在华文教育中，媒体使用的符号越来越丰富，可用语音描述，也可用文字描写，还可以用活动或静止的图像去呈现，如在汉字内容模块中，我们运用图像表达字义，这对学生认知汉字具有很大的帮助。因为汉字作为表意文字，其“形”与“义”（词）的关系非常紧密、直接，大多数汉字具有外界事物图形化的特点（如山、鸟、象等）。因此，我们可以运用动画方式来呈现汉字的笔画和笔顺，正确反映汉字的书写顺序如可在汉语笔画呈现过程中，提供同步的笔画名称的声音，以加强学生对汉字笔画的掌握。由此可见，为了达到不同的教学目标（如汉字的含义、汉字的书写、汉字的认读），华文教学信息可以运用不同的符号系统来表征。

（2）华文教学信息的组织方式。

华文教学信息的组织方式有线性和非线性两种形式。印刷教材、录音、录像等教学媒体中的华文教学信息组织方式都是线性的，顺序结构是固定的。但是，语言的认知和应用过程具有非线性的心理特性（董剑桥，2003），人脑的联想思维方式也具有非线性特征，学生存贮汉语语汇正是以语义网络的方式进行的。因此，应用非线性来组织华文教学信息更符合语言教学内容的组织形态，更符合学生对语言的原认知。

（3）华文教学信息作用的感官。

华文信息有些是以语音方式刺激学生的听觉，有些则是以汉字或图形刺激学生的视觉。听、说、读、写是学生必须掌握的言语技能。在华文言语技能训练中，教学信息不仅要作用于学生的视觉和听觉，还要很好地作用于触觉，如书写汉字。

（4）华文教学信息的传播方式。

按华文教学信息的流向，我们可以将其传播方式分为单向传播方式和双向传播方式。单向传播方式即教育媒体→学生，双向传播方式即教育媒体↔学生。

（5）学生言语技能训练的功能。

教学媒体对学生言语技能训练方面的功能主要体现在媒体对言语技能训练的功能和交互性上。言语训练对象的交互性可以体现在师生之间、学生与学生之间和学生与媒体之间的交互。媒体的交互性常用于描述媒体的两类能力和特性：一类是媒体能够直接与学生相互作用的某一个或某一些品质；另一类是媒体能够支持人与人之间相互通信与作用的能力和特性（陈丽，2004）。因此，有些媒体适合训练学生的阅读能力，如书本、文本性网页等；有些媒体适合训练学生的听力能力，如录音教材、视听教材等；有些媒体对学生言语训练交互作用不明显，如书本和录音带，因为当学生按书本上的内容朗读或跟录音带进行跟读时，书本和录音带不会对学生的语音作出正确与否的判断；有些媒体对学生言语训练交互作用非常明显，如多媒体教学课件，对学生的阅读、认读、书写等都可以作出即时、自动的反馈。

综上所述，不同华文教学媒体要素特征有所不同，不同华文教学媒体有不同的应用优势和局限性，如表 10－1 所示。

表 10－1　各种华文教学媒体的特征

教学媒体 / 特征	视觉华文教学媒体（纸质教材、挂图、字卡、投影）	听觉华文教学媒体（录音带、MP3）	视听华文教学媒体（录像带、VCD、DVD）	交互作用型华文教学媒体（多媒体计算机网络）
华文教学信息的编码方式	书面符号，静态的图形、图像	语音符号	书面、语音符号，静态和动态的图形、图像	书面、语音符号，静态和动态的图形、图像
华文教学信息的组织方式	线性	线性	线性	非线性
产生刺激作用的感官	视觉	听觉	视觉和听觉	视觉、听觉和触觉
华文教学的传播方式	单向	单向	单向	双向或多向
言语技能训练	方便读、写训练交互不明显	方便听、说训练交互不明显	方便听、说训练交互不明显	方便听、说、读、写训练交互明显

三、媒体技术在华文教育中的应用趋势

1. 多种移动终端支持的华文移动学习

移动电话是全球范围内移动终端普及性最高的。据《2011 新媒体蓝皮书》报道，2010 年全球移动电话用户超过 50 亿。除移动电话外，平板电脑也逐渐成为人们学习的必备工具。智能手机、平板电脑等移动终端和无线移动技术在教育领域中正促成一种新的学习形态，即移动学习。“碎片性”是移动学习的显著特征之一，其具体表现

在学习时间碎片化、学习空间碎片化、学习容量碎片化、学习状态碎片化等。根据学科学习特征，新形势下的华文学习在知识内容上、学习者认知方式上以及知识思维建构上都满足碎片化的条件，同时，移动终端和云计算环境在“云＋端”的条件上给予华文移动学习有力的技术支撑和环境保证。

2. 云计算在华文教育中的应用优势

云计算是一种利用互联网实现随时随地、按需要、便捷地访问共享资源池（如计算设施、存储设备、应用程序等）的计算模式。在云计算中，硬件和软件都是资源，通过网络以服务的方式提供给用户，并且这些资源都可以根据需要进行动态扩展和配置，实现按需服务。云计算技术的弹性服务、资源池化、按需服务和泛在接入等在华文教育的应用中具有独特优势：第一，减少硬件设备投入，节约成本，提升服务的可持续和可扩展能力，进而能够带来敏捷教育服务的能力；第二，使用云计算服务，可以为教育管理部门、学校提供可靠和安全的数据存储；第三，实现跨区域的教育资源整合，以云平台支持跨组织的数据、信息、知识和服务的有效共享，促进教育资源与教育信息的海量聚合与有效应用，显著提升区域范围内广大群体的大范围协作；第四，云计算有助于构建学校教学、群体学习、学生个人自主学习等环境。学习者可以通过云平台方便、快捷地使用教育云服务，自由地选择学习内容、学习活动和学习方式，实现在线学习。

第二节　华文教育技术与华文教育资源建设

从单一媒体的应用走向现代华文教育资源的综合应用是海外华文教学需求牵引的必然。

语言的学习和应用离不开具体环境。现代语言学的观点也认为，只有在一定的环境作用下，学习语言才会更有效。随着现代教育媒体技术的发展，特别是多媒体和网络技术的发展，其对教学的支撑已经使得教育媒体从单一的教学手段扩展为新的教育环境，并成为教学活动得以开展的新的基础和平台；教育媒体从单一的教学手段扩展为新的教育资源，成为支撑教学过程的重要物质基础（俞树煜，2007）。多种华文教育教学媒体的互补优化了华文教学的环境。因此，面对华文教育发展的现实需要，华文教育不仅要强调现代教育媒体的应用，还要加快现代华文教育资源的建设，特别是以多媒体和网络技术为核心的数字化华文教育资源的建设。

一、华文教育资源概述

华文教育资源必须从以文字内容为主转变为集图、文、视频、音频于一体的教学资源，教学信息应由单向交流方式转变为双向或多向交流方式。这些转变必将带来华文教学组织形式和教学方法的多样化。应当充分利用现有多媒体技术，发挥多重感官的作用，重视学习者人工智能的开发；重视言语和超语言因素、智力因素和非智力因素的结合；重视有声和无声、个体与集体、集中与分散、认知与联想、分析与综合等诸多方面的结合，使华文教学活动从单一的平面向立体化发展，使学生的言语能力和语言能力、语言知识与文化素质、专业素质、创新能力呈立体交叉的发展。

因此，在华文教学过程中，要善于应用华文教育资源来扩大语言输入，创造真实的语言环境，强化语言经验的积累。现代教育技术的应用要贯穿课前、课中和课后。课前，教师要根据教学需要，善于利用现代华文教育资源，使之为教学所用；课中，要恰当应用现代教育媒体，为学生营造学习目的语的环境，让学生真正地“沉浸”在目的语的海洋之中，使学生容易实现跨文化的信息交流；课后，要鼓励学生应用媒体技术进行语言练习，有效地将语言训练从课堂延伸到课外。

二、网络华文教育资源的获取

近年来，随着互联网的普及和应用，网上出现了海量的华文教育资源，已在华文教育领域中的华文研究、辅助华文课堂教学、技能训练、华文测试、教材建设、教学过程管理、师资培养等方面得到广泛的应用。面向海量的网络华文教育资源，获取资源的途径主要有两种：一是通过专业门户网站，如中国华文教育网（http://www.hwjyw.com/）、国家汉办/孔子学院总部（http://www.hanban.edu.cn/）、世界汉语教学学会（http://www.shihan.edu.cn/）等；二是通过搜索引擎，如百度（http://www.baidu.com/）、谷歌（http://www.google.com.hk）等。

三、华文教育资源设计

现代华文教育资源建设可以划分为“以教为主”和“以学为主”两大类型。“以教为主”的教育资源，为一线的教师提供媒体素材、题库、试卷素材、网络课件、案例、文献资料等。“以学为主”的教育资源，为学生设计语言习得情景、学习任务、学习资料、学习提示与反馈指导等。同时，根据华文教育的自身规律和特点，华文教育资源还可以细分，例如，按教学程度可分为初级华文教学资源、中级华文教学资源和高级华文教学资源；按华文知识系统可分为汉语语音教学资源、汉语词汇教学资源、汉语语法教学资源和汉字教学资源；按语言技能训练可分为说话教学资源、听力教学资源、阅读教学资源和写作教学资源等。资源传输要充分利用网络技术和先进的移动储存工具，如单机课件（CD-ROM）、DVD光盘、VCD光盘等不同载体来传输。

1. 多媒体华文教学课件的设计

（1）多媒体华文教学课件概念。

多媒体华文教学课件是指通过辅助教师的“教”或促进学生自主地“学”来突破课堂教学的重点、难点，从而提高课堂教学质量与效率的多媒体教学软件。它可以只涉及一两个知识点，也可以涉及众多知识点，如一个教学单元或一课。

（2）多媒体华文教学课件开发流程（如图 10－1 所示）。

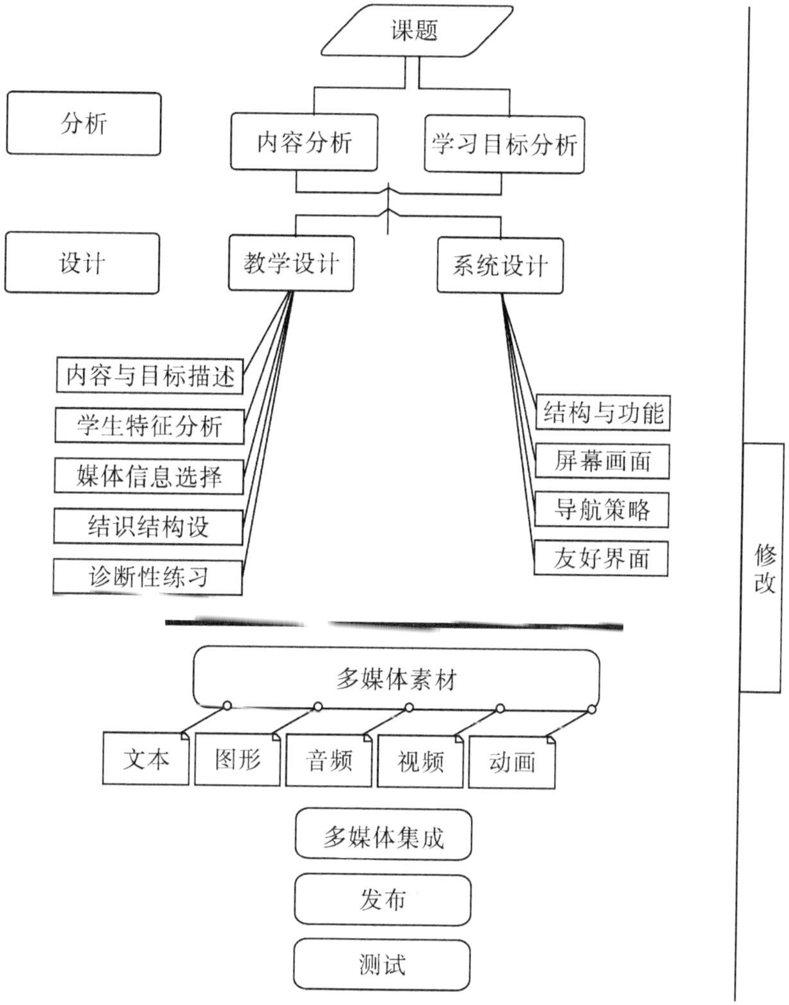

图 10－1　多媒体华文教学课件开发流程

第一，教学内容与教学目标分析。

我们首先分析教学内容的重点和难点；其次分析传统教学方法为什么不能或没能很好地解决教学中的重点和难点；最后分析利用多媒体教学课件怎样解决教学中的重点和难点。

分析设计华文教学目标是多方面的。

从语言知识（如语音、词汇、语法、汉字以及语篇知识等）角度分析。如设计汉字教学任务时，我们要知道学习者应该掌握哪些汉字及其知识，学习者已经知道哪些汉字及其知识，已知汉字与未知汉字之间有什么联系，由此确定学习者需要学习的汉字及其相关知识。

从言语技能角度分析学习者在听、说、读、写方面分别需要达到什么水平、掌握哪些微技能，学习者已具有什么样的水平和微技能，还需要从什么方面进行训练，才能完成言语技能的教学目标。

从言语交际技能角度分析学习者需要掌握在什么场合、对什么人、用什么方式进行交际的能力。

从态度情感角度分析学习者在华文学习后需要取得的心理成效。态度情感教学目标是教学目标中不可或缺的组成部分，所以，我们有必要研究学习者在接受教育后要取得何种心理成效，比如，能否保持对华文学习的兴趣，学习动机是否正确，学习的自信心如何，是否敢于用华文表达和交流，以及在交流过程中尊重他人的情感等。

从学习者策略角度分析有利于学习者掌握华语的各种策略技巧。学习者策略是指学习者为有效获取、贮存、检索和使用信息所采用的各种计划、行为、步骤、程式等。它包括学习策略、交际策略和社交策略。如教师在设计形声字教学任务时，可以引导学习者在认识声符与字音、形符与字义之间的联系基础上，掌握根据字形推测字音、字义的策略。

这五个维度不是孤立的，而是相互融合，共同构建了一个立体的华文教学任务体系。语言知识、言语技能教学任务是言语交际技能教学的基础，言语交际技能教学任务中包含着语音、词汇、句式、语体等知识和听、说、读、写等技能，而态度情感教学任务则为语言知识、言语技能以及言语交际技能教学任务的实现提供动力。在分析教学目标的基础上，要针对具体学习内容对教学目标进行描述。

第二，学习者特征的分析。

分析学习者的特征是指了解学习者的学习准备情况及其特点的活动，它为后续的教学设计工作提供重要的依据。所谓“学习准备”，是教育心理学中的一个概念，指学习者在从事新的学习时，其原有的知识水平或原有的心理发展水平对新的学习的适合性。华文学习者的年龄、华文学习时间、是否华裔、国籍和学习目的（动机）等特征会影响华文的教学效果。

第三，媒体信息选择。

在多媒体教学软件设计中进行媒体信息的选择，首先要明确媒体的使用目标是什么，并通过分析各种媒体类型的特点，根据教学目标和教学内容的需要选定能实现媒体使用目标的各种媒体。

在设计多媒体教学软件时，关于媒体信息的选择与设计，根据对教学内容与教学目标分析的结果和各类媒体信息的特性，合理选择适当的媒体信息（如文本、图形、图像、动画、视频等）和具体内容，实现原定的媒体使用目标，并把它们作为要素分别安排在不同的教学内容（知识点）中。如《中文》（修订版）第二册第五课《买东西》的生字，其知识点和媒体信息可以通过表 10－2 来描述（“√”表示选择）。

表 10－2　《买东西》一课生字的知识点和媒体信息

知识点		文本	图形	图像	动画	音频
买	拼音	√				√
	汉字	√				√
	结构			√		
	偏旁部首			√		
	笔顺				√	

第四，知识结构设计。

知识结构是指知识点之间关系的一种形式。知识结构通常可分为并列结构、层次结构和网状结构等几种类型。如《中文》（修订版）第二册第五课《买东西》的生字知识结构，如图 10－2 所示。

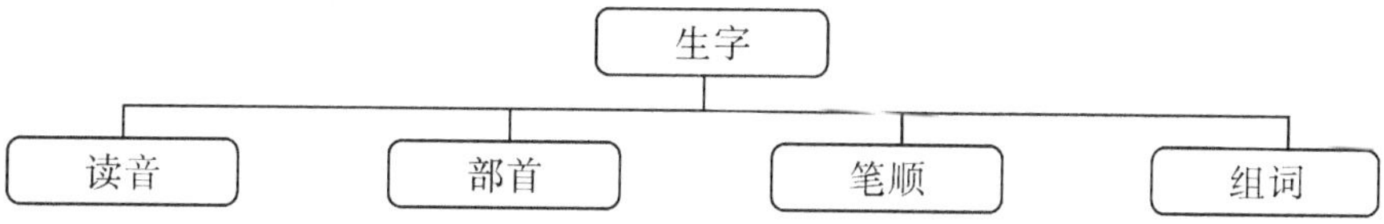

图 10－2　《买东西》一课的生字知识结构

第五，诊断练习设计。

多媒体课件中的诊断练习较一般的练习题更注重及时反馈的设计。及时反馈可以帮助学习者在尝试过程中修正自己的认识，可促进学习者加深认识和记忆。每道诊断练习包括提问—回答—反馈三部分。

提问部分，是整个练习的第一部分，提问是否为学习者所理解将直接影响回答的结果。因此，提问部分必须意义完整，问题明确，能促使学习者进行思考。提问的问题要与知识点内容紧密联系，并反映相应的教学目标。提问可用是非题、多项选择题、匹配题或填充题的方式。

回答部分，按照提问要求，将学习者可能作出的反应情况全部罗列出来（或设计成由学习者自己输入），根据这些可能性，计算机将作出不同的反应。回答部分的设计应一题一答，易于实现。在学习者回答问题时，应适当给予提示，让他们有较多的成功机会。对回答结果的判断应与评分相结合。

反馈部分，对于学习者的回答，应给予相应的反馈。对于正确答案，应给予鼓励性反馈；对于有缺点的或错误的答案，应给予补救性的建议或指正，并根据不同的情况分别作出“指出错误”、“要求重答”、“给出答案”、“辅导提示”等不同形式的反馈。结合华文教学，我们不仅可用“文本”，还可用“语音”，如学习者在做选词填空题时，如果选择出了正确答案则计算机会通过音频朗读出正确的句子，如图 10－3 所示。

看图选词，完成句子。

爸爸买了________________。

A. 水果和面包　B. 本子和面包　C. 笔和牛奶

反馈：A. 水果和面包（×）

B. 本子和面包（√）（音频：爸爸买了本子和面包）

C. 笔和牛奶（×）

图 10－3　对学习者的回答给予相应的反馈图

（3）多媒体华文教学课件的系统设计。

如何将华文教学的知识内容在计算机上通过灵活多样的形式加以表达，发挥多媒体的优势，突破教学难点，突出教学重点，培养学习者的能力和提高学习者的素质，这就需要进行教学软件的系统设计。系统设计包括软件结构与功能的设计、屏幕画面的设计、导航策略的设计、友好界面的设计。

第一，软件结构与功能的设计。

多媒体教学软件的系统结构是教学软件中各部分教学内容的相互关系及其呈现的

形式，它反映了教学软件的主要框架及其教学的功能。多媒体教学软件的系统结构实际上是多媒体信息的组织结构，它大多采用非线性的超媒体结构，如《初级华语》多媒体教材的系统结构，如图 10－4 所示。

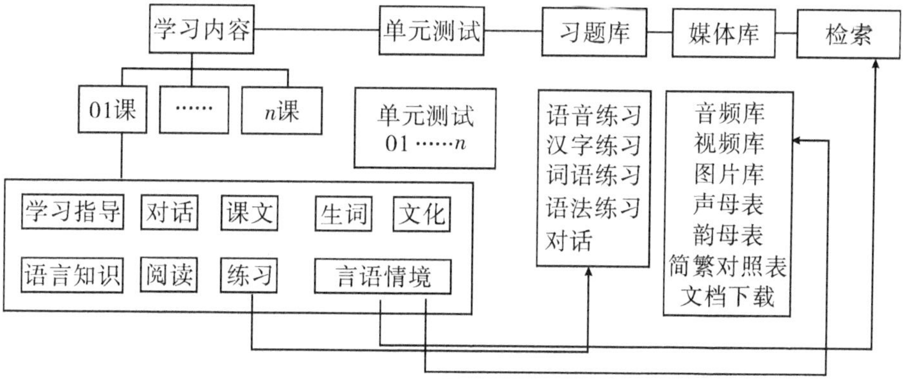

图 10－4　《初级华语》多媒体教材的系统结构图

第二，屏幕版面的设计。

屏幕版面上可以分为背景、标题栏、导航栏和正文主体四部分，如图 10－5 所示。

图 10－5　屏幕版面设计图示例

第三，导航策略的设计。

由于超媒体系统信息量巨大，内部信息之间的关系很复杂，用户容易迷失方向，不知道自己处在信息网中的什么位置。因此，需要系统提供引导措施，这种措施就是导航。导航策略实际是教学策略的体现。这是一种避免学生偏离教学目标，引导学习者进行有效学习，以提高学习效率的策略。

在多媒体系统中，这种导航策略通常包括检索导航、帮助导航、线索导航、浏览导航、书签导航等。

导航策略可以引导学习者进行有效学习，还可以引导教师紧密围绕教学的中心内容展开教学环节。如图 10 – 6 所示，右侧的导航栏作为检索导航和浏览导航而出现，包括的项目是围绕这一生字的汉字教学中拼读、部首、笔顺、组词和练习项目，点击可以进入该节点，并可以返回。

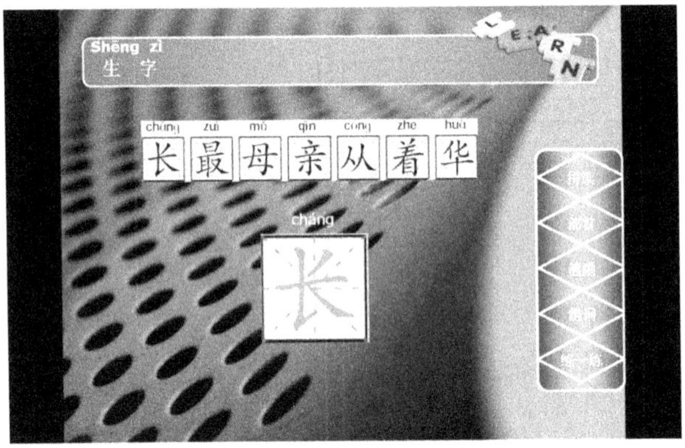

图 10 – 6　多媒体系统中的导航策略示例

第四，友好界面的设计。

这里所指的屏幕界面呈现在计算机显示器的屏幕上，是学习者与多媒体教学软件之间传递信息的媒介。

多媒体教学软件的屏幕界面主要由窗口、菜单、图标、按钮、对话框、热键等组成。

随着网络技术的普遍应用，各类华文服务网站数量快速增长，这对促进华文教育的发展发挥了一定的作用。但是，还存在一些不容忽视的问题，如网络华文教育服务之间的可重用性和可组合性差、功能比较单一，各个网站提供的服务之间无法进行互相操作等。这些问题造成网络资源的利用率低下。因此，如何实现这些跨组织、异构、分布环境下的全球华文教育资源的共享，是华文教育资源建设必须要攻克的一个重大难题。我们认为可应用网格技术，通过资源描述与检索，实现对已有资源的有效利用与共享；应用资源订阅的方式，支持新建资源的有效利用与按需共享；同时，在研究全球环境中实现资源共享的基础上，对华文教育资源内容进行研究，开发支持华文教育的服务网格平台，建立华文教育资源建设规范标准和互相操作规范指导，探索建构全球华文教育资源服务的共享机制。

第三节 华文测评技术与华文学习环境构建[①]

测评对于知识获取与技能习得的重要性被各个学科学习的研究和实践所证明与认可，我们对测评的认识过程也是人类思维的发展过程。早期的行为主义心理学主要从行为产生的角度研究测评在学习领域中的重要意义，认知心理学则论证了测评在信息加工过程中的必要性，而后来的语言学习理论则强调测评在从知识向技能转变中的途径作用。由此可见，人们越来越深刻地认识到测评在知识获得、巩固和保持信息、知识应用、技能迁移、发现问题、语言教与学的诊断和反馈、补救教学等方面的重要作用和地位。近年来，华文的测评研究越来越受到重视，有学者认为，为了满足华文学习的多元化需要，华文测评功能要多元化和个性化，测评要注重测评的过程（杨翼，2009）。

一、华文测评技术的发展现状

测评技术是一项涉及认知科学、计算机科学、语言学、数学、心理学和教育学等诸多学科的交叉研究成果的应用。华文测评在内容上涉及词汇、句法、语义、语音等，测评技能还包含了听、说、读、写。针对语言测评的需求，不仅测评资源具有多媒体的特性，而且还要应用自然语言处理领域成果，包括语音识别与语音合成、机器翻译与机器辅助翻译、信息检索与信息提取、专业术语提取与术语定义自动生成、文本分类与聚类、自动文摘与文献述评、词典计算机辅助编纂等（柏晓静等，2010），对学生以文字、语音、图像等形式表达的结果进行自动分析与处理。

几年来，计算机辅助测评从以最初动机为减轻教师的评阅负担并给学生提供即时反馈的电子化阶段，快速发展到以体现测评环境的真实性与交互性，基于多种媒体的题目设计、短文的自动评价、技能测评自动化和适应性计算机自适应测试阶段。随着E-learning的发展，CAA的发展开始与学习环境融合，通过提供及时有效的反馈以促进学生学习，以测评为中心的个性化学习环境构建问题越来越受到广泛重视。为了解决测评群体规模大、资源广域分布、个性化需求突出、多群体协同工作等问题，网格计算技术被引入远程学习评价研究，通过构建基于网格计算环境的资源共享与协同工作平台解决广域跨组织大规模远程学习测评的问题（王冬青等，2005）。计算机测评

① 该节内容选自熊玉珍：《基于测评的汉语个性化学习环境的构建》，《电化教育研究》，2012年第3期。

技术和自然语言信息处理的发展成果会对语言测评产生重大影响。美国大学理事会于2007年5月推出AP Chinese（AP中文测试），包括了听、说、读、写四项技能，整个测试都通过网络进行，由三个沟通模式即人际沟通、理解诠释和表达演示构成。美国AP中文测试经验正是说明了技术运用成为新形势下华文测评的可能。

因此，测评不仅能准确、动态地获取学习者的学习状态，而且随着测评技术的发展和应用，通过对测评数据的分析，它更是在促进学习者认知水平发展、教师教学策略决策、教育资源推荐方面起到越来越重要的作用。故此，测评成为发现学习者学习状态最为重要的途径和方法。

二、基于测评的个性化华文学习环境的构建

无线通信技术、3G网络、Wi-Fi网络、移动设备在教学可用性上的显著增强以及学生面对海量网络教学资源的现实情况，为学习者提供个性化服务是改善应用技术和促进华文学习的核心。通过测评可以反馈与诊断学习者的知识和技能水平，为华文教育多元化需求和个性化服务提供依据。因此，要实现改善应用技术和促进华文学习的目标，通过测评构建华文个性化学习环境是研究的重点和难点。由于测评可以为普适的、泛在的、个性化的、持久连接的华文学习提供支持和按需的学习方案，所以，面向华文个性化学习的需求，我们应从测评数据的动态性和针对性的分析，基于测评的学生模型的构建，面向个性化服务的华文学习资源和基于学生准确、及时信息的教师个性化教学策略的构建四个方面的关键工作构建个性化华文学习环境，如图10－7所示。

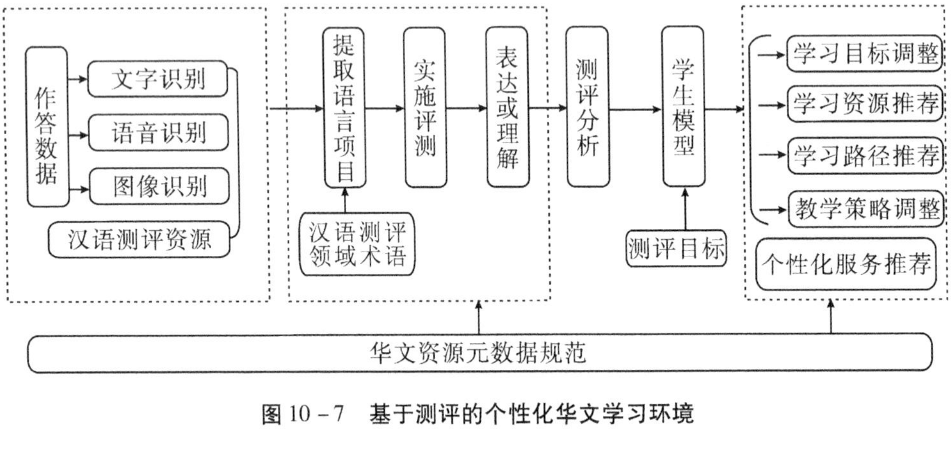

图10－7　基于测评的个性化华文学习环境

第四节　华文教育技术与华文教学模式[1]

现代教育技术是把现代教育理论应用于教育、教学实践的现代教育手段和方法的体系。华文教育技术是指运用现代教育媒体进行教育教学的方法和现代教育技术在华文教育教学模式中的应用，必须符合语言习得和语言、文化教学规律，必须根据华文教学实践（如汉字教学、语音教学、词汇教学、语法教学、文化教学等）及语言技能训练（如听力技能训练、口语技能训练、阅读技能训练、写作技能训练等）来进行。

以计算机和网络为核心的现代信息技术使教师、学生、教学媒体和教学信息等要素发生了根本性的变化，其间的关系也随之发生了相应的变化。技术不仅为学生提供了多样化的学习方式，还改变了传统的“以教为中心”的教学模式。所谓“教学模式”，是指在一定的教育思想、教学观念、教与学的理论指导下的教学系统中四个要素相互联系、相互作用的具体体现（何克抗，1999）。在网络环境中的华文教学模式因华文教学因素的变化而变得形式多样，并存在广泛的选择空间，如应用网上资源进行语言情景创设模式、应用网上资源进行主题探索模式、应用网上资源进行任务协作模式等。

所谓“基于网上资源利用的华文教学传播模式”，即教师和学生围绕一个主题，通过充分发掘、整合和利用网络上各种资源，并遵循华文教学的一般规律和步骤进行一系列学习的模式。我们组织高级班学生，开展基于网上资源利用的视、听、说教学试验研究。根据网络信息组织的特点和方法，以 Web 方式组织教学资源，在网络环境中进行“视、听、说”教学研究（熊玉珍，2005）。在该研究中，我们应用网络资源，培养和训练学生熟悉汉语日常真实情景中使用的语言，提高学生对信息的捕捉和理解能力，增强其言语表达的正确性、得体性和成段表达能力；帮助学生实现从机械性操练逐步过渡到创造性的自由运用的目标，掌握通过网上视听资源学习华文的技巧和规律，培养学生运用网上资源学习和应用华文交流的能力，增强其语言实践中的自觉性。

一、技术支撑下典型的华文教学模式

1. 应用网上资源进行语言情景创设模式（如图 10－8 所示）

网络应用：进行情景创设。

教师：创设情景、设计问题、组织课堂交流和评价。

① 该节内容选自熊玉珍：《网络环境中的汉语教学过程和模式的研究》，《开放教育研究》，2007 年第 6 期。

学生：要在特定的情境中应用网络资源完成任务。

言语训练方式：课堂训练方式。

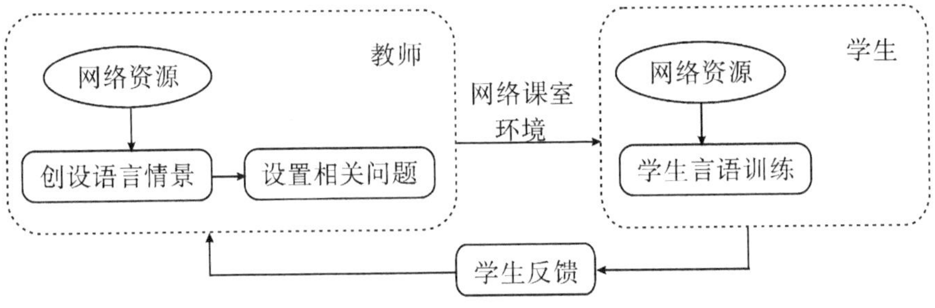

图 10－8　应用网上资源进行语言情景创设模式

2. 应用网上资源进行主题探究模式（如图 10－9 所示）

网络应用：在课堂内外，应用资源创设情景。网络可以给学生提供尽可能多的真实的语言材料，为学生创造尽可能接近真实的交流环境。

教师：整合教学资源，设计问题，组织课堂，并结合网上资源进行交流和评价。

学生：在课前搜索与主题相关的图片以及文本资源，应用指定的网上教学资源完成话题。

言语训练方式：课前形成口述话题，在课堂上进行训练。

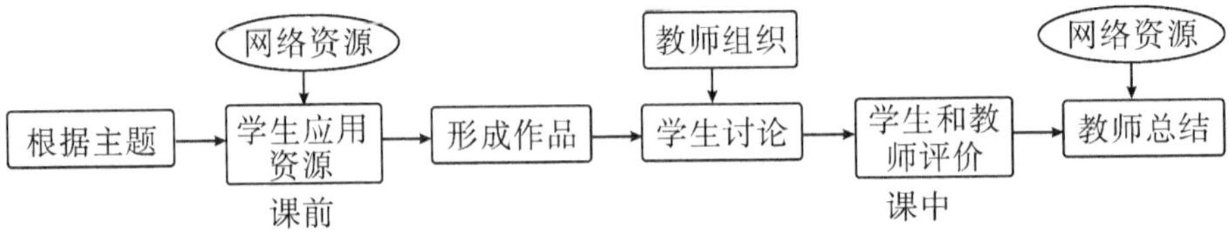

图 10－9　应用网上资源进行主题探究模式

3. 应用网上资源进行任务协作模式（如图 10－10 所示）

网络应用：网络支持课前→课中→课后的整个教学过程，网络环境不仅给学生提供了网络语言交流的环境，而且还很好地使教师与学生之间的交流从课内延伸到课外。网络是学生言语训练的工具。

教师：整合教学资源，设计问题，组织课堂，并进行课外交流和评价。

学生：学生在课前自主应用网上整合的资源，主要是视频、相关的图片以及文本资源。学生的任务是根据剧情分配角色，协作完成话题。在课中，学生以小组的方式围绕主题进行交流，教师和学生再进行点评。在课后，小组成员根据教师的评价，利用网上资源进行改正，教师和学生再进行评价。

言语训练方式：课外通过网络分配角色，协作完成话题，并形成口述话题，在课堂上进行训练。

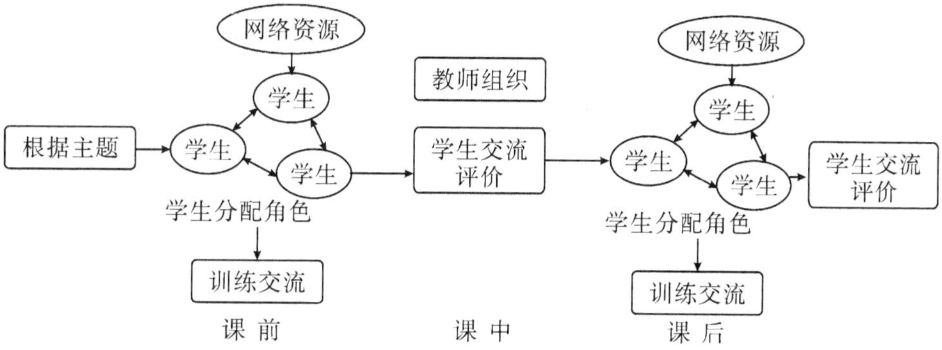

图 10－10 应用网上资源进行任务协作模式

二、现代教育技术支撑下的几个关于华文教学模式的关键问题

在网络华文教学过程中，我们始终围绕着“培养学生的跨文化交际能力”这一教学目的，在教学过程中强化学习资源和学习活动的设计，重视师生、生生和学生与媒体三种交互方式，从而培养学生言语、跨文化交际、信息技术和合作的四种能力。

1. 围绕明确的教学目的

第二语言学习的最终目的在于寻求跨文化的交际、沟通和理解。因此，网络华文教学过程中的网络教学资源设计和教学过程都应发挥网络优势，围绕着“培养学生的跨文化交际能力”这一主要教学目的展开教学。

2. 强化两种设计

一是学习资源的设计。网络华语学习资源是网络教学的基础。在资源设计中，教师不管是自己设计开发，还是整合现有资源，都要充分发挥网络本身的多媒体特性，在组织资源的同时应用超媒体将原来通过多门课程进行的分门别类的语言技能训练融入到一个使学生多维度参与、接受和反馈的视、听、说一体化的综合训练过程之中，运用字、词、句法、语义篇章应用过程，强化提高学生的语用能力，实现跨文化交流的目的。

二是学习活动的设计。学习活动是指学生以及与之相关的学习群体（包括学习伙伴和教师等）为了完成特定的学习目标而进行的操作总和（杨开城，2002）。不管是在课内，还是在课外，网络华文教学过程都应重视对学习活动的设计。活动是驱动学生进行主题交流的动力。活动的任务是为达到既定教学目标，完成需要完成的训练内容任务。通过设置学习活动任务来驱动学生应用网上资源而进行言语训练。

3. 重视三种交互方式

华文教学的言语训练体现在教学交互中，其交互方式包括教师与学生、学生与学生、学生与媒体的三种交互。而网络环境中的华文教学，也需要重视这三种交互方式给学生提供言语训练的机会。

一是教师与学生的交互。在课内，充分利用网络多媒体资源来提高教师讲授的质量和效率，进而增强师生、生生的交互；在课外，充分应用网络的功能加强教师对学生的引导、答疑和交流等交互。当学生面对随意选择的海量网络资源时，通过师生交互，引导学生系统、连贯和循序渐进地进行言语训练。在网络环境中，教师的地位不可代替，教师充当着设计者、资源建设者、学习任务安排者、学习过程引导者、学习角色扮演者等多重角色。

二是学生与学生的交互。同学之间的关系是合作伙伴关系，是角色扮演的关系，也是交流讨论的关系。这种交互方式不仅能够加强言语训练，还可以培养学生的合作精神。

三是学生与媒体的交互。通过建立双向交流的虚拟学习社区，学生还可以直接与媒体进行交互，进而实现人机对话。

4. 培养四种能力

一是言语能力。言语能力的培养是华文教学的出发点。在网络环境下的华文教学过程中，我们充分应用网络同步和异步的交互方式以及双向和多向的交流，使学生能够有更多的参与、交流和大量语言输出的机会，以获得更多及时反馈和纠正的机会。

二是跨文化交际能力。只有熟悉第二语言的物质方面的表层文化，才能学到地道的目的语；只有理解第二语言的习俗制度方面的中层文化，才能掌握目的语的交际能力；只有通晓制约第二语言的民族心理和思维方式的深层文化，才能提高目的语的水平（Robert S. Chen，2007）。因此，在网络华文教学过程中不仅要给学生提供尽可能多的言语训练机会，更要利用网络的优势优化华语语义和语用文化的教学，以培养学生的跨文化交际能力。

三是信息技术能力。具有良好的信息素养是在网络环境中进行华文教学的前提条件。只有不断培养学生驾驭信息技术的能力，才能使他们理解通过网络传输的知识，并帮助和促进他们进行意义建构。将信息技术与华文课程进行有机融合，让学生在网络资源应用和网上言语训练的过程中，培养其对信息的获取、分析、加工、处理、应用和评价的能力，学会基于信息化环境下学习华语的学习方式。

四是合作能力。合作能力的培养成为新时代教育的基本内容。在网络环境中，通过合作学习，将学习任务分配到小组，鼓励学生彼此协调、互相交流和纠正，从而加强学生的合作意识，调动和发挥他们的主动性和群体优势进行语言学习。

第五节 华文教育技术与华文教师的专业发展[①]

一、华文教师的专业发展需求

1. 华文教师职业的专业化

华文教师职业的专业化发展是海外华文教育发展的根本需求。华文教师职业的专业化涉及两个方面：一是华文教师资格的专业化，二是作为专业发展、汉语知识提高以及华文教学实践改进的专业化。

2. 华文教师的专业发展

我们都知道，一名华文教师要满足专业的要求，只要经过一定时间的专业培训和训练就可以达到。然而，华文教学专长是经过长期教学实践而获得的，其内涵也是不断发展的。随着海外华文教育的发展，华文教育的多元化需要、知识增长的需求、华文教学条件的改变，都要求华文教师的专业知识与实践性知识不仅要关联，更要不断更新。有学者指出，华文教师的专业发展包含两层含义：一是华文教师的专业发展表现为纵向发展上的专业提升，二是华文教师的专业发展表现在横向素质的全面提升（郭睿，2010）。由于现代信息技术的发展和新的教育理论的出现，信息技术不仅丰富了知识表征、传授途径、获取知识的方法，还跃升为教育中最具变革性的要素。因此，在信息时代下，如何应用技术迎接华文教学的新挑战与加快信息技术应用于华文教师的专业发展显得尤为迫切。

3. 新形势下华文教师的专业发展的新需求

新形势下的华文教师培养，不仅要培养达到专业化标准的教师，更要促进华文教师的专业发展，推进华文师资队伍建设，适应海外华文教育事业发展的需求。为此，针对华文教师培养对象的复杂性、培养层次多样性、培养模式多方式等特点，各级政府、各级各类学校和国外教育机构都做了大量的工作。张和生曾论述了近十年学界针对对外华文教师素质、教师培训和专业人才培养的研究，同时指出新形势下华文教师培养方式的转变（张和生，2006）。显然，华文教师的专业发展超越了一般培训的内涵，在学习方式上，涵盖了正式的和非正式的学习方法；在教师自身的职业需求上，是教师出于自身的需要主动的、自觉的行动；在学习内容上，不仅要丰富专业性知识，更要提高实践性知识。除此之外，新形势下华文教师的专业发展还有以下几个方面的需求：

---

① 该节内容选自熊玉珍：《信息技术支持国际汉语教师专业发展的研究》，2011 国际汉语教育新形势下的教师培养论坛会议论文，2011 年 8 月。

（1）专业知识与教学实际问题的解决。

在华文教学发展的背景下，面向华文学习者和华文教学内容的特殊性和复杂性，如面对来自世界各地不同文化背景、不同知识层次、不同学习目的的学习者，华文教师仅仅掌握规定的专业知识并按照固定模式和操作方法进行教学，将很难满足复杂的华文教学的需要，因此，如何帮助华文教师应用专业知识处理教学实际问题与提升教学技能是华文教师的专业发展的基本问题。

（2）自身专业持续发展与阶段性学习。

就目前华文教师的培养方式而言，不管是学历教育，如对外汉语和华文教育本科学历，汉语国际教育硕士和语言及应用语言学研究生学历，还是非学历教育，包括短期培训，对华文教师的培养都具有阶段性。在华文教师的专业发展过程中，华文教师的专业发展显得更具持续性。持续性学习是华文教学能力持续培养的过程，甚至是一种终生学习，然而，应如何提供华文教师专业发展的持续学习方式，这是一个问题。

（3）教师教育情景性与实践性的关联。

陈向明（2003）认为，实践性知识是教师专业发展的知识基础。成人学习的最佳方式，是不断将实践性知识应用到当前所面临的问题情境，不断得到来自共同体的反馈。据调查发现，为华文教师教育提供情景性的学习，最重要的是创造适合课堂使用、能够亲自实践、提供教学帮助的实践性学习环境。应如何为华文教师提供情境性学习环境和资源来支持解决实际教学问题，这又是一个问题。

（4）华文教师的认知和有效学习。

华文教师的专业发展过程不仅要求教师持续学习和自我反思，同时更是强调有效、高效的学习。华文教师要承受教学工作的压力，同时要处理工作和自身进修、不断发展的矛盾，因此，有效和高效的学习方式是华文教师的追求。相对于传统的教师教育，如何构建满足教师教学行为的认知和有效的学习模式是帮助教师在已有的经验上主动寻求专业发展的动力。

（5）个性发展需求与群体协作发展的关系。

有效的教学需要创新、灵活、创造，不断研究、改进并解决问题，以满足学生的不同需求和个性化特点。这不仅需要适应特定学习者的学习需求，为华文教师提供个性需求的“资源推送”和优化的“学习路径”，提供个性化的学习内容和方式，使学习者能灵活控制学习进度，更是需要借助技术采用群体协同教学模式强化教师的技能，通过共享华文教师智慧，包括共享教学活动、资源和经验，以广泛连接取代孤立的教学实践，以求华文教师群体协作发展。

二、信息技术支撑下的华文教师的专业发展

随着华文教育的发展，现代信息技术已在华文教育领域中的研究、辅助华文课堂

教学、技能训练、华文测试、教材建设、教学过程管理等方面得到广泛的应用，并产生了深刻影响。技术不仅跃升为教育中最具变革性的要素，同时也是教师所面临的最主要的挑战和应对对象之一。焦建利等（2009）认为，技术与教师专业发展之间的关系无非体现在两个方面：第一，技术是教师专业发展的内容之一；第二，技术构成了教师专业发展的手段、途径、方式、方法和环境。综观以上分析，华文教学的信息化需求推动华文教师专业必须在现代信息技术支撑下进行和发展。信息技术可以作为华文教师支撑知识建构的工具；新技术带来华文教育资源形态和分布结构的变化；技术作为背景支持华文教师“做中学”；信息技术还作为智能伙伴支撑华文教师在反思中学习；同时，信息技术带来华文教育系统各种要素之间关系的变化。

第十一章　华文教学评估

第一节　华文教学评估的意义和要求

一、华文教学评估的意义

华文教学评估是以现代华文教学理念和现代课堂教学观为依据，运用可操作的科学手段，按照一定的价值标准，对华文课堂教学的各个要素及其发展变化进行价值判断的过程。

华文教学评估对华文教师、学生及教学管理者都具有重要的意义。教师通过教学评估可以发现自己在教学中存在的优点与不足，了解学生的意见与要求，有利于教师总结经验教训，不断改进教学，从而使教学水平不断提高。学生通过教学评估可以及时地了解自己掌握的华文知识和使用华文进行交际的能力的情况，发现学习中存在的问题，使学习更有目的性、针对性。教学管理者通过教学评估可以了解教师的工作情况及学生的学习情况，可以为改进学校管理体制和方法提供参考依据，同时，评估结果也可以为检验教学大纲、教材和教学整体安排是否科学、合理提供重要的参考依据。

二、华文教学评估的基本要求

由于教学评估涉及对教师及学生个体的肯定或否定的评价，对个人荣誉感、自信心等心理因素会产生一些影响，因此，在进行华文教学评估时必须严肃对待，必须注意以下几个方面的要求：

（1）评估态度要严肃、客观、公平、公正，不能掺杂个人感情色彩。

（2）评估标准和评估方案要全面、科学，要以为华文教学服务为设计宗旨和出发点。

（3）教学评估方案要具有可操作性。

（4）评估内容要有针对性、适用性。

（5）评估办法应简单易行，避免烦琐的统计方式。

以上几点是对华文教学评估的整体要求。华文教学评估由“评教”和“评学”两部分组成，每种评估类型又包括很多种评估方法，对不同的评估方法要求也不尽相同，下文将对每种评估方法的具体要求作进一步阐释。

第二节　华文教学评估的类型

一、评教

评教是指对华文教师在华文教学过程中的教学总体情况进行的相关系列评价，一般包括教师自评、同行评价、专家和领导评价、学生评价等几种类型。评教常用的方法有调查、听课、谈话、测试等。

（一）评教的主要内容

一般来说，对教师教学情况的评价主要应围绕以下几个方面进行：

1. 教学态度

教学态度是指教师对教学工作所持有的态度。教学态度的端正、认真与否，直接影响到教师对教学内容的安排、对教学方法的设计，以及课堂教学及作业批改的效果，从而决定教学的最终效果。因此，教学态度是评教的重要内容之一。对教学态度的观察包括以下几项内容：

（1）教师对教学是否认真。是否热爱教学；是否有科学的教育价值观，对教育教学工作是否持积极正面的态度；是否能严肃、认真地对待教学活动中的每个环节。

（2）是否遵纪守时，为人师表。是否能做到以身作则，遵守校纪校规，不迟到，不早退，不随意缺课调课；教态是否端庄得体，言行举止是否做到了为人师表；教学语言是否积极健康，是否有利于引导学生形成健康的世界观、人生观与价值观。

（3）是否关爱学生。这包括是否做到师生平等；对学生要求是否严格，是否一视同仁；是否尊重学生的意见；是否关注学生的进步与成长；师生关系是否和谐。

2. 教学内容

评教中对教学内容的评价主要考查教师对教学内容的安排与处理能力，具体包括以下几项内容：

（1）课堂教学的目的、要求是否明确，是否符合课程标准和学生实际。教学目的的设计是否体现了学科特点；教学目的是否符合实际，有针对性；在课堂教学过程中是否能熟练地处理教材，有效组织教学内容，实现教学目的。

（2）教学重点、难点安排是否合理。教学重点、难点的确定是否合理；在课堂教学过程中是否做到突出重点、分化难点。

（3）在知识讲授上，对新旧知识的处理是否恰当。是否突出了新旧知识点之间的联系与区别；是否有利于学生温故而知新；新旧知识讲练的方式是否恰当。

（4）教学时间安排是否恰当。在教学过程中，对每个教学环节的时间安排是否合理；教学重点、难点的时间比例是否有所不同；讲练的时间比例处理是否恰当。

3．教学方法

教学方法包括以下两项内容：

（1）教师是否具备良好的课堂教学能力。这包括是否能有效维持课堂秩序；提问的方式、语言是否生动、清晰；板书是否美观、整洁；教态是否自然亲切；课堂气氛是否有利于促进学生学习。

（2）教学方法是否灵活多样而且切实有效。是否能针对不同教学内容的特点设计有针对性的教学方法；教学方法是否适合学生的接受能力；教学方法是否有利于学生掌握相关知识与技能；教学方法使用是否熟练。

4．教学效果

教学效果包括以下几项内容：

（1）教学任务是否完成，是否实现了教学目的。一堂课的总体教学任务完成情况如何，完成的满意度如何，是否能实现预期的教学目的。

（2）学生在知识水平及能力方面是否有所提高。全体学生在多大程度上掌握了教师所教的知识；学生在语言技能方面是否得到了有效的训练；能否将所学知识运用于实际；学生是否掌握了相关的学习方法和思维技巧。

（3）学生在课堂教学过程中是否积极参与，发挥主体作用。全体学生是否大多能积极参与课堂活动；每个学生是否有主动表现的机会；师生互动是否良好；在课堂上是否充分发挥了教师的主导作用与学生的主体作用。

5．作业批改

作业批改包括以下几项内容：

（1）是否能结合教学内容的特点与需求合理地安排课后作业。重视课后作业的设计，能在备课时整体考虑；课后作业的设置有针对性，能体现学科特点，有利于巩固教学，突出教学重点与难点；课后作业的量适中。

（2）教师批改作业是否及时、认真、公正。能认真提醒、督促学生完成课后作业，引导学生树立对课后作业的正确观念；及时批改学生作业，态度认真、严肃；作业评价标准规范、统一。

（3）对作业中出现的问题是否能有效加以指导。能发现并总结学生在作业中普遍存在的问题，并针对作业完成情况在课堂上进行有效处理。

（二）评教的形式

对教师教学工作的评估，通常应由教学管理部门负责组织进行。为保证评估工作的公平公正，对教师的教学工作产生积极的影响，一般应综合几种评估方式，给每位教师以全面、客观的评价。

一般操作程序是在学期中不定时安排同行、专家和领导听课，根据听课情况填写听课评估表，评定等级或分数，同时写出简要的、有针对性的评语。在学期结束时，由教师对一个学期教学情况进行总结自评，同时由学生填写教师教学情况的评估表。之后，教学管理部门将各种评价按一定测算比例给每位被评教师一份综合评估单，供教师改进教学参考。

需要注意的是，学生评价是否需要实施应依据学生的年龄、认知和判断能力等实际情况而决定。年龄小的学生，往往还不具备独立的评判与分析能力，一般不宜成为学生评价的主体，因此，小学阶段一般不需要开展学生评价。中学阶段要依据学生的情况而定，即使实施这种评价，所占份额也不宜太大，应主要作为教师接受学生反馈的一个渠道。

此外，各类测试也是评教的渠道之一。教学管理部门可在平行班级命制统一的试题，根据各班测试结果的综合情况来观察教师的教学情况。

二、评学

（一）评学的主要方式

评学是指对学生在学习华文的过程中品德与行为习惯、语言与文化知识、语言技能、综合能力等方面的表现进行综合评价。评学的主要方式包括教师主观评价、成绩测试、家长评价等几种类型。

教师主观评价主要指的是采用写评语的书面表达方式，对学生在学校的综合表现作出评价的方法。这一方法是学生及学生家长了解学生在校情况的途径之一。教师在课堂上对学生的表现进行的口头即时评价也属于一种广义的教师主观评价。成绩测试采用考试的方式进行，主要是对学生的学业情况进行考查。家长评价一般也采用写评语的方法进行，家长评价的目的是让学校及教师了解学生在家庭的各种表现，以便将其与学生在校的情况进行对比分析，更好地了解学生的个性特点，进行有针对性的教育。

（二）教师主观评价的内容与技巧

1. 教师主观评价的内容

教师主观评价根据评价的时间与内容可以分为不同的类型，常见的有作业批改评语、作文批改综合评语、学期综合评语。

作业批改一般不需要写评语，但有时针对学生的个体情况可以适当使用评语。例如，某学生的作业一直完成得又准时又认真，但近段时间明显退步，字迹潦草，且错漏情况多，教师发现这种情况后，可以在作业后附一段评语，如：

美珍同学：你的作业一直是老师最喜欢批改的，作业整洁，字迹工整，书写认真，答题正确。但是，老师发现最近美珍的作业跟以前不一样了，你愿意跟老师说说遇到什么困难了吗?

教师在批改作业时是单独面对每一位学生的，便于因材施教、个别指导，因此，应充分利用作业评语的教育功能。作业评语并非局限于对作业本身进行评价，也可以包括对学生行为习惯、心理品质等各方面的指导。

作文批改时，除了在行文中间对学生出现的错字、漏字及标点误用情况进行指正，标记学生写得精彩的词句，有针对性的旁批外，通常还需要在作文最后写上一段教师的综合评语，对学生的作文进行综合评价。作文综合评价可围绕文章的遣词造句、行文格式、结构安排、主题思想等方面进行评定。例如：

这篇文章以“我的父亲”为题，从外貌到内心、从工作到生活对父亲进行了较为全面的介绍，同时，对父亲的介绍又是有侧重点的，着重写父亲对“我”的感情。全文主题非常鲜明，立意深刻；语言流畅，对人物内心的描写细腻感人；人物形象真实、丰满，富有生活气息；素材的选取有典型性。总体上看，这是一篇相当优秀的作文。

作文批语的作用远比给作文评定一个简单的等级或分数重要，作文评语除评价功能外，还具有等级或分数所不具备的指导功能。精彩的评语，往往能引导学生掌握写作的方法、了解写作的技巧、明确自己努力的方向，从而激发学生对写作的信心与兴趣。

学期综合评语的主要内容一般包括学生思想情况如何、是否遵守学校纪律、学习情况如何、有何明显的优点和缺点等。例如：

你是个聪明乖巧的男孩。书写不仅工整，而且现在写的字越来越有笔锋了。喜欢你专心认真的样子，学东西快，有很大的学习潜力。另外，你还能够认真做好值日工作，热爱劳动，关心集体。希望今后在课堂上能大胆地表现自己，有什么不懂的及时问老师，老师随时欢迎你。要多读课外书，和书本交朋友，做个宽容大方的男孩子。

这是某小学一位班主任对一名学生的期末评语，这段期末评语文字不多，但内容较为全面。先总体上评价了一下该学生，即“聪明乖巧”，然后从书写、学习、劳动等方面对学生的优点进行了肯定。接下来，用提建议的口吻指出了学生今后需要努力的方面，即课堂表现大胆、主动，与人交往时宽容大方；并且指出了改进的具体措施，即“有什么不懂的及时问老师”、“多读课外书，和书本交朋友”。

2. 教师主观评价的技巧

教师对学生进行书面主观评价时，要注意以下几个方面：

(1) 以面谈的口吻进行表述。评语主要是写给学生看的，因此，在表述时，应尽量使用第二人称“你”称呼。在开头可以称呼学生的名字，学生姓名为三个字以上的可以直呼名字，不称姓，如“小林同学、巧玉同学”；如果学生姓名为两字，则可以不称姓，名字前加“小”，如称“张月”为“小月”，这样可以拉近师生间的心理距离。

（2）先扬后抑。所谓“先扬后抑”，是指写评语时先写值得肯定的方面，以欣赏、赞扬的口气表述，然后再提出需要改进的地方，不直接使用批评的方式，而使用建议、商量的方式，如学生的表现是上课喜欢讲小话，在表述时，不宜表达为“我不喜欢你上课总是讲小话，影响其他同学学习”，而宜表述为“希望以后上课时能更专心听课，不随意跟同桌交流意见，有想法及时举手发言”。再如，一位学生写了一篇关于春游的作文，对春游时见到的景色进行了细致的描写，但是缺少了对自己春游时心情的描述，于是，教师在评语中如是写道：“你观察得真细致！你把春游时的美景描写得像一幅画，读你的作文，我仿佛又回到了春游的那一天。如果再把你当时欢快的心情写出来，情景交融，那就更好了！”优点和建议都应有选择地写，选择最突出的，优点写三到五个，建议写两三个即可。特别是建议，一次不要提太多，提得过多，一方面会分散学生的注意力，另一方面也可能会对学生造成一定的打击。

（3）评语要有针对性。评语应切实反映每个学生的实际情况，切忌千篇一律。教师写评语的目的是全面评价每个学生的情况，引导学生的发展。因此，应针对每个学生的实际表现作出客观评价，切忌模式化。倘若对每个学生都采用一样的评语，这样就会失去教师评价的意义。

（三）家长主观评价的内容与技巧

家长评价的主要内容一般应包括学生在家的学习情况、生活表现、有何优点和缺点、有何业余爱好等。

家长在写评价语的时候，也要注意以面谈的口吻进行表述，先扬后抑。特别需要强调的是评语要客观，做到一分为二。由于家长评语是家长与教师交流的重要渠道，家长往往希望通过自己的评语，在教师心中树立自己孩子的良好形象。此外，每个孩子在家长心中都是最可爱的，因此，家长写评语时容易出现只夸不贬的情况，把自己的孩子写得完美无缺。例如：

皓宇同学是一个非常聪明的好孩子，学习积极主动，在家里主动阅读课外书籍，每天坚持口算与英语练读；生活习惯良好，每天早睡早起，坚持锻炼；尊敬长辈，关心他人，在家主动做力所能及的家务。

从这段家长评语看来，该同学在家表现非常好，但实际情况并非如此。该生在家基本上从不主动学习，连老师要求每天完成的认读字卡与阅读也未能完成，而且在家也很少做家务。家长如故意表述不正确的信息，一方面会对学生会造成负面的影响，另一方面也不利于教师了解学生在家的真实情况和进一步开展有针对性的教育工作。

第三节　华文测试

华文测试是华文教学活动的主要环节之一，是评估教学的主要手段。通过测试，学习者可以了解自己掌握华文知识和技能的情况，发现自己在学习中存在的问题；家长可以了解子女的学习情况；教师可以检查自己的教学效果，发现教学中的疑难点，以便在教学中加以改进；学校可以把测试结果作为检验教学大纲、教材和教学方法的重要参考。

一、语言测试的种类

语言测试可以从测试目的、评分方法、命题方法等角度分成很多类别。

（1）按测试的目的，语言测试可以分为学能测试、成绩测试、水平测试和诊断测试。

学能测试，又称潜能测试、素质测试或性向测试。其目的是了解测试对象学习第二语言的潜在能力，即天赋。

成绩测试，又叫课程测试。其目的是检查学习者在某个学习阶段对所学内容的掌握情况。成绩测试是教学活动中用得最多的测试，学校的期中考试、期末考试、毕业考试等一般都属于这一类测试。

水平测试，又称能力测试。其目的是测量测试对象的第二语言水平。水平测试是根据语言交际能力的标准或是某一特定任务的要求来命题的，不以任何教学大纲或教材、课程为依据，不考虑测试对象的学习过程及特点。这种测试具有较高的区分性，受试者的分数一般反映了他的语言水平在全体受试者中的先后位置。水平测试常常是大规模、标准化的测试，如中国的汉语水平考试（HSK）、美国的托福考试（TOEFL）、英国的剑桥商务英语水平考试（BEC）、澳大利亚的雅思考试（IELTS）等。

诊断测试的目的是了解学习者对有关教学内容的掌握情况，检查教学效果是否达到了教学大纲规定的要求，以便及时改进教学。学校中的小考、小测验、单元测验等都属于诊断测试。

（2）按评分方法，语言测试可以分为客观性测试和主观性测试。

客观性测试的试题答案是固定的，评分时不需要阅卷人作主观判断，如选择题、判断题都属于客观性试题。

主观性测试的试题答案往往不止一个，评分时需要阅卷人作出主观判断，不同的阅卷人由于认识的不同会得出不同的结论，如回答问题、翻译、作文、口试等都属于主观性试题。

（3）按命题方法，语言测试可分为分立式测试和综合性测试。

分立式测试是对语言要素（语音、汉字、词汇、语法等）和言语技能（听、说、读、写）分别进行单项测试，如给拼音标调、用指定的偏旁写汉字、按要求写汉字的笔画、听音并选择正确的一项、朗读下面的句子等。

综合性测试是对语言知识和言语技能进行整体的、综合性的测试，以测量学习者综合运用语言的能力，如完形填空、阅读后作文、听写等都属于综合性试题。

二、华文测试的命题

（一）命题的质量标准

在具体命题时，应注意以下几个方面：

1. 命题的效度

命题的效度是指命题能否达到测试目的。例如，想测量学生的口头表达能力，但采用的是让学生填空的方法，这样测的就是学生的笔头表达能力，而不能反映其口头表达能力，这样的命题就没有达到测试目的，属于无效命题。

2. 命题的信度

命题的信度即同样的命题用于水平相当的测试对象，测试结果是否基本相同。信度由多方面的因素决定：一是试题构成。试题构成是指测试内容有一定的覆盖面和代表性，测试项目安排合理。二是题数。难易程度相当的同类题型的题数越多，信度也越高。三是评分标准和评分方法。评分标准越客观，评分方法越科学，信度越高。

3. 命题的区分度

所谓“命题的区分度”，即命题能不能反映测试对象的水平差异。形成区分度的关键是试题的难易程度有一定的跨度，试题由易到难逐渐过渡，试题量适度。

4. 命题的反馈作用

华文测试的目的是为了检验华文教学情况，对教学发挥反馈作用。要使华文测试对华文教学产生积极的反馈作用，必须注意：第一，测试的题目和内容是否比较全面地反映了教学的内容，特别是教学大纲中所规定的重点内容。第二，知识与能力的比例是否恰当，例如，如果只测语言知识而不测语言能力，就会把学生的注意力引向知识而不注重技能训练。第三，测试的标准适度，试题深浅适中，以促进教学水平的不断提高。如果测试标准太高或太低，试题太深或太浅，都容易使师生产生错觉，对教学或者过度乐观，或者失去信心。

（二）华文测试常见的命题类型

1. 测试语言要素常见的命题类型

（1）语音测试的常用题型。

①给音节标调。

②给下面的拼音改错。

③听后写声母、韵母、声调。

④听写音节。

⑤朗读音节、词语。

⑥朗读句子、短文，注意重音和语调。

⑦听后判断音节正误。
⑧听后选出正确的音节。
（2）汉字测试的常用题型。
①看拼音写汉字。
②写出汉字的笔顺。
③说汉字的笔画名称。
④给汉字注音。
⑤在一组词、词组或句子中找出同音字。
⑥给多音字注音。
⑦用指定的偏旁写字。
⑧用指定的字组词。
⑨在一组词、词组或句子中找出偏旁相同的字。
⑩改正错别字。
⑪听写汉字。
⑫用汉字填空。
（3）词汇测试的常用题型。
①给词语注音。
②选择恰当的词语填空。
③用词语造句。
④用指定的词语写短语。
⑤在一组词、词组或句子中找出同类的词。
⑥写同义词或反义词。
⑦给名词加上量词。
（4）语法测试的常用题型。
①改正错句。
②用指定的词语完成句子。
③排列词语的顺序。
④把供选择的词语放在正确的位置上。
⑤综合填空。
⑥从所给的词语中选择恰当的词语填空。
2. 测试言语技能常见的命题类型
（1）听力理解测试的常用题型。
①听后选择正确答案。
②听后判断正误。
③听后填空。

④听后回答问题。

（2）阅读理解测试的常用题型。

①读后选择正确答案。

②读后判断正误。

③读后填空。

④读后回答问题。

（3）说话测试的常用题型。

①回答问题。

②完成对话（根据提问回答、根据回答提问、情景对话）。

③看图说话。

④看图讲故事。

⑤根据指定的题目说一段话。

（4）写作测试的常用题型。

①连句成段。

②看图写作文。

③根据指定的题目写作文。

④写常用应用文，如书信、请假条、留言条等。

⑤填表。

华文测试命题时首先应明确考试目的，根据测试目的确定考试的类型、测试范围、内容、重点、方式、题型、题量、分值、难度、评分和计分方法、考试时间等，然后进行具体的命题。

三、华文测试的常见类型

从语言测试类型的角度来分析，华文教学过程中教师采用的测试方式一般属于成绩测试或诊断测试，通常将客观性测试与主观性测试相结合、分立式测试与综合性测试相搭配。

这里主要介绍根据测试的时间和内容跨度分类得出的测试类型。根据测试的时间与内容跨度，华文教学中常常使用的测试包括课后测试、单元测试、期中测试、期末测试。不同阶段的测试，在命题时会有不同的特点。

1．课后测试

一般来说，课后测试的主要目的在于检测学生对当课学习内容的掌握情况，侧重对当课主要字、词、句及课文理解程度的考查，属于诊断测试。课后测试的内容只包括一课的教学内容，因此，考查的点相对而言非常细致，而且课后测试往往随堂进行，时间有限，一般不出作文题。

下面是一份高级（上）水平学生的精读课课后测试试卷，测试内容为北京语言大学出版社出版的《现代汉语高级教程》（三年级上）第一课。

第一课课后测验试卷

一、给下面的多音字注音、组词并写句子（12 分）

同

曾

约

行

处

熬

二、写出下列词语的近义词（5 分）

四方四正——	街坊——	据说——
宽阔——	物件——	行业——
方式——	满足——	理解——
气候——		

三、解释画线语素的意义，并模仿例子写新的词语（10 分）

1. 转弯处	（　　）	______处	______处	______处
2. 原意	（　　）	原______	原______	原______
3. 鸟友	（　　）	______友	______友	______友
4. 道喜	（　　）	道______	道______	道______
5. 认错	（　　）	认______	认______	认______

四、根据意思写成语，并用该成语造句（9 分）

1. 奉行公事，遵守法令。（　　　　）
   句子：
2. 住惯了本乡本土，不肯轻易迁移。（　　　　）
   句子：
3. 用冷静的眼光站在一旁观察事态的发展，自己不参与。（　　　　）
   句子：

4. 规矩，老实，本分。（　　）
句子：
5. 对恶劣环境或无礼待遇委屈忍受。（　　）
句子：
6. 车辆众多，来往频繁。（　　）
句子：
7. 没有办法，不知道怎么处理。（　　）
句子：
8. 没有事先商量，但彼此的见解或行动完全一致。（　　）
句子：
9. 把自己摆在事情之外。（　　）
句子：

五、用指定的词语完成句子（6分）

1. 他最近学习进步很快，________________。（想必）
2. 每次一想起远在他乡的亲人，他________________。（伤感）
3. 我的朋友不喜欢那个地方，________________。（嫌）
4. 听完他说的话，大家________________。（不禁）
5. 她是一个很害羞的女孩，________________。（当众）
6. 这篇文章不太难，________________。（易于）

六、辨析词义，选择适当的词语填空（20分）

1. 方位/方向
(1) 请准确说出你现在所在的______。
(2) 向这个______一直往前走300米就到了。
2. 特别/特殊
(1) 对任何人都不应该搞______化。
(2) 我______不喜欢那种水果的味道。
(3) 为了解决这次突发事件，领导们召开了一次______会议。
(4) 这是遇到______情况的时候采取的一种紧急措施。
3. 储存/保存
(1) 这份文件很重要，你一定要把它________好。
(2) 那些酒已经在地窖里________了几十年了，味道特别好。
4. 突然/忽然
(1) 这一切发生得太______了，我怎么也无法接受。
(2) 这儿的天气说变就变，刚才天气还很好，________就下起雨来了。
(3) 他的女朋友昨天还跟他好好的，今天就说要跟他分手，让他觉得很______。

5. 不/没

(1) 他是个安分守己的人，从来______做违法乱纪的事情。

(2) 今天一整天都______看见他，______知道他去哪儿了。

(3) 朋友送的那种水果____好吃，我____喜欢吃。所以，放在那儿都半个月了，我一个也______吃。

(4) 小王：就你一个人吗？玲玲怎么____来？

小李：不是她____愿意来，是我____让她来。

七、给下面的复句填上表示递进关系的关联词（14分）

1. 这台电脑专家______修不好，我怎么会有办法！
2. 这些声音________显得喧闹，____显得胡同里更加安静了。
3. 那么高的山峰，鸟____飞不过去，______是人！
4. 有在一个胡同里一住住几十年的，______有住了几辈子的。
5. 这种方正________影响了北京的生活，________影响了北京人的思想。
6. ________在中国的朋友参加了他的婚礼，在国外的朋友________参加了他的婚礼。
7. 说话思路________混乱，________写论文？
8. 吃了那些药，她的身体________没好，________还增添了几样新病。

八、用可能补语完成下面的句子（8分）

1. 他的自尊心很强，轻易批评______。
2. 黑板上的字写得太小了，我看________。
3. 你说话的声音能大点儿吗？我这儿很吵，听______。
4. 那儿的东西很贵，我买______。
5. 农村的孩子常常因为家里交______学费而辍学。
6. 这儿饭菜虽然不好吃，但是，别人都吃____，我也吃____。
7. 东西都丢了这么多天了，肯定找______了。

九、用指定的词语造句（10分）

1. ……。有的……，如……。有的……，如……。有的……，如……。
2. ……，真有你的！
3. ……有……那么……
4. ……，门儿也没有！
5. 据说……

十、排序（6分）

1. A. 住在胡同里的居民大都安土重迁，不大愿意搬家　　（　　　　）

B. 胡同文化是一种封闭的文化

C. 甚至有住了几辈子的

D. 有在一个胡同一住住几十年的

2. A. 而有些胡同却很小，如耳朵眼胡同　（　　）

B. 胡同有的很宽阔，如东总布胡同、铁狮子胡同

C. 这些胡同两边大都是“宅门”

D. 到现在房屋都还挺整齐

3. A. 但这里没有车水马龙，总是安安静静的　（　　）

B. 它距离闹市很近，打个酱油，约二斤鸡蛋什么的，很方便

C. 胡同是贯通大街的网络

D. 所以又似很远

4. A. 有的地基柱甚至已经下沉，只有多半截还露在地面上　（　　）

B. 大部分民居的房屋都已经很残破

C. 除了少数“宅门”还在那里挺着

D. 北京的胡同在衰败，没落

5. A. 但是，这是无可奈何的事　（　　）

B. 在商品经济大潮的席卷之下，胡同和胡同文化总有一天会消失的

C. 不禁使人产生怀旧情绪，甚至有些伤感

D. 看着这些胡同的照片

6. A. 北京人爱瞧热闹，但是，不爱管闲事　（　　）

B. 北京是民主运动的策源地，民国以来，常有学生运动

C. 他们总是置身事外，冷眼旁观

D. 北京人管学生运动叫“闹学生”，学生示威游行叫“过学生”，这些都与他们无关

高级阶段的精读课课文往往很长，需要掌握的知识点较多，完成全部教学内容所需要花费的课时往往也较多，由于学习时间存在一定的跨度，学生学完后面的内容可能已经忘记了前面的内容。这位老师安排在学完一课之后进行一次测验，有利于让学生全面复习当课内容，这是很有必要的。如果是初级阶段，每课的教学内容都较少，内容也比较简单，就不宜设计这么细致的课后测试题了。

从题量上来看，这份测试卷题多量大，有利于全面复习当课教学内容，教师是根据学期课时总体安排分配两课时的考试时间，并依考试时间拟定相应题量的。从题型上来看，试题内容侧重对语言知识的考查，考查内容覆盖语音、汉字、词汇、语法、语篇等方面，各有侧重。第一题主要考查课文中出现的多音字，从音、形、义三个方面进行考查；第二题考查近义词；第三题考查学生对汉语中常用语素构词能力的掌握情况；第四题考查学生对汉语成语的理解与运用，成语往往蕴涵了丰富的文化知识，

是中高级阶段学生学习词汇时需要重点学习的内容；第五题考查学生对重点词语的用法是否掌握；第六题考查学生辨析近义词的能力；第七、第八题考查的是本课的语法点，一个是递进复句，一个是可能补语；第九题考查课文中出现的一些常用结构；第十题考查学生对课文的熟悉度以及学生的语篇能力。

2. 单元测试

单元测试是在一个单元学习完之后进行的测试，主要考查该单元的总体学习情况，在命题时要注意根据教材编写的特点考查该单元的重点与难点。单元测试的内容往往也只有3~5课的教学内容，因此，语言知识的考查点相较于期末测试而言，也细致得多。

单元测试根据需要可以安排作文题，也可以不安排作文题。如果教材采用的是单元结构式编排方式，同一单元为同一种文体，那么，单元测试中就需要安排文体写作的题型；如果教材不突出文体内容，测试时间又有限，则可以不设置作文题。

下面是一份中级（下）水平学生的精读课单元测试试卷，测试内容为北京语言大学出版社的《桥梁——实用汉语中级教程》（下）第16~19课。

2006—2007学年第二学期第一单元测验试卷

一、给下面的多音字注音、组词（10分）

分{（　　）________ （　　）________　　落{（　　）________ （　　）________　　转{（　　）________ （　　）________

似{（　　）________ （　　）________　　奔{（　　）________ （　　）________

二、填写量词（10分）

三____猩猩　一____博物馆　一____界线　六____寓言　两____飞船

一____降落伞　七____学者　一____保险　一____眉毛　一____教案

三、按要求填写词语（12分）

（一）给下列词语搭配一个宾语

折磨________　排除________　把握________　征服________

（二）给下列词语搭配一个补语

维持________　公布________　安装________　狡猾________

（三）给下列词语搭配一个状语

________公平　________挑选　________震惊　________估计

四、完成下面的成语，用合适的成语完成句子，并任选5个造句（15分）

无济____　热泪________　如____如____　泣不________　三____五____

____见山　____三____四　怒不________　提____吊____　奉____守____

1. ________的语调，饱含了科马洛夫对妻子的爱，对生活的爱，屏幕前的人全落泪了。

2. 大家都被他的话感动得__________。
3. 最近她为什么总是__________的？她以前可不是这样的。
4. 事情都已经这样了，你再怎么批评他也__________。算了吧。
5. 公司__________，上班时间不许在QQ上聊天，可有些员工就是忍不住。

句子：
1.
2.
3.
4.
5.

五、用指定的词语完成句子（12分）

1. 他最近__________________________，所以，学习进步得很快。（争分夺秒）
2. 放心吧，我们一定会__________________________。（圆满）
3. 我的朋友不喜欢那个地方，__________________________。（恐怖）
4. 听完他说的话，大家__________________________。（不禁）
5. 她是一个很害羞的女孩，__________________________。（当众）
6. 虽然这篇文章不太难，__________________________。（无法）

六、辨析词义，选择适当的词语填空（13分）

1. 面对/面临
(1) 做人要敢于________现实，努力克服目前暂时的困难。
(2) 不少野生动物正________着灭绝的危险。
2. 从/从来
(1) 他________不说谎。
(2) 我________都很喜欢那种水果的味道。
3. 何苦/何必
(1) 既然坐火车去又方便又便宜，________坐飞机呢？
(2) 把孩子丈夫丢在家里，一个人到国外去，你这是________呢？
4. 赶紧/赶忙
(1) ________跑，要不就迟到了。
(2) 一回到家我就________打开火做饭。
(3) 我们________出发吧，不要再等他了。
5. 万万/千万
(1) 他________没想到的是，自己心爱的孩子竟然不是自己亲生的。
(2) 过马路时________要小心。
6. 据说/听说

（1）我__________他已经结婚了。

（2）______《广州日报》上的一篇文章________，天天喝汤其实对身体并不好。

七、模仿造句（10分）

1. 世界上最残酷的事莫过于满头白发的母亲亲眼看着自己的儿子死去。

世界上最______的事莫过于____。

2. 她有太多的话要说，却不知先说什么好。

________有太多的____要____，却不知先________什么好。

3. 工人们越骂话越难听了。

________越________ ________越________了。

4. 不瞒你们说，我也买了今天的球票。

不瞒________说，我也___________________。

5. 除非大家都来，才有可能问清楚，否则没有办法解决。

除非________________，才______________，否则________________。

八、选择最恰当的词语完成短文（10分）

全国上下__1__被这个消息震惊了，沉浸在巨大的悲痛__2__的亿万颗心，无不关注着科马洛夫，关注着他的亲人。指挥中心的工作人员__3__是珍惜这剩下的两个小时，他们把科马洛夫的亲人请到指挥台，让他们在最后的两个时__4__和屏幕上的科马洛夫在一起。

1. A. 都　　B. 全部　　C. 完全　　（　　）
2. A. 之中　　B. 之内　　C. 里面　　（　　）
3. A. 甚至　　B. 更　　C. 更加　　（　　）
4. A. 之中　　B. 之内　　C. 里　　（　　）

乔光朴站起身去拿暖瓶，想给自己倒杯水，顺便__5__窗外望了一眼，手立刻停住了。他的眼里射出__6__的光，透过玻璃窗看见厂区中央大道上__7__有人提前下班。他看看表，离下班时间__8__有二十分钟。他曾下决心整顿过劳动纪律，上下班时间也曾派劳资科的人在大门口检查过。每逢有人检查的时候，很少有迟到早退的人，一不检查就__9__有早走的人，__10__都是带孩子的女工。

5. A. 透过　　B. 向　　C. 朝着　　（　　）
6. A. 严格　　B. 严肃　　C. 严厉　　（　　）
7. A. 又　　B. 也　　C. 还　　（　　）
8. A. 只　　B. 还　　C. 才　　（　　）
9. A. 准　　B. 当然　　C. 可能　　（　　）
10. A. 也　　B. 而且　　C. 还　　（　　）

九、排序并加上恰当的标点符号（8 分）

1. A. 汽车一辆接一辆地开来　　（　　　　　）
   B. 几个车门同时打开
   C. 有时两三辆一块开来
   D. 班车站一片大乱
   E. 连队也无法排了
2. A. 几亿人的心不由地加剧了跳动　　（　　　　　）
   B. 而被全国关注的科马洛夫
   C. 时间一分一秒地过去了
   D. 却目光镇静，就像坐在办公室里正常工作一样
   E. 科马洛夫的生命也在分分秒秒中消失
   F. 神情是那样认真，态度是那样从容
3. A. 人们都知道　　（　　　　　）
   B. 人和黑猩猩的遗传基因只有 1.6% 的差别
   C. 但黑猩猩和大猩猩的差别却达 2.1%
   D. 五百万年前，我们和黑猩猩是一家人，祖先是共同的
   E. 今后现代人肯定会被划入黑猩猩类
   F. 因此，许多科学家目前深信
4. A. 伊里奇教授虽然生活上粗心大意　　（　　　　　）
   B. 他的授课方法很灵活
   C. 但讲课却非常认真、吸引人
   D. 经常把下一课该讲的题目先让学生回去看书查资料备课
   E. 其他同学则负责挑毛病
   F. 然后由几个学生讲课

根据教学计划，这位教师一学期要完成 15 课的教学内容，教学时间不允许每节课后都安排一次独立测试，于是，该教师采用了每五课为一个学习段、每个学习段测验一次的方式，以有效巩固每个阶段所学的内容。

从试卷内容来看，这份单元测试卷的题型很丰富，题量也较大，基本覆盖了前五课所学知识的要点。第一题主要测试各课中出现的多音字；第二题测试学生对名量搭配的掌握情况，量词是汉语语法的特点之一，名量搭配是名词、量词讲解的要点，教师通过专门的试题强调名量搭配的重要性；第三题考查学生的词语搭配能力，考查对汉语语法成分搭配规律的掌握情况，这是针对成年学生的教学，因此，涉及语法规则的认识；第四题考查对成语的掌握情况；第五题考查每课的重点词语；第六题是辨析近义词；第七题考查课文中出现的一些常用结构；第八、第九题考查学生对课文的熟

悉度及语篇能力。这份试卷也是以测试语言知识为主，体现了单元测试的特点。

3. 期中与期末测试

期中与期末测试的教学时间跨度较课后测试和单元测试要大，测试内容的覆盖范围更广，题型更丰富，题量更大，考查的主要是各课的教学重点与难点。测试时间通常是教学管理部门统一安排的专门时间。期中测试的意图在于检测上半学期的教学情况，期末测试则在于检测整一学期的教学情况，以便于师生双方了解学习效果，查漏补缺，为下一阶段的学习提供参考。

下面是一份初级汉语水平的精读课期末考试试卷，测试内容为北京语言大学出版社对外汉语本科系列教材《汉语教程》（第一册上下、第二册上）。

2007—2008 学年第一学期期末考试试卷

一、给下面画线的词语写上拼音（10 分）

1. 糟糕（　　　　），我忘记带作业本了。
2. 这几年，广州增加（　　　　）了不少新建筑（　　　　）。
3. 这种药的效果（　　　　）很好。
4. 今天我要去办一下签证（　　　　）。
5. 他打算毕业以后当翻译（　　　　）。
6. 房间太亮了，拉上窗帘（　　　　）吧。
7. 朋友们都出去了，我一个人在宿舍，觉得很寂寞（　　　　）。
8. 这几天，同学们经常在一起谈论（　　　　）出去旅游的事情。
9. 你要纪念邮票还是要普通（　　　　）邮票？

二、给下面的多音字注音并组词（10 分）

教 {（　　）______ /（　　）______　　还 {（　　）______ /（　　）______　　当 {（　　）______ /（　　）______

差 {（　　）______ /（　　）______　　数 {（　　）______ /（　　）______

三、用下面的偏旁各写两个字并组词（10 分）

例：车：__较__（比较）　__辆__（车辆）

冫：______（　　）　______（　　）

亻：______（　　）　______（　　）

心：______（　　）　______（　　）

宀：______（　　）　______（　　）

目：______（　　）　______（　　）

四、按要求写出下列字的笔画（5 分）

（1）“革”的第二画是（　　）　　（2）“重”的第七画是（　　）

(3)“级”的第四画是（　　）

(4)“为”的第一画是（　　）

(5)“毕”的第三画是（　　）

(6)“年”的第四画是（　　）

(7)“卧”的第六画是（　　）

(8)“寄”的第十一画是（　　）

(9)“房”的第八画是（　　）

(10)“惯”的第六画是（　　）

五、填写量词（10 分）

1. 教室里有三________灯。
2. 昨天我给妈妈写了一________信。
3. 学校附近有一________河，还有一________山，环境很好。
4. 老师让我们在十分钟内填两________表。
5. 我们一起去书店，好吗？我想买一________字典。
6. 这________事很重要，你一定要做好。
7. 餐厅旁边有一______红色的高楼，那是我们的图书馆。
8. 这个学期我们一共有四________课：综合课、听力课、说话课和汉字课。
9. 我昨天一天没吃饭，今天很饿，中午我吃了一______面条、一______面包，还喝了一______牛奶。
10. 刚才我去市场买了两________葡萄。

六、写出下列词语的反义词（5 分）

例：多——少

暖和——　　　输——　　　远——

贵——　　　慢——　　　矮——

热——　　　干净——　　　饿——

深——

七、用括号里的词语写句子（10 分）

例：那儿的东西很便宜。

　　那儿的东西不好吃。（虽然……但是……）

　　句子：那儿的东西<u>虽然很便宜，但是不好吃</u>。

1. 小张 1 分钟写 24 个字，小李 1 分钟写 10 个字。（比）

句子：小张比小李________________________。

2. 现在已经早上七点五十分了。（都……了，该……了）

句子：________________，你________________。

3. 很多运动我都喜欢，________________________。（像……什么的）

4. 王老师教我们语法和阅读。（用 3 种不同的方法提问）

句子：____？

____？

____？

5. 他喜欢学汉语，他弟弟喜欢学汉语。(不但……而且……)

句子：____。

八、选择题（10分）

1. 北京A一年四季天气B很好，C是D秋天。

(尤其：　　　)(都：　　　)

2. 他A篮球打B很好，这次比赛C他D又E了第一名F。

(得 de：　　　)(得 dé：　　　)

3. 玛丽很喜欢京剧，罗小玉比玛丽______喜欢。 (　　　)

A. 更　　B. 最　　C. 真　　D. 多

4. 小王：你喜欢民歌？你不喜欢流行歌曲吗？我觉得有些流行歌曲比民歌好听。

小李：我________觉得民歌好听。你听咱们的民歌，“在那遥远的地方，……”，多好听啊！ (　　　)

A. 很　　B. 不　　C. 还是　　D. 只是

5. 田中__①__骑自行车，但是，今天他的腿很疼，不__②__跟我们一起骑车去白云山了。 (①　　②　　)

A. 会　　B. 能　　C. 行　　D. 应该

6. 玛丽：你________田芳了没有？ (　　　)

罗小玉：她在球场________比赛呢。 (　　　)

A. 看　　B. 听　　C. 看见　　D. 听见

7. 她晚上____在宿舍学习，从来不去图书馆看书。 (　　　)

A. 常　　B. 总　　C. 经常　　D. 很少

九、模仿造句（10分）

1. A：这套房子怎么样？

B：我看了看，客厅、卧室还可以，就是厨房和卫生间有点儿小。

A：________________怎么样？

B：我______了______，____________________，就是__________________。

2. A：星期六你常做什么？

B：有时候在宿舍休息，有时候跟朋友一起出去玩玩儿。

A：__________________________？

B：有时候____________________，有时候____________________。

3. 我的房间里有一张床、一张桌子、两把椅子，还有一个书架和一个衣柜。

________有____________________，还有____________________。

4. A：这个箱子很重，那个很轻。你的呢？

B：我的都很重。

A：________________，你的呢？

B：______都______。

5. A：这件衣服太肥了，有没有瘦一点儿的？

B：你看这件怎么样？

A：______________，______________？

B：你看______怎么样？

十、选词填空（10 分）

1. 就　　才　　都

（1）你怎么现在______来？我们等了你一个多小时了。

（2）他平常五点钟______回来了，现在______八点多了，他还没回来。我打电话给他，但一直打不通，真急人！

2. 再　　又

（1）我感冒了，昨天去医院打了一针，今天______打了一针，医生说明天还要____打一针。

（2）今天下班以后，我______去看昨天那套房子了。房主说，要是我满意的话，房租还可以______商量。

3. 次　　遍　　趟

（1）这部电影，我已经看了三______了，但是，一______也没看完。

（2）“下课后，请你来办公室一______。”这句话老师又说了一______。

4. 的　　地　　得

（1）这是我昨天去市场买______水果。你尝尝看，味道怎么样？

（2）他______汉字写______很好，也写______很快。

（3）同学们都很努力______学习，所以都学______很好。

5. 快要　　就要

（1）______放寒假了，我们很快______考试了。

（2）快走吧，电影马上______开始了。

十一、改错句（5 分）

1. 姐姐下个月快要结婚。

2. 这件衣服跟那件衣服一样颜色。

3. 我明天没去大使馆了，我要去机场接一个朋友。

4. 这次考试的题目我都做完，但是，做两道题错。

5. 我们那儿的冬天比这儿一样冷。

十二、阅读与写作。先请大家阅读下面的文章，读完后做题目。然后再模仿这篇文章写一篇作文（10分）

1. 阅读（5分）

北京的四季

中国的首都——北京，跟中国大部分地区一样，一年有四个季节：春、夏、秋、冬。从三月到五月是春季，六月到八月是夏季，九月到十一月是秋季，十二月到第二年的二月是冬季。

春天来了，树绿了，花开了，天气暖和了。人们脱下冬衣，换上春装。姑娘和小伙子们打扮得漂漂亮亮的，他们在湖上划船，在花前照相，公园里到处都是年轻人的歌声和笑声。北海、颐和园、长城、十三陵……到处都可以看到旅游的人。

夏天来了，天气热了。人们常常去游泳。吃完晚饭，工作了一天的人们喜欢到外边散步、聊天。马路上、公园里都有散步的人。他们一边走一边聊，显得愉快而轻松。

北京的冬天比较冷，但是，屋子里开了暖气，比外边暖和多了。到了冬天，北京人喜欢吃火锅，一家几口人或三五个朋友，高高兴兴地坐在火锅旁边，一边吃，一边聊，非常愉快。

北京的冬天不常下雪，但是，要是下了雪，人们就会像过节一样高兴。很多人会带上照相机去外边照相。孩子们在雪地里堆雪人、打雪仗，小脸和小手冻得红红的。但他们玩得很高兴，一点儿也不觉得冷。

现在是北京的秋天了，这是一年中最好的季节。天气不冷也不热，雨没有春天那么多，风也没有冬天那么大。大街上到处都是鲜花，到处都是瓜果。到了周末，人们都喜欢到郊外去玩，那满山的红叶是北京最美丽的景色。爬香山、看红叶，是北京人最喜爱的活动。秋天的节日有中秋节、重阳节。中秋节是中国人家家团圆的节日；重阳节这一天，很多人尤其是老人，都愿意去登高望远看秋景。

读文章，判断下面的句子对不对。

（1）北京一年中最好的季节是春天。（　　）

（2）北京夏天常常下雨。（　　）

（3）北京人喜欢下雪，但是，北京冬天不常下雪。（　　）

（4）从一月到三月是春季。（　　）

（5）爬香山、看红叶是北京人春天最喜欢的活动。（　　）

2. 写作（5分）

题目：……的季节

要求：（1）跟广州的季节和气候比较，写出不同的地方。

（2）至少写10个句子，不少于100个字。

（3）要用到下面的句型：

有/没有……这么……　　跟……一样/不一样　　……比/不比……

期末测试的内容要覆盖一个学期所学的全部内容，考查范围广，出题时应尽量注意每课内容在试卷中所占比重要均衡，出题后要仔细检查每题考查内容在各课的分布情况，避免偏重某几课而另几课则完全未考查到的情况；同时，要兼顾语言知识与技能两个方面。从试题内容来看，上面这套试卷的第一题考查对教材中生词读音的掌握情况，看形知音；第二题考查多音字，包括多音字的读音及意义；第三题考查对教材所学重点汉字偏旁构字能力的掌握情况；第四题考查汉字书写时的易错笔画；第五题考查名量搭配的掌握情况；第六题考查反义词；第七、第八题考查对主要语法点的掌握情况；第九题考查用指定的结构形式进行对话的能力；第十题是对易混语法点的辨析；第十一题改错则是对学生综合语言能力的考查；第十二题着重考查学生的阅读与写作能力。这套试卷既有对语言知识的测试，也有对语言技能的考查，考查范围基本覆盖到了一学期所学的每一课，各课涉及分值比例较为恰当；但对语言技能考查的分值比例偏小，阅读与写作仅占了卷面分数的10%。

第四节　华文测试成绩评定与质量分析

一、华文测试成绩评定

1. 成绩评定的方法

华文测试的结果一般以成绩来体现。常用的表示成绩的方法有计分制和等级制。计分制通常以100分为满分，60分以上为及格，60分以下为不及格。等级制不计算具体分数，而是根据整体情况给测试对象一个等级评定，如优、良、中、差或A^+、A^-、B^+、B^-、C^+、C^-等都是常见的等级表示法。

2. 成绩评定的原则

成绩评定对教师和学生都会形成一定的影响，因此，教师在评定成绩时，应做到以下几点：

（1）态度认真、严肃、公平、客观。

（2）对主观性试题的评分应制定一个相应的可执行的标准，使不同教师采用接近的评判标准评分，尽量减少评判的主观性。

（3）对平行班可采用交叉集体阅卷的形式，每个老师分别指定阅几道题，以保证对同一道题的标准统一。

（4）统分要细致，统分之后应复核一次，保证分数准确无误。

二、华文测试成绩的质量分析

测试成绩确定后，教师应及时对测试的情况进行相关分析，以使测试更好地为教学服务。一般来说，教师应做好以下几方面的工作：

1. 量的分析

①统计本班学生的平均成绩，统计各分数段或各等级学生的数量及百分比。

②统计每道题学生答题情况正误或好坏的数量及百分比。

③将本班学生成绩与平行班的学生的成绩进行对比，找出差距。

④将每个学生当次测试的成绩与前一次测试的成绩对比，确定进步或退步的幅度。

⑤将本次考试学生的成绩与往年的其他学生的成绩进行量的对比。

2. 质的分析

（1）分析量化分析①的情况，确定本次测试命题的难易程度是否适中。如果学生的成绩整体上偏高，则说明命题偏易；如果学生的成绩整体偏低，则说明试题偏难；如果各分数段的学生比例与老师平时对学生学习情况的了解基本一致，则说明试题难度比较适当。

（2）分析量化分析②的数据，确定学生对每个知识点掌握的情况，找出学生存在问题较多的知识点，以便教师及时辅导学生。

（3）分析量化分析③的数据，确定本班学生学习情况在年级中处于什么位置，从而作为判断自己教学效果的依据之一。

（4）分析量化分析④的数据，确定每个学生自身有无变化，对进步了的学生要及时给予表扬，而对退步了的学生，教师应注意观察，找出学生退步的原因，并给予相应的辅导，使学生能尽快调整学习态度，提高学习效率。

（5）分析量化分析⑤的数据，可以发现教学效果的变化情况。如果这一届学生的成绩比上一届普遍提高了，就说明教学质量提高了；如果这一届学生的成绩比上一届普遍降低了，就说明教学质量可能降低了。这一分析对于教师对比不同教学方法的教学效果有很大的参考价值。

最后，在质量分析的基础上，撰写综合、全面的测试总体情况说明。

第十二章　华文教师

第一节　华文教师的地位与作用

一、华文教师的地位

华文教育是关于文化和语言的教育。在华文教育的各要素中，教师直接作用于学生，其地位是关键的。在文化的教学中，教师是中华文化的传播者、代言人，是学生面对的第一本最生动的教材，是他们认识和了解中国文化的第一扇窗口；而在语言的教学中，教师的讲解和示范又是最基本的。

华文教师是华文教学活动的主导者。在教学活动中，学生是主体，教师则处于主导地位。华文教师的知识水平和教学方法，极大地影响着学生对华语及中华文化学习的情感、信心和效果。教师既不能喧宾夺主，也不能无所作为。在很长一段时期的教学中，教师处于主体地位，学生往往是被动的，这样的课堂看起来井井有条，实际上却死气沉沉，影响到师生的课堂交流，最终结果就是抹杀了学生的个性和学习兴趣。在个性和创造力极其重要的今天，这种教学方式越来越受到学生的排斥。因此，教师必须改变过去"填鸭式"的做法，把主体地位还给学生，给学生思考的时间和空间，并充分尊重学生的个性，以求培养出有思想、有创造力的学生。教师退出课堂的主体地位，并不意味着无所作为；相反，还必须强化教师的主导地位，在充分了解学生和尊重学生的基础上来引导他们的学习和成长，这是对教师提出的更高要求。教师不能迷失自我，不能茫然地被学生牵着鼻子走；相反，更应充满自信地走在学生前面，激发学生兴趣，引导学生学习，使教学活动真正成为一个和谐互动的过程。

总的来说，随着中国政治和经济地位的巩固与提高，华语在世界的影响力越来越显著，世界各地学习华文的人越来越多，对华文教师的需求和关注也在增加。但不尽如人意之处仍客观存在着，我们应该看到，在现今这个时代，在大多数国家，华文教师的地位和收入并不尽如人意。很多国家或地区的华文教师在私立学校或补习学校从事华文教学工作，有的则从事私人补习性质的授课，他们普遍收入不高，福利待遇不稳定，而且相比当地其他课程的教师，往往不受重视。华文教师的地位是随着当地政府华文教育政策的变动而变化的。在以往华文教育被忽视甚至被完全禁止的年代，华文教师没有社会地位可言，但是，即便在那样的年代，很多华文教师也仍然凭着对华文教育事业的满腔热情，凭着自己的勇气和智慧，坚持不懈地开展华文教学工作，赢得了学生和华人社会的尊敬与爱戴。

二、华文教师的作用

教师的人格魅力是学生的榜样，可以影响学生的一生。在网络时代，教师并不是学生获得知识的唯一途径，但是，教师通过自身人格留给学生的印象却是无可替代的，让学生终生受益。

很多人在长大成人后甚至到了老年的时候，往往还记得青少年时期在人格和思想上对自己影响最深的老师。在海外青少年中进行的华文教育，文化教育是其中重要的组成部分。在有关文化的教学中，情感是非常重要的因素。教师对中国文化的态度和情感，直接影响着学生对中国文化的情感和接受程度。如果教师对所教授的中华文化没有深厚的感情，那么，其在课堂上的言传身教也一定是单薄无力的，对学生没有吸引力，甚至会引起学生的反感；但是，如果教师本身就热爱中华文化，那么，他在讲授的过程中，必定会以自身的魅力感染学生，课堂也就会充满张力。

教师还是班级产生凝聚力的核心人物。教师以自身的地位、人格魅力和工作方法树立威信，使班级成为一个有凝聚力的集体，成为一个有灵魂、有情感的组织。这样的组织能力对于课堂的组织协调、学生的配合、师生成功的互动、教学活动的顺利开展都是极其重要的。

教师是学生获取知识的主要来源之一。“师者，所以传道、授业、解惑也。”尽管在各类信息飞速传播的今天，学生获取知识的途径越来越多，但教师仍然是其中一条重要的途径。特别是在语言学习的过程中，教师对语音、词汇、语法等语言知识的课堂展示是最生动的，也是最有针对性的，而书本、网络等知识来源在这方面显然不能和教师相比。

教师是学生学习方法的引导者。在学生的学习过程中，教师除了要直接向学生传授知识以外，更重要的是要教会学生各种获取知识的方法，肩负着指导学生寻找知识水源和开启知识水源的责任。“授之以鱼”，也要“授之以渔”，教师要全面观察和监测学生的学习活动，并及时引导和纠正。在学习中华文化的过程中，教师要引导学生了解并理解中国文化，进而尊重并热爱中国文化；在学习华文时，教师要及时给学生传授语言学习的方法，帮助学生获得自学的技巧和能力。

第二节　华文教师的素质

一、华文教师的思想素质

华文教师要有爱心和奉献精神。教师的工作是平凡的，但绝不是平庸的，而是伟大的。爱心和奉献精神是对教师的基本素质的要求，但对华文教师来说，尤其如此。华文教师的爱心主要体现在对中华语言文化的热爱和对学生的热爱上。

华文教育事业是传承中华文化的事业，教师自身首先要了解、尊重、认同并且热爱中华文化。语言是文化的载体和重要的传播工具，语言学习者的学习态度和学习效果很大程度上取决于对该种语言所传达的文化的态度，因此，华文教师要帮助学生客观地看待并评价中华文化，消除可能存在的误解，最终达到热爱中华文化的目的。生活在海外的第二、第三代，甚至更多代的华裔青少年由于生活环境等因素的影响，有些已经完全不接触中华文化，存在一些误解，个别甚至有抵制情绪。华文教师是海外华文学习者接触和了解中华文化最重要的一扇窗口，学生往往是最先通过华文教师接触中华文化。如果一个华文教师本身热爱中华文化，那么，他的这种情感就会自然地溢于言表，他对于中国的大好河山，对于中华民族的优秀品质，对于古老、独特、深沉的传统中华文化的讲解就会饱含深情。而当一位华文教师在华文教学中把以上内容像陈列自家收藏的宝贝一样呈现给学生时，无疑将会从内心深处感染和打动学生。在东方文化进入全世界视野的今天，华文教师对祖（籍）国文化的态度导向在学生身上的影响作用是巨大的，教师的世界观、人生观、价值观，教师的一言一行都将对学生产生全方位的影响，从而影响海外华侨华人子女的精神和价值取向。

华文教师的爱心还体现在对学生的态度上。学生其实是非常敏感的，教师的一言一行都可能对学生产生深刻的影响。教师一句肯定的话语、一丝鼓励的眼神、一个关切的表情都会被学生敏锐地捕捉到，并将其转化为对教师的配合，转化为学习的动力，转化为对学习的热情；相反，教师一个不耐烦的语气、一丝不经意流露出来的厌烦情绪，都会伤害华文学习者特别是少年儿童的自尊，打击他们的自信，进而对学习产生畏难或厌烦的情绪，甚至是抵抗的情绪。此外，华文教师的爱心也是中华文化中“仁爱”的传统美德的实际表现，是中华文化教育的内容之一。通过华文教师自身的爱心来表现中华文化中“仁爱”的特质，这比任何一部教科书的安排与设计都要生动。

海外华文教师还要有奉献精神。人们长期以来把教师比作“蜡烛”、“春蚕”、“园丁”，这些比喻无论在怎样的时代都不会过时，而在华文教育领域更是如此。世界各地的华文教育情况复杂多样，很多国家开展华文教育都经历过诸多艰难的历程，以后华文教育也可能面临更多的、更深层次的困难，但广大华文教育工作者始终在不屈不挠地开展着华文教学工作，这需要极大的奉献精神，也需要坚强毅力的支撑。海外华文教师的社会地位低，劳动强度大，工资收入低，但众多的华文教师仍然年复一年地在华文教育的岗位上默默耕耘着，“他们不计报酬，安于清贫，爱岗敬业，无怨无悔，成为海外华文教师的楷模。在海外华文教师中间提倡这样的奉献精神是十分重要的”①。

二、华文教师的人格魅力

华文教师要树立自己的人格魅力。现在的青少年生活在一个崇拜偶像又崇尚自我的年代。他们鄙视千篇一律，崇尚个性和自我，如果只会照本宣科地教学生，学生很难有学习积极性；现在的学生崇拜偶像，用偶像作代言的产品、文化都以极快的速度传播着，既然如此，教师为什么不能成为中华文化的代言偶像呢？

每个教师都有自己的风格。教师的风格是多种多样的：可以是慈爱的母亲型，也可以是威严的父亲型；可以是无话不说的知己型，也可以是友好相处的同伴型。当然，如果能把各种类型的优点和谐地集于一身，则为成为一个成功的华文教师打下了最好的基础。教师首先要是一个优秀的、拥有优良品质和人格魅力的人，这样的人才能为人师表。试想如果一位华文教师在学生眼中的形象是刻板老套、思想陈旧、枯燥乏味等，那他怎么能团结学生，带领学生完成学习目标呢？教师要树立自己的人格魅力，可以从以下几个方面要求自己。

（一）提升外部形象气质

一个衣冠不整、精神萎靡、举手投足粗俗的教师很难形成对学生的“向师力”，甚至会成为学生嘲笑捉弄的对象，使自己陷入尴尬的境地。笔者曾经口头调查过一些青少年学生，问他们以后愿意不愿意当老师，得到的回答很多都是否定的。原因当然有很多，其中之一就是他们认为教师是思想上教条刻板、形象上土气落伍的不成功的人。当然，在有些国家和地区，教师也注意打扮自己，力争使自己成为学校里一道亮丽的风景。教师只有让自己成为学生心目中美丽的人、优秀的人、成功的人，才能受到学生的尊重和敬仰。因此，教师的衣着应该整洁大方，言谈举止应该体现教师应有的品位。“相由心生”，整洁大方的外表使人看起来赏心悦目，愿意接近，既可以增加自信，也可以为别人带来好心情，为进一步的沟通交流打下了基础。

中华文化源远流长、博大精深，有或清丽或磅礴的诗词歌赋，有曲折离奇的历史、故事，也有无数优美的传说、轶事。华文教师浸淫于其中，如能用心体会，深刻领会其内涵，也会“腹有诗书气自华”，气质不俗。华文教师不需要漂亮、帅气，可

---

① 金宁、顾圣皓：《论海外华文教师的基本素质》，《华侨大学学报》（哲学社会科学版），2000 年第 3 期。

是，应该要有良好的气质修养，努力成为学生心目中的“中华语言文化形象代言人”。

（二）保持一颗年轻的心

华文教师面对的教学对象往往是儿童和青少年，在年龄和思想意识上和他们会有差距，这就要求华文教师要时刻关注学生关心的话题，了解青少年追随的时尚，并勇于接受新鲜事物。华文教师要了解学生在新时代里新的世界观、价值观，不要盲目批判和抵制，这样才能走进他们的内心世界，与他们成功地对话，给予引导使学生心悦诚服，从而树立威信。这有助于华文教师保持年轻的心态，成为学生值得信赖的朋友，建立起亦师亦友的良好师生关系。

当然，在信息时代，各种新事物层出不穷、日新月异，工作生活繁忙的教师可能难以全部了解时下的所有新潮流，但这并不是问题。重要的是，华文教师要对新事物、新观念保持一颗开放的心，愿意去了解、学习，让学生感觉老师不是古板的、难沟通的“上一代人”。教师保持“活到老，学到老”的信念，会对学生产生积极向上的感染力，成为学生的良好榜样。

（三）始终保持自信

自卑、恐惧心理是人际交往中的最大障碍，它会影响到人的表达与沟通。在华文教学中，它会影响教师威信的树立，影响学生的情绪，进而影响教学效果。华文新教师在走上讲台之前，首先要克服的就是自卑、恐惧的心理。当然，自信的前提是教师自身要有渊博的知识，备课要充分。只有这样，教师才能在走进教室的那一刻向学生展现自信的微笑。

华文教师培养自信有很多办法，比如，多练习正视别人，挺起胸膛走路，讲话时让自己的发音更清晰洪亮等。但最重要的是，要知道自信来自自己而不是别人。华文教师应通过自我分析以及和朋友同事的沟通，来更准确地了解自己，清楚自己的优缺点，建立一个清晰的自我形象，从而使举止言谈更加自信。同时，对华文教师来说，也要做到把自己和学生放在平等的地位，既不能把他们当成“裁判”，也不能把自己看得高高在上。有了这种平等的心态，不管是课堂上还是课下，教师和学生的交流都会更自然、和谐，也有助于华文教师自信心的建立与强化。

（四）保持乐观、幽默

快乐的人到哪儿都受欢迎，因为人人都想快乐，而快乐会传染。幽默是开启心胸的钥匙，有助于打开自己和他人的心灵之门，让大家以更宽广的心胸和乐观的态度对待人和事。在海外，很多人想当然地认为中国人刻板内向，缺乏幽默感。华文教师如果能通过自己的言谈举止和教学活动，把中华文化充满智慧、乐观幽默的一面展现给学生，那么，其教学活动必定会非常成功。乐观幽默的教师较一般的教师更受学生的欢迎，这样的教师带给学生的不仅仅是知识，更是一段愉快的成长经历。特别是对青少年学生来说，教师给他们营造轻松愉快的学习氛围，不仅能帮助他们的心理健康地成长，还能使他们的注意力集中在课堂上，消除疲劳感和紧张心理，增强学习效果，而教师本身也将会享受这种和谐愉快的交流过程。

华文教学的对象常常是活泼好动的青少年，教学内容往往生动有趣，教学形式也丰富多样。华文教师在教学中要充分利用这些特点，适时地把一些小幽默、小故事、小笑话放进课堂教学中。当然，这对很多人来说都不是一件容易的事。一个“笨办法”就是平时积累一些有趣的资料，提前准备好。当一次又一次的“笑果”实现以后，华文教师的乐观和幽默度也会不断得到提高。

（五）培养公正、坦诚、耐心、宽容、善解人意的良好性格

研究表明，在智力正常的学生中，成绩优秀的学生常常是在情感上对教师接受程度高的学生，是与教师关系融洽的学生。反过来说，当师生关系融洽的时候，学生的学习兴趣会更浓厚，学习效果会更理想。而公正、坦诚、耐心、宽容、善解人意等性格特征则有助于建立和谐的师生关系，提高学生学习华文的积极性。教师面对的教学对象在智力、品行、性格上可能差异巨大，华文教师个人对学生有所喜好，这很正常。可是，从职业要求和道德规范上说，华文教师不应该凭自己的喜好区别对待学生，他对学生的要求和爱心必须是平等的。对一些调皮的、接受速度慢的学生，教师反而应该花费更多的时间、精力和耐心去了解他们，帮助他们。

（六）增加自身的社会经验

广博的知识和丰富的社会经验，是教师魅力的源泉。在现代社会中，学生获取知识的渠道越来越多，各类媒体、读物、互联网等都给他们提供了丰富的信息来源，在许多方面，如现代科技、体育、文艺、时尚潮流等，学生的知识甚至会超过教师。这对华文教师来说是一个很大的挑战。教师要时刻注意吸收更广泛、更高层次的知识，充实自身的知识体系，提升自己的人格魅力。

三、华文教师的业务素质

有人认为，只要会说华文就可以做合格的华文教师，这种看法是非常片面的。一个合格的华文教师，其对业务素质的要求是多方面的，从知识结构到工作能力各方面都有着严格的要求。华文教师的业务素质是一个完整的体系，这个体系主要由以下几部分构成。

（一）华文教师的知识结构

1. 华文教师应具备扎实全面的汉语言知识

汉语言知识包括汉字、语音、词汇、语法、修辞知识等。掌握全面扎实的汉语言知识是对华文教师知识结构最基本的要求。鉴于华文教育的特殊性，海外华文教师除了具备现代汉语知识外，最好还能写简识繁或者写繁识简，并会说广东话或者闽南语，能将汉语和当地语言进行对比。

2. 华文教师应具备中华文化的知识

文化教学是华文教育的一个重要方面。中华文化博大精深、源远流长，是中华五千年文明历程的积淀和结晶，是海外华侨华人情感交流的纽带，是华侨华人保持其民族特性的根基。华文教师要了解中华民族基本的哲学、宗教、地理、历史、文学知识，有了这些知识，才能真正理解中国人的心理，才能理解中国社会的现状，从而为中华民族的灿烂文明而骄傲。随着东西方文化交流的日益频繁，中华文化也越来越受到世界的关注，中国的服饰文化、饮食文化、茶文化、酒文化、婚嫁文化、节庆文化等都已经走出国门，走向世界，在世界舞台上展现着独特的魅力；许多世界知名的时尚品牌都已经吸收了中国文化的元素；中国的歌舞、音乐也在西方的现代演出市场中放射出越来越灿烂的光芒；中国的传统故事已经被美国的卡通片吸收为题材，在全世界广泛传播。总之，来自全世界的目光前所未有地关注着这个来自东方国度古老、神秘、优美的文化。华文教师具备了一定的中华文化知识，才能更好地展示华文魅力，更有效地驾驭华文课堂。

3. 华文教师应具备语言教学的理论知识

语言教学的理论知识包括教育学、心理学、语言学、第二语言教学和习得理论等。这些理论知识往往是很多经验型的海外华文教师所欠缺和需要着重加强的方面。任何一位华文教师都应该了解教育的基本规律，了解教学对象的心理特点，尤其是对青少年的教育更是如此，这样才能少碰钉子，少走弯路，以最短的时间成本获取最大的教学收益。尤其对于华文教师来说，只会说所教的语言——华文是远远不够的，还必须了解语言学的理论知识，熟悉第二语言教学方法，了解第二语言习得的规律。这些理论知识对于指导教师组织课堂、备课、板书、提问等具体的教学活动具有重要的指导作用，不能忽视。

（二）华文教师的工作能力

1. 基本的教学技能

教学技能包括理解和使用教材与大纲、设计教学进程、设计板书、设计提问以及回答问题的能力等。华文教师在教学中要善于随时捕捉学生的情绪变化，随机应变，知道如何激励和引导学生，恰当地评判学生的表现并及时反馈。

2. 敏捷的思维能力

华文教育对象的主体是海外的华裔儿童和青少年，教学对象往往思想活跃，思维发散，思考的问题比较复杂。在华文教学过程中，华文教师随时面临学生提出的各种各样的问题。对这些问题，华文教师都必须在最短的时间内以最快的速度调动头脑中储备的知识来回答，也就是说要在课堂上即时组织出一个个令学生满意的答案。要做到这一点，就要求教师必须训练和培养出敏捷的思维及快速的课堂反应能力。

3. 口头表达能力和书面表达能力

第一，华文教师要能说一口流利的普通话。华文教师的教学语言应发音标准，吐字清晰，用词优美，表意贴切，这样才能把华文的魅力展现给学生，让学生体会到华文之美，从而增强其学习华文的兴趣。当然，华文教师标准的普通话也是准确讲解华文语言文化知识的必要条件，是“传道、授业、解惑”的重要工具。否则，如果普通话不标准，学生难以理解教师的课堂语言，那么，教师纵有满腹经纶，也只能是“茶壶里煮饺子——肚里有货倒不出”。

第二，华文教师还要能写一手漂亮的汉字。汉字因其自身的独特性，是华文教学的难点。但是，只要利用得好，这一难点其实也可以转化成学生的兴趣点。汉字是世界上为数不多的一种可以作为艺术品的文字，越来越多的人正在为书法独有的魅力所吸引，专门来中国学习有着舞蹈和绘画特征的中国书法。因此，华文教师如能写出一手漂亮的汉字，并在教汉字、板书、批改作业、书法课等不同的教学环节展示给学生，那么，学生对汉字的学习兴趣会大大提升，对其学好华文大有帮助。

4. 组织管理能力

组织管理能力既包括对课堂的组织管理能力，也包括对班级的组织管理能力。组织管理能力具体表现在以下两个方面。

第一，在课堂教学过程中，华文教师应该能够通过适当的指令、适时的提问控制课堂的纪律、调动学生的积极性、掌握课堂的气氛和节奏，使课堂节奏有张有弛，气氛既紧张又活泼，给学生一个轻松而充实的学习氛围。

第二，在班级管理方面，华文教师一方面要通过教师的权威地位，利用自身的吸引力或魅力，把学生团结在周围；另一方面还要善于在学生中间形成自我管理的体制，发挥每一位学生的特长，调动他们的积极性，使班级成为一个有凝聚力、有灵魂的集体，以便顺利开展教学，组织活动。

在华文教学中，特别是在周末制的补习班性质的华文教学中，还要注意积极发挥学生家长的作用，让学生家长积极参加课堂或者班级的管理，促进教学活动更加顺利地开展。

5. 跨文化交际能力

华文教育一般在海外开展，不管是第一语言教学性质还是第二语言教学性质，学生都处在多元文化背景下，因此，学生的文化背景往往非常复杂。这种复杂的文化背景也会直接影响到华文教学。这就要求华文教师应该具有理解多种文化并进行跨文化交际的能力。教师应了解并熟悉中华文化和学生当地的文化，并在教学过程中游刃有余地加以处理和运用。如果教师没有多种文化的知识背景，就难以理解学生的学习心理，影响沟通，甚至会造成误解。另外，华文教师最好能掌握多种语言，这对于跨文化交际能力的养成有极大的帮助。从提升华文教师自身的素质来说，了解更多的语言文化可以开阔视野，增长见识。

6. 运用现代教学技术的能力

运用现代教学技术的能力主要指华文教师能在教学中熟练运用多媒体技术，能准确地在互联网上查找相关教学资源等。随着现代科技的迅速发展，计算机和多媒体教学技术正在迅速地普及和推广，现在互联网上已经有了不少资源和信息。教师如果能善于运用这些现代技术手段，以获得大量相关教学资源，将大大提高华文教学效率，增强华侨华人青少年学习华文的兴趣，增强教学效果；而如果教师对这些技术和资源视而不见，或者有意回避，那么，其华文教学终将落后于时代，并被时代所淘汰。熟练而灵活地运用现代科技可以显示出教师学习新事物的愿望和能力，有利于师生间的交流，对教师自身的发展也是非常有益的。

7. 多方面的才艺

华文教师应是多才多艺的，这也是形成华文教师魅力的重要内容。尽管教师的分工各有不同，但是，拥有多项才艺技能的华文教师在实际教学活动中将具有更大的优势。如果一位教师除了华文教学水平出众外，还会跳中国的民族舞蹈，会书法、剪纸，中国的民歌也唱得不错，那么，这样的华文教师必将更受欢迎。因为华文教师的文艺素养会在很多细节中自然地流露出来，使华文教学变得饶有趣味；而教师如果能充分发挥自己才艺方面的优势，还可以带领学生开展各种班级活动，提高学生的文化素养，增强班级的凝聚力。

第三节　华文教师的培训

由于历史及现状的原因，目前在华文教育工作中，华文教师自身还是一个薄弱环节。海外各国各地区的华文教师普遍存在年龄结构层次不合理、专业素养不理想、教学能力不强等问题，这些问题直接影响到华文教育事业往纵深方向的进一步发展。于是，改善华文教师现状的重要手段之一就是加强华文教师培训。

一、华文教师培训的类型和方式

华文教师培训有多种类型和方式。从时间上来说，华文教师培训可以有长期培训和短期培训。长期培训的方式可以给华文教师提供扎实全面的基本功训练，发展一批稳定的骨干教师，为华文师资的发展提供可再生资源，培训时间可以是一年、两年，甚至是四年的本科学历教育，如暨南大学和华侨大学的华文教育专业等。短期培训的方式可以根据华文教师的实际情况量身打造培训课程，操作灵活，针对性强，在短时间内提高华文教师的汉语知识水平和教学技巧，提高教学水平。短期培训的时间往往从一个星期到一个月、两个月不等，培训的内容一般也各有侧重，有的侧重语言知识，有的侧重教学技能，有的专门训练普通话以提高学员的普通话水平，也可以针对某一套教材，如《中文》（修订版）的教学进行培训。

从培训地点来说，各地华文教育机构可以采用“请进来”和“走出去”两种主要方式培训华文教师。“请进来”的方式是指邀请中国的专家到当地培训华文教师，这种方式一次可以培训大批的华文教师，辐射面广，效率也比较高；“走出去”的方式是指世界各地的华文教师到中国接受培训，通过培训，他们可以亲身感受到祖（籍）国的文化气氛和社会的发展现状，可以亲眼观摩优秀教师的授课，学习方式多样了，培训效果自然更理想。除此以外，海外的华文教师可以充分利用函授培训和网络远程培训等方式提高自身的汉语水平和教学技能。

二、华文教师培训的目标和内容

华文教师培训的目标就是在语言知识、教学方法、文化理解等各方面提高华文教师的能力，使他们成为更加优秀的华文教育工作者。

培训内容主要有以下几个方面：

1. 中华语言文化知识方面

中华语言文化知识包括中华文化知识，各类中华才艺，汉语语音、词汇、语法、文字知识，中国当代国情等。

2. 教学技能方面

教学技能包括把握教材和组织课堂的能力、沟通能力和表达能力、各类课程的教学法（如精读、阅读、口语、听力、写作教学法）和各类教学技巧（如板书、提问、课外活动组织技巧）等。另外，还要根据教学需要培训现代教育技术的运用技能，如电脑的操作、互联网的使用、多媒体语音室的使用、幻灯片与投影的制作等。

3. 背景理论方面

背景理论包括教育学、心理学、语言学、第二语言教学理论等。

根据对华文教师素质的基本要求和当前海外华文教师的现状，培训的内容和重点根据不同的情况有不同的安排。例如，一项在印度尼西亚的华文教师中开展的调查结果显示，认为华文教师培训的重点“应当放在汉语知识上的占35.1%，认为应侧重教学方法和技巧的占49.7%，而认为重点在教学问题研究和模拟教学上的占15.2%”①。对于东南亚一些国家的华文教师普通话发音不标准的情况，培训应该侧重于纠正普通话发音方面；而有些国家的华文教师很多是新移民，他们自身学历较高，普通话发音也较标准，培训就应该侧重于提高他们的语言学理论、第二语言课堂教学技巧等方面。

课程的安排要重视语言教师的教育教学能力的培养与提高，合理安排语言知识的

---

① 马跃、温北炎：《印尼华文教师的现状、问题与对策——从社会问卷调查看印尼华文教育的状况》，《东南亚纵横》，2003年9月。

课程和教学理论、教学能力的课程，避免重系统的语言知识、轻实际教学能力的倾向，以收到实实在在的培训效果。下面是 2011 年夏由暨南大学华文学院承办的海外华文教师《中文》教材教法培训班的课程表如表 12－1 所示。

表 12－1　海外华文老师《中文》教材教法培训班课程表

日期	星期	上午 8：30—12：00	下午 14：30—16：10
8 月 12 日	五	11：00 开学仪式、合照	14：30—18：00 儿童心理发展及其特点
8 月 13 日	六	讲座：中华文化概况	《中文》（初中版）教学理念及设计
8 月 14 日	日	阶段测试方法及实践	14：00—15：40 汉字教法 15：50—17：20 华语与华文教学
8 月 15 日	一	文化知识及其教法	14：30—18：00 课文教法
8 月 16 日	二	08：00—21：30 游览参观广州	
8 月 17 日	三		
8 月 18 日	四	8：30 出发，参观暨南大学校史馆	中国太极拳（教学楼 6 楼活动室）
8 月 19 日	五	中国太极拳（教学楼 6 楼活动室）	14：30 出发，参观广东华侨博物馆
8 月 20 日	六	前往岭南重镇韶关市参观、学习	
8 月 21 日	日		
8 月 22 日	一	多媒体教学软件使用（办公楼 612）	中国太极拳（教学楼 6 楼活动室）
8 月 23 日	二	教参、练习册的特点及使用	中国太极拳（教学楼 6 楼活动室）
8 月 24 日	三	课堂教学综合方法	教案设计及讲评
8 月 25 日	四	教案设计及讲评	总体设计及其特点
8 月 26 日	五	语言点教法	中国太极拳（教学楼 6 楼活动室）
8 月 27 日	六	模拟教学	与对外汉语教师座谈交流结业典礼

注：此课程表由暨南大学华文学院萧桂珍老师提供，内容略有删减。

这次培训根据华文教师所应具备的知识结构，针对海外华文教师们在工作中的实际需要，结合培训地和培训方的特点、特长，将理论学习和模拟实践相结合，涵盖了语言文化和教育教学方法等方面的内容，取得了良好的效果。

三、华文教师培训的授课方式

1. 讲授课

这是最传统的、也是一直有效的方式。很大一部分中国语言文化知识是通过这种方式传授的。当然在讲授课上，学员也可以通过提问等方式与讲授者展开互动。

2. 讨论课

在师生之间、学员之间、小组之间展开讨论，以有效的讨论交换信息，激发思维，产生思想碰撞。

3. 示范课

学员走进华文教育的课堂，由优秀的华文教师示范教学方法和教学技巧，观摩后进行思考、总结、讨论，吸取精华，积累经验。

4. 实践课

学员在充分的准备后走上讲台试讲，进行教学实践，课后由专家进行点评，找出优点和不足。实践课除了试讲以外，还包括动手制作教具、编教材、写教案、批改学生作业等。

以上的这些授课方式可以根据需要结合起来，如讲授和讨论、示范和实践都可以有机结合。

四、华文教师的自我培训

学习是一个永恒的话题，除了各类有组织的系统培训与学习以外，华文教师的自我培训与提升是长期性的、更为重要的。教师作为一个传播知识的职业，自身对知识的不断渴求、关注和获得是不可缺少的。培训、进修等学习往往是阶段性的，个人平时的细水长流式学习更为关键。教师要重视和充分利用好每一次职业培训的机会，同时立足于自身情况进行自我增值。

为了获得理想的学习效果，需要掌握一些自我培训管理的方法与技巧。自我培训的第一步是要明确目标，了解自己的情况特别是问题，多问问自己：我的工作态度端正吗？我与一个优秀的华文教师的差距在哪里？自己在哪些方面还没有达到岗位要求？我的职业发展目标是什么？怎么达到这些目标？等等。

确定了个人定位以后，就要根据具体目标来制订具体的学习计划，如知识结构的充实计划、个人魅力提升训练计划等。这里要注意的是，学习的内容繁多，要有取舍和重点，也就是根据自己的缺点和工作的情况来“补课”，既要考虑到目前工作的绩效，也要放眼长远的发展，但是，还是要以做好现时工作为先。

“榜样的力量是无穷的”，对很多踏入华文教育不久的教师来说，寻找效仿的榜样是比较简易有效的方法。榜样可以不止一位，也不必一定是同事或同行。在教学业务、为人处世、性格品行方面得到大家尊敬的人都可以成为学习的榜样。很多时候可以把身边有经验的老教师作为最好的老师，把周围同事作为自己最好的观察与学习对象。同时，教师自己也要多帮助其他教师，因为“教”本身就是一个很好的学习锻炼过程。

和其他工作一样，教师这个行业需要多听、多学、多问、多思考，增加对教学内容、教学对象、同事同行以及新事物的了解，教师应该注重平时在教学工作中的积累，勤于书写教学记录、反思笔记和教研论文等。

为了更真实地了解自己现有的水平，督促自己，可以制订周期性的“自我培训计划”。培训计划一般包括培训目标、培训内容、培训方法、具体措施以及预期存在的困难和解决方法等方面。有了这样的计划，教师在安排时间的时候就能心中有数，也能比较清晰地看出自己的进步过程。

当今世界政治、经济、文化的发展日新月异，华文教师应当不懈地追求新知识，跟上时代前进的步伐，把握时代跳动的脉搏，这样才能使自己走在时代的前列，不至于被时代淘汰。除了积极参加培训班以外，华文教师还应该在各自的教学中有意识地总结经验，不断地交流、切磋，加强自学，以提高自身的文化素养和教学水平。

第十三章　华文学校

第一节　华文学校概述

一、华文学校的界定

华文学校是指为开展华文教育而兴办的教学机构，是开展华文教育的主要场所。全日制学校、半日制学校、夜校、周末补习学校、课后补习学校、假期补习班等都是它常见的办学形式。开办者以华人为主，有的也得到其他人士、机构、社团和政府教育部门的支持。华文学校以培养华侨华人子弟的华文能力并使其了解和认同中华文化为办学目标。

严格地说，华文学校与华侨学校是不同的，前者属于华文教育，是所在国教育机构的一个组成部分，在当地政府注册，受所在国教育法令与政策的管制；后者属于华侨教育，向中国政府注册，受中国政府管辖和驻外使领馆的指导。但在实际使用中，各国的华侨华人对华侨教育、华文教育、华侨学校、华文学校、中华学校、中文学校的使用并没有进行严格区分，而且历史上华文学校与华侨学校也有着千丝万缕的联系，有些华文学校就是从华侨学校转变而来的。因此，我们在下面的论述中也涉及了华侨学校的情况。

二、华文学校的历史发展和现状

（一）华文学校的类型

华文学校的开办情况是随着当地社会政治经济的变革不断变化的，在不同国家、不同的历史时期，华文学校的类型也有所不同。华文学校在历史发展中主要有以下六种类型：

1. 由华人社团或个人开办的私塾和学堂

私塾是华文教育初期的主要形式，一般由宗亲组织开办，招收本族子弟，强调中国传统伦理观念，办学上有明显的家族特点。随着社会的进步和华文教育的发展，私塾和旧式学堂已经基本淡出了华文教育舞台。

2. 以华语为主要教学媒介语的全日制学校

这类学校的课程设置和授课内容由华文学校按照中国传统教学模式设定，当地语言仅作为一门课程来学，以传承中华文化为主要办学目的。这样的学校一般向中国政府注册，服从中国教育机构管理，属于华侨学校的性质，历史上也曾是很多华文学校的办学方式。随着华人国籍、身份的转变、生存的需要以及所居国政策的要求，现在这种类型的学校数量越来越少。与此同时还出现了一种新的办学形式，一些在外国设厂或工作的华商，特别是台商，为了其子女今后回国或到其他国家学习时可以顺利衔接而自办小学、中学。这些学校的课程设置和教学内容都以中华语言文化为主。

3. 以华语和当地语或者英语为教学媒介语的早期双语华文学校

这类学校以菲律宾的双学制学校为典型，学生上午以中文为教学媒介语上课，侧重中华文化；下午上英文课，注重讲授当地社会情况。在20世纪70年代华文学校菲化前，这种双学制的学校是菲律宾华文学校的主要办学形式。

4. 以华语为主要教学媒介语的全日制学校，有学者称之为“真正的华文学校”①

这类学校的教学内容兼顾中华文化和当地文化，以华语作为教学语言，较好地处理了中华文化教育和当地文化教育的关系，主要存在于马来西亚，特别指那里的独立中学。它在当地政府注册，受所在国教育法令与政策的管制，却又是被排除在国家教育体系之外的，学生要另外参加国家举行的毕业考试，其成绩才能被承认。该类学校在发展过程中经历了种种波折，无数华文教育人士为此作出了巨大牺牲，才使其得以维持生存。

5. 各种华文补习学校

这类学校包括各种专门补习华文的夜校、周末学校及补习班、培训中心等。随着中国政治、经济的发展，世界各地出现了学习汉语的热潮，海外的华侨华人学习中华语言文化的热情也更高了，各种汉语培训班也就应运而生。这些补习性质的学校满足了不同学习时间、不同水平的人们学习华文的需要，近年来发展迅速。

6. 被当地政府归并，但仍然开设华文课程的当地国民学校

这类学校原来是华文学校，现在在这些学校里华语不再是教学媒介语，而是变为一个科目。比如，马来西亚的华文小学，现在已经全部成为国民小学，很多原来的华文中学也成为国民中学。应该说这类学校已经不再属于华文学校的范畴，但由于华人社会对它们有深厚的感情，仍在支持它们的发展，而且这些学校都成功争取到开设华文课程权利，在课程模式上也保留了一些原来的框架，所以，人们还是称之为“华文学校”。

---

① 林蒲田：《东南亚华文教育若干宏观问题的思考》，《华侨华人历史研究》，1996年第3期。

（二）现代华文学校的特点

1. 多种办学形式并存

现代华文学校既有全日制的华文学校，也有业余、短期的学校；既有华人、华人社团开办的，也有当地人士、组织开办的语言学校；有的华文学校以华侨华人子女为主要招生对象，但有的华文学校非华裔学生却已占多数。

2. 办学层次一般为中小学，属于基础教育

海外的华文学校绝大多数都是中学和小学。20 世纪 50 年代新加坡华人曾经创建了进行华文教育的南洋大学，但该校于 1980 年被合并到新加坡大学，华语因而变成一门课程，而不再是教学媒介语了。尽管近年来新加坡和泰国的华侨华人积极争取和筹备，在本国创建了高等教育的华文学校，但从总体上看，华文学校的办学层次仍是以基础教育为主。

3. 学生来源不仅有华侨华人，而且有越来越多的当地其他民族的学生到华文学校学习

这一情况最突出的是菲律宾。在华人最集中的马尼拉地区，现在纯华人血统的学生在华文学校中所占的比例也仅有 30% 左右，而在马尼拉郊区规模较大的华文学校，纯菲律宾血统的学生比例已经占到了 30%。在首都以外的华文学校，纯粹华人血统的学生已很少见。①

4. 现代华文学校的办学目标发生了很大的变化

现代华文学校在保持向华侨华人子弟传播中华文化的传统教学的同时，突出了培养语言技能的重要性，把提升学生个人修养素质，为社会培养思想与技能兼备的建设者作为主要的办学目标。这主要是因为现在的华侨华人往往已经是第三、第四代的华裔，本身的汉语语言水平较低甚至完全没有，而有些华文学校里华裔学生的数量已不占主导地位。因此，训练学生的语言技能是现代华文学校的主要任务。

三、华文学校的贡献和作用

（一）早期华文学校的历史贡献

1. 早期的华文学校承担了为华人社会培养人才，帮助华侨华人子女传承中华文化的重任

华人社会一向重视教育，但是，早期刚到海外的华人有的由于政策法规、经济条件的限制，无法受到与当地人同等的教育，有的为了让子女保持民族之根，不愿子女接受当地教育。早期的华文学校由此设立，并为华人社会培育了无数人才，减少了华人文盲的数量，为提升华人在海外的地位和形象作出了巨大的贡献。

---

① 周聿娥：《东南亚华文教育》，广州：暨南大学出版社 1995 年版，第 246 页。

2. 早期的华文学校是华人社会沟通、协作的桥梁

华文学校多由华侨华人自发兴办，早期华人根据血缘、地缘等成立各种帮派、组织，并成立自己的华文学校。学校内部的经费、管理，学校之间的协作统一都需要华人社团进行领导、协调。在此过程中，华人、华人社团之间的联系更加紧密。但是，帮派办学不利于整个华人社会的团结和华文教育的发展，为了打破这种限制，又成立了各种全国性的华人社团统领华文学校的事务。20 世纪初，印度尼西亚最早成立了中华会馆和中华总商会统一领导华文学校，使当时印度尼西亚的华文教育取得了很好的成绩。

3. 在社会变革时期，早期的华文学校成为进步人士传播新思想、推动社会思潮的重要场所，促进了华侨华人对中国的关注与了解

戊戌变法后的康有为、辛亥革命前的孙中山都曾到过南洋，号召兴学，并把华文学校作为传播各种新知识、新思想的一个阵地。有的华侨华人接受新思潮后积极投身到中国的革命运动中。抗日战争时期，各国华文学校的师生也都曾以各种形式支援过中国的正义抵抗。

（二）当今华文学校的地位与作用

1. 当今的华文学校教育仍然是进行华文教育的主要途径

华文学校是帮助华人后裔了解祖（籍）国的语言文化、传承本民族优良传统的主阵地。时空转变，现在海外华侨华人的政治和经济地位有了很大提高。很多华侨华人已经加入所在国的国籍，融入当地社会。但他们依然希望了解祖（籍）国的文化，传承本民族传统的精华之处，于是，这成为当今华文学校的主要教学任务之一。

美国、菲律宾等很多国家的华文学校每年都会安排一些夏令营活动，组织华侨华人学生回祖（籍）国学习中文，游览名胜古迹。有些华文学校在组织这样的活动时，配备专人带队，并做好周密细致的准备工作。学生回到所在国后，华文学校将学生在中国的习作及照片收集起来，向家长汇报，收到了很好的成效。

2. 当今的华文学校促进了当地和中国的友好交流，增进了不同民族之间的了解和友谊

中华文化历史悠久、博大精深，随着中国的蓬勃发展，汉语逐渐成为世界通用语之一，它在经济、科技等各方面的价值日益凸显，因此，华文正吸引着世界各地的人们。华文学校是华裔和其他族裔学习汉语、了解中国的主要场所之一。各地的华文学校有丰富的教育资源，可以充分利用，以将中华文化发扬光大，而不只局限在华人圈子里。法国东部地区最大的华文学校——东方华文学校近年来每年都组织相关的中国文化展览、旅游讲座、幻灯片演示等活动，吸引了当地市民和在当地就读的来自世界各地的留学生前去感受当代中国的变化与发展。

3. 当今的华文学校是探索华文教育办学思路和教学方法、进行华文教育改革的基地

教育要与时俱进，现今的华文教育必须顺应时代的发展，按照华人社会的需要以及政策、法令的要求，不断改进教育方法，提高教学质量，培养满足社会需要的人才。这种探索主要要在当今的华文学校中展开，因为华文学校有比较丰富的教学研究资源，可以及时了解最新的教学手段和相关的教育方法。现在很多华文学校都在探索如何有效地提高学生语言技能，有的学校已经取得了很好的效果。

第二节　华文学校校长

校长，即一校之长。他对内处理学校的综合事务，对外代表学校的整体形象。一般来说，现在各级各类的学校都设置校长，但是，校长的职责、权力在世界各地有所不同。不过，无论如何，校长必须是懂得学校教育和管理工作，具备一定的教学管理和行政管理能力，并拥有良好声誉的人。

华文教育的发展在历史上经历了很多的波折。为了拓展华文学校生存的空间，提高华文学校的影响力和地位，校长需要投入比其他教师更多的热情和精力，当然，其承担的任务也更复杂。当前蓬勃发展的华文教育呼唤着更多对华文教育有热情、懂得教育管理的校长的出现。

一、华文学校校长的选用与任命

（一）不同类别的华文学校校长由不同的机构任命

一般来说，纳入当地国民教育体系、受当地政府资助的华文学校，其校长由当地教育机构任命，但有的华文学校由华人集资兴建，只在当地登记注册，管理、运行都由华人社团与华文学校自己负责，它们的校长一般由相关的华人社团和学校董事会任命。另外，有的华文学校的校长则是由华人领袖或兴办者兼任。

（二）校长的选用要求

校长的选用直接关系到学校的发展。在选择和任命华文学校校长时，候选者的以下几个方面是一定要考虑的。

1. 熟悉华文教育事业，关心华文学校发展

华文学校的校长只有了解华文教育和学校发展历程，对学校管理有热情，才能正确制订学校今后的发展计划，使华文学校沿着适合本校特点的路线前进。

2. 行为品德良好，可以为学校成员作示范

“学高为师，身正为范”，学校是教书育人之地，教师要才德兼备，校长作为一校

之首更要率先示范，作出表率，这样才能进行有效管理。

3. 具有必要的文化程度和资历

所谓“必要的文化程度”，是指校长的文化程度应该相当于或者高于教师。校长是教师的教师，一个理想的校长本身应该有较高的教育能力，这样才能准确考查教师的业务水平。所谓“资历”，就是校长应该有较长的从事教育工作的经历，积累了一定的教学、管理经验。校长作为管理者，首要的能力应该是管理，校长不必一定是教学能手，但一定要熟悉管理。

4. 在学校师生中能够树立威信，得到学校大多数人的认可

在学校内部选用优秀的教师或管理人员担任校长是很多学校的做法，这样的校长熟悉学校情况，也容易得到大家的认可。华人界的知名人士、教育学者和成功华人拥有丰富的经历和个人魅力，如果在师生中间有很高的威信，又热心华文教育事业，也是华文学校校长的理想人选。

二、华文学校校长的地位与作用

（一）校长是学校事务的决策者、管理者，也是学校师生员工的领导者和服务者

校长即一校之长，是学校各项重大决策、主要事务的制定者，在学校里拥有最高的决策权。如果把学校看作一家公司，那么，校长就是总经理。他既可以强制性地影响其他人员的行动，同时，与他们又是平等的同事关系。校长的工作职责就是为学校师生员工服务，为学校成员创造必要的工作、学习和生活条件。

（二）校长是上级命令的贯彻执行者

校长要受上级教育管理部门的领导，是上级命令的执行者。由华人社团或个人捐资建立的华文学校一般设有董事机构，这些学校的校长受董事会的任命，对董事会负责，因此，必须领会和贯彻董事会的办学思路。校长要理解并执行主管机构的指令，并成为协调学校与上级关系的桥梁。

（三）校长是全校师生言行的标杆

华文学校的校长会受到学校师生的瞩目，是他们学习的对象。校长的行为常常会潜移默化地影响他们，因此，校长的做事风格会对校风、教风、学风产生影响。好的校长是表率和榜样。只有品质高尚、修养良好、能力突出、作风踏实的领导才能成为师生信赖和依靠的核心。

有的华文学校校长由在某个领域成就突出的人士兼任，他们可能不是教育方面的专家，但同样可以凭借丰富的人生经历和巨大的人格魅力激励师生全身心地投入到工作和学习之中。有的华文学校的校长本身就有丰富的教育经验，在教学方面有一套，这样的校长既是学校的领导者，也是一名教师，能在教学和做人方面成为其他老师的榜样。

（四）校长是学校形象的代表

一个拥有良好口碑的校长就是一所华文学校千金难买的“金字招牌”。中国伟大的教育学家陶行知先生说：“校长是一个学校的灵魂。要想评论一个学校，先要评论它的校长。”① 校长的影响存在于整个学校。如果校长倦怠，校园就不可能充满生机活力。而实际上，人们在评判一所学校时也往往把校长作为学校的代表，首先会审视其校长如何。校长就是最有影响力的“形象大使”。

三、华文学校校长的职责

（一）制订学校的长远发展计划

华文学校的校长要根据社会对人才的要求和入读者的学习目的调整学校培养目标。只有学生有出路，学校才有出路。华文学校校长要为学校的长远发展考虑，适时调整学校的办学路线，同时，也要注意保持华文学校的特质，坚持传播优秀的中华文化，培养学生的传统美德。

（二）选用和培养优秀的教学管理人才

校长不必也不可能样样精通，但他可以通过任用各方面的优秀人才来做好学校的整体工作。华文学校校长要能为学校聘用热心华教的、教学水平高的教师和可以有效管理学校行政后勤事务的其他人才（包括学校其他领导人员），并为培养这些人才提供合适的土壤。

（三）统筹管理全校工作

统筹管理学校各机构的工作，使各项工作有章可循，各部门职责清晰、分工明确，并可以高效协作，这些是华文学校的校长最重要的职责。

1. 校长要全面把握学校各项事务，决断处理常规和突发的重大事件

负责架构团结高效的工作组织，建立细致合理的规章制度，使事事有人管，人人有其职。只要学校的办事效率高了，就会形成团结奋进的良好局面。

2. 把教学工作作为学校工作的重点和核心

教学是学业校生存的“生命线”，其他工作都应为其服务华文学校的校长有责任督促和带领教师不断改进教学方法，提高教学质量，并为之提供必要的条件。可以通过开展交流会、宣传周、教学竞赛等活动在教师中形成互相交流教学经验、重视教学效果的气氛，在学生中培养乐学、会学、比学的良好学习风气。

3. 协调各部门工作，解决矛盾，促进效率的提高

学校工作是一个大系统，除了教学教务，体育、美育、德育工作，卫生、总务和后勤工作等都是学校工作不可缺少的内容。华文学校的校长要对各方面的工作都有一

① 陶行知：《陶行知全集》（第1卷），长沙：湖南教育出版社1984年版，第47页。

定的了解，熟悉运作程序，合理分工，协调各部门之间的关系，即时化解矛盾，并使各部分相互督促，提高办事效率。

4. 搞好各类公共关系

校长要代表学校出席各种会议和活动，为学校树立良好的形象；要宣传学校的成绩，反映学校的困难，扩大学校的影响，吸引更多的人关心、支持学校的发展。处理好华文学校和华人社团，其他族裔，以及政府、公司、其他各种机构的关系。

5. 争取各种资源，多方面筹集资金，改善学校的财务状况，创造优良的学习、工作和生活环境

教育的进行离不开物质保障，每位校长都要把改善学校教职工的经济收入作为重要工作。对华文学校的校长来说，这一任务的重要性更显突出。很多华文学校是华人自筹资金建立的，政府的补助较少甚至没有，因此，校长更需要在财务计划上下工夫，研究如何合理利用每一分资源，并设法多方面开拓学校的经济来源。

四、现代华文学校校长应具备的素质

（一）具有战略眼光，把握办学方向

一个华文学校的校长，要能够把握时代脉搏，具有战略眼光，能正确分析华文教育的现状和趋势，并根据政府教育部门的政策法规及学校情况制订长远的发展计划，把握办学方向。

当前在大多数国家，华文教育已经纳入了当地的国民教育体系，不再是传统的侨民教育。很多华裔入读者的目的也不仅仅是出于对祖（籍）国的感情，“到20世纪末，90%左右的华侨取得或加入了所在国国籍，大部分的华侨华人已经融入当地社会，在政治上普遍认同并效忠于居住国”①，他们希望能掌握包括华语在内的多种技能，以利于今后的生存发展。另外，非华裔入读者在华文学校中所占的比例也日渐增多。华文学校校长应该注意到由此带来的对课程设置、教学方法、教师素养方面的影响。在制订学校的发展计划和教育目标时，正确把握本校学生的学习目的。

（二）具有现代教育理念，能够熟练运用现代教育技术

教育技术不断发展，现代信息技术已经渗透至社会各个领域。一名合格的学校领导应该懂得如何利用这些现代手段来辅助教学和管理，提升办学质量。有条件的学校还可以利用完善的主流教育体系来传播中华语言文化，延伸学校教育的触角。美国现今的一些华文学校就通过开设远程教学课程服务，传授中华文化。

（三）具有现代管理理念和有效的管理手段

校长是学校的最高管理者，管理是他的第一要务。学校管理是一个由教师管理、

---

① 侯松龄、汪波：《华侨华人社会百年变迁及21世纪发展趋势》，《东南亚纵横》，2003年第7期。

学生管理、教学管理、思想管理、总务管理、课外活动管理以及设备、图书资源管理等多方面组成的庞大体系。校长管理水平的高低决定了学校发展水平的高低。只有运用先进的管理手段，才能取得理想的效果。一个掌握了有效管理手段、拥有符合时代特点的管理理念的华文学校校长必然能管理出一个欣欣向荣的现代华文学校。

（四）具有个人魅力，品德修养高尚，在师生中有威信

有良好的个人作风、品德修养的领导才能得到大家的认可和尊敬。魅力对个人来说是资本，对领导者来说就是效率。当领导者在管理中形成个人魅力的时候，就很容易激励和带动员工，顺利开展各项工作。校长的魅力来自良好的修养、务实的作风、开拓的精神，华文学校的校长应该是传统美德和现代思想的兼容体。

第三节　华文学校的管理

一、什么是学校管理

（一）管理的概念

管理学的研究者们对管理的定义各异。有的把管理看成是一种活动，有的把管理看成是一门艺术，也有的把管理看成是一个过程。我们在这里不对管理概念的表述作深入探讨，仅采用在中国各种管理学教材和词典中较普遍的定义，即“管理是对管理各要素发挥各职能的过程”。从这个定义看，管理的概念至少包括了三个方面的内容：管理要素、管理职能、管理过程。

（二）学校管理的概念

按照上面对管理的理解，学校管理就是对学校各管理对象和管理部门发挥其职能的过程。具体来说，学校管理就是“学校通过一定的机构和人使学校沿着一定的方向维持发展并按教育规律进行正常运转，使其获得不断发展和提高的手段。它是达成学校教育目标、提高工作效率的一种总体作用。其功能是对学校教育总过程的一切活动和资源进行计划、组织、指挥、监督和调节，以便实现全面提高教育质量的目的”①。从这个定义中，我们可以知道华文学校管理的主要内容。下面我们谈一谈在华文学校管理中需要面对的一些实际问题。

---

① 江月孙、赵敏主编：《学校管理学》，广州：广东高等教育出版社2000年版。

二、华文学校管理的原则

（一）以人为本

管理归根结底是人的活动，离不开人的行为和人际关系。人是管理的对象和主体，人本管理也是现代管理创新的重点和发展的趋势。中国的大思想家孔子早在两千多年前就已经提出了以人为本的理念，他所提倡的“仁”、“礼”都是对人际伦理道德的阐述，关注的核心是人。华文学校挖掘中华文化中对管理有用的内容，既有助于强化和完善学校的管理，也能对中华文化传统的继承和发扬发挥重要的作用。

华文学校是各类知识分子汇聚之所，是培育具有中华文化特质的华侨华人的子女后代的重要场所。学校的管理要体现对人的关怀，并通过对人的重视达到有效的管理。这体现在了解学生的需要，关心他们当前全面素质的提高，并为他们未来的发展作考虑。华文学校不只是要提高学生的语言能力，还要重视其高尚的品行、人格的养成。学校管理的“以人为本”也包括了对教职员工的尊重和爱护。华文教师从来都不是一个轻松和“来钱”的职业。一方面，在当今信息爆炸、个性膨胀的时代，教师为紧跟时代步伐需要花费更多的精力，面对信息量巨大的学生，他们需要迎接的挑战胜过以往；而另一方面，学生和家长对教师的尊崇却不比从前，教师们常常面临生活和工作、体力和精神上的多重压力。学校的管理者要了解他们的实际处境，切实保障教师的权益，为他们谋福利，尽可能地为教师的技能提升和职业发展提供有利条件。

（二）系统性原则

学校管理要从整体上考虑问题，要具有系统的观念。系统的观念包括以下两方面的含义：

1. 考虑问题要从全局出发

在安排工作的时候，要综合权衡各方面的职责与利益，避免冲突，解决矛盾。处理一个部门的事务时，也要考虑到对学校其他部门和组织的影响。各部门整体的合力不是各部分力量的简单相加。当各部分团结一致、互相配合时，它们才能生发出巨大的能量，反之，各部分的力量则可能相互消减。

2. 系统内部各要素的布局、分工要合理

化学上有一个原理，同样的元素可以构成截然不同的物质，这是因为结构的作用。一所学校也是这样，在资源构成不变的情况下，不同的结构分工所产生的效果可以是相差悬殊的。各部门的分工合理、职责明确以及人员结构科学是整体高效运作的保证。一个年级分成几个班，每个班级由几位老师担任不同课程，每位老师在各平行班教授一样的课程，这是我们常见的一种模式。在美国，有的华文学校管理者作出了不同的尝试，他们没有把教师固定在某一门课程上，而是让教师们按照日期轮流上课，这一天里负责同一个班各语言课程的教学。这样的方式使学生每天都感受到不同的教学风格，教师也有了更集中的“非教学日”，可以更为灵活地安排时间。不论效果如何，这样的创新式管理理念是值得赞赏的。

（三）民主性原则

1. 在管理中充分发挥全校教师员工的作用，共同参与学校工作

学校的每个成员既是管理的对象，又是管理的参与者。学校管理是靠人的智慧来完成的，必须先将教职工组织起来，依靠教职工的智慧和主动性办学。育人是一项需要各部门配合的综合性工作，学校作为各种人才汇集之地，需要管理者具有比公司、企业等的管理者更高的指导、激励和协调能力。

2. 对学校的领导者来说，民主就是要意识到自己既是决策、制度的制定人，同时也要受校规制约，接受相应部门管理

领导成员之间要合理分工，各有各权力，各有各职责，并分清层次，既能集中统一，又能使每个人进行独立自主的创新。在布置工作或处理问题时，要充分听取当事人的说法，考虑他们的处境。在制定决策、规定时，应该尊重大众意见，征求教师职工对问题的看法和意见。在执行时，要多采用沟通的方法进行管理，信任教职工，培养其责任感和归属感，使大家都感到学校是自己的学校，“我”是学校的主人翁。领导者内部要注意集体决策，避免个人的主观独断。

（四）实效性原则

1. “低投入，高产出”是所有管理者的目标和原则

“低投入，高产出”对学校来说，就是要利用有限的人力、物力资源，培养出尽可能多的素质高的学生，获得好的效益和声誉。华文学校的教师和资金往往都很紧张，因此，充分发挥拥有的资源，实现高实效就显得尤为重要。财务上要收支清晰，依靠大众监督防止贪污和浪费；学校的物资设备应该分工到位，并在全校进行爱护学校设施的宣传，还可以提倡自己动手，修废用旧，充分利用有限的资源。

2. 充分发挥人的作用

首先要调动教职工的积极性。人们常说“人的潜力是无穷的”，关键是要能发现和利用人的潜力。学校的管理者应该了解教职工的能力，在此基础上合理分配工作，各取所长，各负其责。要让教职工感受到工作的意义和收益。有的华文学校教师是把在华文学校教学作为公益活动来做的，他们的报酬很低，其主要的动力就是对华文教育的一份热爱。学校要充分理解和尊重这种感情，在精神上给他们支持和鼓励。

三、华文学校管理的主要内容

（一）教师管理

1. 华文学校教师的特点

第一，教师的知识水平和道德修养普遍较高，特别是华文教师，由于其深受中国

传统思想的影响，所以，有知识分子知书达理的特点，重感情、讲信义。因此，在管理上采用以理服人、以情感人的方式往往比下命令、批评惩罚更有效。

第二，教师的独立性和自尊心较强。教学工作的特点是每次教学都是通过教师个人劳动完成，就算是集体备课，也离不开教师个体的独立钻研，因此，教师的工作独立性很强。而且，作为知识分子，教师在思想上总是处在社会的较前沿，重视独立思考，希望有自由宽松的工作环境。作为为人师表者，教师总是能受到学生和公众的尊重，比较在意自己的威信，因此，在教师管理中要把鼓励和沟通作为主要的管理手段。

第三，教师既是学校管理的对象，又是学生活动的组织者，是各项活动的参与者和执行者，所以，在某种程度上，也是学校的管理者。学校的管理工作应该充分发挥他们的作用，依靠教师搞好活动。

2. 华文学校教师的任用

担任华文教师一职必须有一定的学历和教学水平，除了有较好的华文基础外，还要懂得教育方面的理论。学历高、华文水平高不一定就能成为好教师，教学是一门技巧性较强的工作，教师应该具备一定的教育学知识和教学经验。学校在任用教师的时候，要看文凭，但又不能唯文凭是论，最重要的是看实际教学水平。有时候，华文学校并没有足够的师资来选择，在这样的情况下，自己培养教师就显得十分必要了。可以对有华文基础、热心华文教育的人士进行教学方法方面的培训，比如，请有经验的教师或者专业人士授课，组织听课、评课等活动。

3. 华文学校教师的管理

第一，正确全面地评价教师的工作。评价教师的工作不仅要看学生的成绩，还要看有没有全面实现教育目的。华文学校的教育目的既包括训练知识技能，也包括培养道德品质；既要看学生对教材课本知识的了解，也要看他们实际应用所学知识的能力。评价教师的工作时还应该考虑教师能力、学生素质以及其他因素的影响。

第二，采取多种激励措施，为教师创造良好的工作条件。教育离不开热情，对华文教育没有感情的人很难做好华文教学的工作。有些教师是凭着一份对华文教育的感情才到华文学校工作的，华文学校要珍视这份热情，更要想办法维系这份感情。首先要为教师和工作人员提供必要的物质基础，使教学和工作有良好的环境，使他们的生活得到基本保障；其次要注意宣传华文教育事业的意义，在校内外形成尊重华文学校教师的氛围，使教师有使命感和成就感。在学校内部应该有明确的奖惩制度，对认真负责并取得良好教育效果的教职工给予物质和精神上的鼓励，同时及时帮助表现不够理想的教师改进教育方式，提高教学水平。

第三，做好教师的培训进修工作。华文教师只有不断更新知识、充实自己，才能得到学生的信服，取得好的教学效果。就像电池要充电才有能量一样，培训进修是华文教师必然的需求。学校要想充满向上的风气，就必须鼓励教师进修，并为之提供必要的条件。在条件较好的学校，教师进修应该成为一种常规性的工作。

第四，尊重教师的个体能力，发挥教师集体的作用。华文学校可以组织各种教学活动，加强华文教师之间的沟通与交流，培养华文教师的集体观念，集思广益，以解决教育中遇到的问题。

（二）学生管理

1. 华文学校学生的特点

第一，重视对学生思想品质的培养。由于华文学校以中小学为主，学生的年龄一般较小，正处在培养思想品质、道德修养的关键时期，所以，对其思想品质的教育培养是华文学校一项非常主要的任务。在管理上，要注意采用适合青少年的方式。

第二，组成成分比较复杂。有的华文学校专门招收华裔学生，有的则兼收当地族裔，有的学校甚至非华裔已占了多数。仅就华裔学生来说，有的是在当地出生长大的华裔，有的是小时候在中国生活而后来移民的，还有的是已经在所在国经过几代发展之后的混血华裔。

第三，对华文的重视程度不一。很多人并不了解学习华文的意义，是因为前辈人对祖（籍）国的感情或对华文重要性的认识而被动地进入华文学校学习。当然，还有的是因为所在华文学校是周末班的办学形式而轻视华文学习。

2. 华文学校学生的管理

第一，华文学校要制定措施保护和激发学生学习华文的积极性。有些国家的教育制度没有规定华文学校学生的华语成绩是毕业的必要考查项目，结果自然是学生学习华文的热情越来越低。作为学校管理者，在不违反国家法规的前提下，有必要采取相应的措施弥补这种影响所造成的不良后果，比如，开展华文竞赛、在学校的评奖中把华文作为重要参考因素等。

第二，学校对学生进行教育和管理的基本单位是班级，学生的直接管理者是班主任，选用优秀的班主任是搞好学生工作的关键。班主任一般应该由教授该班主要课程的教师担任，这样便于了解学生情况。班主任的工作包括学习、生活、思想等各个方面，要负责学生的全面发展。班主任可以通过班干部处理班级问题，并培养学生的管理能力和责任心。

第三，华文学校学生大多是中小学生，容易效仿，良好的班风、校风会对学生管理发挥很大的作用。要形成好风气，首先学校的教师、领导要在学生中树立示范形象，建立起威信；其次要留心学生中的好人好事，及时发现学生的点滴进步，多给予学生鼓励和信心。另外，制定适当的奖惩措施也是常用的学生管理方法。

（三）总务管理

1. 总务工作是学校管理的重要组成部分，在学校工作中占有重要地位

总务工作是确保教育教学顺利进行和办学效益良好实现的必要条件。学校的总务部门一般要做好以下几个方面的工作：根据学校工作计划，制订和实施学校总务工作

计划，编制学校经费预算方案，审定后具体组织实施；做好学校财产、建设的管理工作；积极改善师生生活、学习和工作的环境，净化、绿化、美化校园。

2. 华文学校总务工作的管理应该注意以下几点

第一，积极联系办学资源，吸引社会资助办学。学校的发展离不开物质基础，很多华文学校不是营利组织，而是以教育为目的的组织，它的办学资金主要依靠华人社会集资捐助或政府拨款。尽可能多地吸引办学资金、物资是华文学校的总务部门的工作之一。华文学校的校友、家长往往对华文学校的发展十分热心，华人社会也有很多关心华文教育的人士，总务部门应该为有心支持华文学校的人士和组织提供通畅的渠道，并确保资金、物品用于华文学校的建设。

第二，精打细算，充分利用学校的财务资源。学校的资源总是有限的，合理地利用已有的资源是改善办学条件最实际的做法。华文学校应该发扬勤俭节约的作风，在师生当中宣传变废为宝、物尽其用的思想，组织自己动手、变旧为新等活动，既可以为学校节约办学资源，又可以培养学生良好的品质，也符合当代社会绿色环保的趋势，这些是华文学校应该大力倡导的。

第三，重视与学校各部门的沟通。学校的总务工作要为全校师生提供优良的物质条件，确保教育工作井然有序地开展。总务工作首要的任务是服务，服务的顺利开展离不开学校其他部门的理解和配合，因此，总务人员要处理好同其他部门的关系，全面了解学校情况，与服务对象经常沟通，了解师生困难，并积极地为他们排忧解难，创立一个良好的工作和学习环境。

四、华文学校管理的过程

（一）“戴明循环”

20 世纪 50 年代，美国统计学家爱德华兹·戴明博士，创立了 PPDC 管理工作方法，即“戴明循环”，包括计划（plan）、实施（do）、检查（check）、处理（action）四个阶段，这四个阶段形成一个完整的管理过程。这种方法得到了管理学界，包括学校管理学研究者的广泛认同。具体到学校管理中，这四个环节是指制订工作计划，包括校级、各部门、各负责人的工作计划；贯彻执行计划，将计划层层分解，任务和权力下放到具体部门和个人；检查执行进度和执行质量；总结经验教训，处理遗留问题，发现新问题。

（二）华文学校管理环节

1. 制订工作计划

“良好的开端是成功的一半”，计划是管理过程的首要环节，是工作的依据和指导，制订一个科学的计划是顺利开展工作的必要前提。计划按不同角度可分为不同的类型，有中长期计划和短期计划，有学校计划、各部门计划和个人工作计划，还有总体计划和具体计划等。成熟的“计划”其实是“谋划”。它包括了解相关情况、正确分析、提出设想、讨论修改、报请通过等几个阶段。

了解情况的过程也是发现问题的过程。管理者对待问题的态度除了勇于面对之外，还要主动寻找，把工作做在前面。问题总是存在的，要善于发现问题。管理者可以把学校的现状与理想的目标相比，与其他学校、组织相比，与社会的要求相比，与家长、学生的期望相比。积极主动地从多个角度去找到差异，总能发现问题。发现问题后要做的就是调查，调查是全面正确地了解情况的最重要的途径。既要调查学校工作中现实存在的问题，也要仔细查阅前期工作情况，还要对将来作出科学的预测，因为学校工作是为未来培养人才而服务的。除了调查本校的状况，还要了解校外的相关情况，借鉴他人的经验教训是解决自己问题的重要途径。调查的对象可以是本校的师生，也可以是学生家长、社团负责人等。

做到对问题涉及的情况“心中有数”、“胸中有谱”后，要进行分析，进而提出设想，然后进行评价论证。分析就是对已获得的材料去伪存真、去粗取精，然后厘清因果，思考对策。除了掌握材料的多寡以外，经验和智力也是影响分析能力的重要因素。所谓“设想”，就是对问题如何解决的初步看法，是计划的雏形。

要制订最终的计划还要经过讨论修改，通过对各种设想进行评价，选择出适当的计划。计划应该是一种优选活动，想制订最好的计划，就要能在多种方案中进行选择。进行选择者应该包括设想者、计划制订者、相关的部门和专家，评价讨论应该有一定的标准和权重，按照每种方案的优缺点，恰如其分地权衡它们的可行性。最后的结果可能是选中某一个方案，也可能综合各设想生成新方案，也可能需要重新思考。讨论通过后决定的计划一般还要通报主管者和其他有关管理者，以便于日后的执行。

2. *贯彻执行计划*

执行即组织实施，是依据计划安排人员部署工作的过程。这是管理过程的中心一环。计划在执行中也是多种管理活动交错展开的，包括传达计划、目标，部署安排人员，分配资源，协调调整等内容。

执行计划往往需要分工合作才能完成，因此，首先要做的是向全体相关部门、人员传达计划的总体情况，如整体构想、设计思路、最终目标等，让大家了解自己在其中的位置和作用，以便于今后的协作。然后决策者要层层分解任务，将权利和职责下放至具体部门，直至个人。这项工作在制订计划的时候就要考虑到，具体执行时可以根据情况灵活变动。任务的分工应该兼顾职责与利益、集体与个体、独立与合作，注意计划中各步骤的先后顺序，弄清各项子任务属于哪个职责范围，由哪个执行效果最佳。分配给部门要注意部门的职能，分配到个人要了解各人的专长特点。做到灵活地调整机构、组合要素、配备资源。不仅要保证工作的正常运行，而且要注意工作的实际效能，即工作的效率和实现的经济社会效益。

一项计划往往会涉及学校各部门，即使具体执行者只有一个，也会牵涉到其他人员的配合，这就需要协调。协调首先是所涉及的人和部门的直接领导者的任务，在制订计划时就应该考虑到各项工作的协调问题，但在执行的时候可能由于具体执行者的能力、利益、认识以及环境的原因，会产生各种妨碍计划顺利开展的情况。这时候就要分析原因、化解矛盾，在充分了解事件情况和相关者情况的基础上及时公正地进行处理。可以用下发通知、决定的方法促进计划的执行，也可以采用组织面谈、协商的手段进行协调。

执行不是照搬计划书：一是实际情况并不一定会完全按照预期的那样发展，“计划赶不上变化”；二是在计划执行过程中可能发现原有计划存在不足之处，执行者和计划者即使是同一个人也可能会因为看问题的广度、深度不同而对计划有不同的认识，这时候两者要及时交流沟通，完善计划，实现目标。毕竟执行计划不是根本目的，计划也是为目标服务的。当执行者发现问题时，应该及时向上级管理者反映，适时调整原计划。如果出现的问题数量很多，就有必要反思这个计划的科学性了。当发现重大疏漏或者事件的发展与预期有较大出入的时候，决策者要果断中止计划，制定补救措施，并迅速制订出新的方案。

3. 检查执行进度和执行质量

在计划执行过程中和结束后要进行检查，检查是监督与督促，也是指导和帮助。学校管理者既要组织学校人员接受主管者对学校工作的检查，也要负责对学校各项工作进行检查。

检查的目的在于掌握工作情况，对工作质量作出正确评价，发现其中的问题以便及时分析原因，确定管理重点，提出改进措施，使工作质量在原来的基础上进一步提高。“挑毛病”是检查的一种手段而不是目的。检查者应该抱着与人为善、共同提高的心态指导工作，检查的对象应该有虚心学习的态度，这样才能把工作做好。

通过检查，可以掌握各项规定、计划的贯彻执行情况，了解工作的质量和进程。检查后信息的及时反馈有利于改善组织管理，修改计划、规则，促进各项工作的完成。检查是对被管理者的督促，也是对管理者本身的检验。通过检查，管理者可以知道自己的决策是否正确可行，检验自己的决策水平。

检查的手段应该灵活多样和有效，在各种检查中都应该全面深入。要做到这一点，以下一些建议可供借鉴：

第一，重视事实，要听取汇报、意见，更要看实际的行动和效果。

第二，自我检查与领导检查相结合，既要听取工作者的说法，也要了解其他相关者的看法。制定一定的检查标准，对照各项细则、参数评价执行情况。

第三，检查工作要有历史的眼光。这有两个意思：一是说在检查时可以参考以往的经验教训，着重从某个方面查漏补缺；一是说对执行者以往的工作情况有所了解，观察现在的表现就更易找到不足。同时，历史业绩仅仅是检查现在情况的辅助手段，最重要的是看当下，所以，在有历史眼光的同时，更要发展地、客观地看待人物和工作，千万不能戴有色眼镜。

检查的目的是指导和督促计划的执行，因此，对检查的情况，特别是对存在的问题必须及时反馈，强化执行的效果，纠正偏差。

4. 总结经验教训

总结是一个承上启下的环节，它标志着旧周期的结束、新周期的开始。在这一环节里一般有三项内容：

第一，对整个计划的过程、结果进行评价，也就是按照计划，对各工作质量进行评价，如在执行计划时采取的具体做法、遇到的困难、应对的措施、发现的问题、检查的情况等。

评价应该是全面客观的，应该按照计划和实际绩效进行。不管是成绩还是教训，都要有依据。对取得的成绩要大力宣传、奖励，激励全校教职工的士气；对遇到的困难或者挫折也不必隐讳，应该发动集体力量设法克服。

评价还应该导向积极、具有鼓励性。总结过去是为了推动未来，肯定成绩、宣传先进有利于鼓舞教职工的干劲，从而把工作做得更好。不管最后的成果如何，在工作过程中总是有值得学习、表彰的人和事，特别是在学校发展遇到困难的时候，更需要增强信心，给予希望。因此，总结评价在客观的前提下也要注意用适当的方式激励全校教职工。

第二，总结经验教训，寻找规律性、本质性的东西，作为今后工作的借鉴。那些经过了反复验证、有良好效果的方法可以制定为规范。实现某一计划的管理目标不是学校的最终理想，某次工作的成功经验或失败教训应该成为探索工作规律的素材。

第三，总结中还应该对本次计划执行中出现的新问题和遗留未解决的问题说明情况，提出意见，并转到新的计划周期中。

（三）学校管理过程诸环节的关系

计划、执行、检查、总结构成了学校管理的日常工作，也组成了学校管理的基本职能，还可以看作领导的基本职责。学校管理的各环节是循环运行、有序发展的，它们是一个环环相扣、相互渗透的有机整体，各环节在相互影响中相互促进，组成了学校管理的链条。

各个环节都是以培育学生和发展学校为根本目标与宗旨的，判断任何一个环节的优劣都要以这一目标为最终标准。

五、华文学校的主要管理主体

（一）学校董事会

学校董事会统一领导学校，一般负责审批学校各方面的方针政策，包括教育思想、总的财政计划、发展计划、重要的人事安排、学校的招生政策及其他重要的规划。这种约制是宏观的，具体的执行权力在校长。

（二）正副校长

正副校长是学校的高层领导，在学校中起着导向性的领导作用，负责统筹管理学校的各种事务，既要兼顾全局，又要突出重点，对重大事件要及时作出决断。

校长的领导包括对学校教育工作和行政管理工作的领导。所谓“育人工作”，主要是指教学工作，这是学校工作的中心，也是领导管理的重点，要通过对教师、学生的管理和对教学辅助工作的规范确保教学质量。

人是管理中最重要的因素，是管理的关键。领导学校各部门的关键在于依靠各部门的教职工，尊重他们的劳动，充分调动其积极性，发挥他们的作用。要调动教职工的积极性，校长首先要带头，以身作则，率先示范。校长还要尊重教职工，爱护师生，关心他们的工作、学习和生活，树立校长既是管理者也是服务者的思想。

（三）教务主任/教务长

教务主任是主管教育教学的负责人，他在校长的直接领导下，负责学校的教育教学和教务方面的组织管理工作。

具体来说，教务主任的职责主要有以下几个方面：

第一，在校长的领导下，制订学校的教学工作计划，建立正常的教学秩序，并检查督促相关规则的执行情况。

第二，指导各教学小组制订具体的教学研究与工作计划，指导教学研究活动，总结交流教学经验，努力提高教师的业务水平。

第三，检查教师的教学、学生的学习情况以及教学计划的执行情况，了解教学效果，规范教学常规，帮助教师提高教学工作效率。

第四，了解教师的思想状况、业务专长和教学水平，并负责制定教师的教学任务。

第五，组织领导招生、编班、考试、学籍管理、课表等日常教学相关工作。

（四）班主任

1. 班主任的地位

学校管理的基本单位是班，班的管理主要是通过班主任实施的，一般由担任主课的教师兼任。班主任是班级各方面活动的主要负责人，也是学生德、智、体全面发展的引路人，还是班集体的主要组织者。在学校所有工作人员中，班主任与学生相处的时间最多，对学生的人格、道德行为有潜移默化的影响。因此，班主任也是学校非常重要的管理者。

2. 班主任的职责

班主任的工作内容是多方面的，他要安排班级的日常工作，包括选用班级干部，安排和督促学习、纪律、卫生等；要全面了解和研究学生情况，做好思想品德教育；对个别学生进行单独的教育辅导；协调各任课教师及家长与学生的关系等。另外，班主任还要组织各种教育活动，如主题班会、报告会、参观、访问、旅游、调查、劳动、阅读书刊等，并通过这些活动，对学生进行集体的或个别的教育。

（五）总务主任/总务长

总务主任是学校总务工作的负责人，协助校长管理全校的后勤工作。他的主要职责有：制订学校后勤工作计划与各项规章制度，并负责组织贯彻；领导和督促相关部门履行职责，认真做好学校财物的分配工作，确保教育教学的正常进行；制订和执行财务计划与财务制度。

总务主任作为学校各项工作的物资、财务的“保障者”，要及时总结工作中的经验教训，搜集有关的信息并向校长反馈，为校长决策提供重要依据。在资金宝贵的华校中，总务工作者更需要开拓思路，利用好每项资源，保障学校的正常运转。

第四节　华文学校与社会各界的联系

一、华文学校与华人社会

（一）华文学校与华人社团

1. 华人社团是华文学校存在和发展的重要基础，对华文学校的创立、发展产生了重大的影响，作出了巨大的贡献

华人社团包括宗亲组织、帮派会馆及教育社团等。在“二战”前，东南亚的华文学校基本上都是华人自己创办和管理的，其中尤以华人社团开办管理的居多。战后，华人社团仍然是华文学校的有力支持和坚强后盾。在马来西亚，由董教总创办的新纪元学院就是马来西亚华人社团的资产，以两座教学楼为例，马来西亚的华人社团与民政党各自捐出50万零吉，民行党也捐出10万零吉，人民党亦捐献1万零吉。[1] 在菲律宾，近年来专职华文教师有逐渐老化的现象，新一代华人投身教育者不多，且水准参差不齐。为解决这一问题，菲律宾华人社团最高领导团体菲华商联总会，曾从中国的一些大学聘请了90名教师到菲律宾，分配到各华文学校服务。

2. 华文学校对华人社团的发展也有一定的影响

华人社会素有重教之传统，华人社团的一个很重要的任务就是兴学。如果一个华人社团没有把华文学校搞好，就很难得到华人的认可，华文学校发展的好坏往往会直接影响人们对当地华人社团的信任和支持。同时，华文学校还为包括华人社团在内的华人社会培养了大批人才，提高了华人在所在地区的形象和地位，并促进了不同社团之间的沟通。

---

① 来自华声龙脉网，http：//www.chineseinternetnews.com.cn，2002－03－06。

（二）华文学校与华人领袖

华文学校的发展离不开热心华文教育的华侨华人的大力推动，尤其是海外的华侨华人领袖，他们对华文学校的兴办作出了很大贡献。他们事业成功，热心公益，在华人社会有较高的威信，可以说，他们对华文学校的关注本身就是对华文学校的支持。历史上陈嘉庚倾资助学，最早倡导创建了华侨中学，以自身行动成为华侨华人助学的表率。在华文教育处在低谷时，华人领袖们也总是挺身而出，带领华界为华文学校的生存与发展奋力抗争，马来西亚华文教育领袖林连玉就是其中的代表之一。现在虽然有些华文学校已经被纳入国民教育体系，很多华人企业家、教育家等有识之士出于对祖（籍）国和中华文化的深厚感情，仍不断献资献力，支持华文教育事业的发展。

二、华文学校与家长

（一）家长教育是学校教育的重要补充，也是协助学校教育的重要助手

对很多海外华侨华人子女来说，华文不是主要学科，能占用的学习时间非常有限，所以，课外的华文学习，特别是家庭中的华文学习就显得更为重要。华侨华人家长一般较为重视子女的华文教育，可是，由于观念上的习惯以及工作的忙碌，往往把关于华文教育的责任完全交给华文学校和华文老师，这种错误观念与做法是要纠正的。学校和老师要向学生和家长强调这一点。让家长参与学校教育是华文学校工作的重要方面，如何发挥家长的作用，下面几种措施都值得借鉴。

1. 做好新生接待工作

让学校给家长留下良好的印象，并借此机会向家长介绍学校情况，比如发放“学校信息袋”、引导参观学校、召开与学校领导、任课教师的见面会等。

2. 建立家长接待中心，作为家长、教师及学校领导的交流场所

家长接待中心里面可以放置一些宣传学校办学和讲解教育方法的小册子供取阅。还可以设立“家长接待日”，倾听家长意见，了解学生情况，探讨教育方法。

3. 将教师家访和家长来访结合起来

鼓励教师每学期了解一次学生的家庭背景及课外学习情况，同时，欢迎家长通过通信或者专门的对话簿与学校交流意见。“家长会”是在中国的中小学比较普遍的形式，也取得了比较好的效果，海外的华文学校也可以借鉴。家长会一般在每学期结束前召开，除了总结学生的表现和成绩，教师还会向家长通报学校的发展情况、班级下学期的学习规划，另外，还可以向家长提出教育建议。

（二）有的家长也希望学习华文，愿意和孩子一起学习或重温华语

送子女到华文学校的家长大部分是华裔，他们对中华文化怀有深厚的感情，希望子女在华文学校接受熏陶。在美国的周末华文学校，常常可以看到父母陪子女一起读书的情景。对这些父母来说，陪读不仅是为了督促孩子学习，也是出于自己对华文的

感情及对于华文重要性的认识。华文学校应该充分了解他们的心情，给予必要的支持和鼓励，利用华文学校的优势满足学生家长学习的愿望。家长“伴学”，对孩子们来说是最好的示范与鼓励，会提升学生的兴趣和动力。

三、华文学校与校友

（一）校友是学校的宝贵资源和巨大财富

1. 校友是学校办学实力和办学水平的集中体现与结晶

人才培养是衡量学校水平最重要的标准，优秀校友的数量和校友对母校的认同程度是评价一所学校的重要标尺。

2. 校友的调查反馈意见是学校教育教学改革的重要依据

校友在学校里学习或工作多年，熟悉学校的教学或管理等环节，他们对学校提出的建设性意见，往往切中肯綮。

3. 校友分布于社会的各行各业，他们清楚社会对人才素质的要求和对各类人才的需求，他们的意见更具有代表性和针对性

以分布在各行各业的校友为纽带和桥梁，可以大大拓展学校与社会联系的深度和广度，从而为学校树立品牌，发挥学校服务社会的功能，吸引优质生源。

（二）校友对母校的感情难以取代

可敬的师长、可亲的同窗和闪亮的青春，校友对母校总是有着深厚的感情。在印度尼西亚，有一批当年华文学校校友在华文教育解禁后，有感于中华文化出现了两代人的断层，不遗余力地推动华文教育的恢复，成立了泗水东爪哇华文教育统筹机构，在东爪哇地区开展华文教师的培训，协助各地筹办华文学校，举办研讨会，组织教师到外国观摩与学习华文教育经验。泗水的新中校友基金会还腾出会馆，开办华文学校。他们对华文教育和华文学校的深情溢于言表。对很多华侨华人来讲，尽管他们已走出华文学校，身处非华语社会，但是，华文学校却是他们的一处精神家园。

（三）华文学校要珍视、发掘校友资源，促进学校的建设与发展

重视、关心和支持校友工作是关系到学校教育教学改革、拓展办学空间、学校全面发展的重要举措。华文学校一方面要充分利用校友资源，从机制上切实保证校友工作健康顺利地开展；另一方面要强化为广大校友服务的观念，加强对知名校友的联系与宣传，提供力所能及的帮助，成为校友发展的坚强后盾和精神家园。

四、华文学校与政府、教育管理部门

历史上的华文学校很多都是独立于国民教育系统之外而自成体系的，课程设置、人事管理等都不受当地教育部门的制约。相应地，学校的发展建设也就得不到政府的

资助，学生的学习成果也得不到当地政府的承认。当时的华文学校除了要遵守所在国的国家法律规章之外，是独立于当地的政府和教育机构的，他们联系更多的是中国的政府与教育机构。

现在的华侨华人，很大数量已经加入所在国国籍，接受正规的国民教育是华侨华人的生存需要；被纳入国民教育体系，也是华文学校的发展之路。华文学校与所在国政府的关系自然也发生了变化。

现在的华文学校得到了越来越多的政府的认可与支持。一些曾经禁止华文教育的国家为适应国际上出现的“汉语热”而鼓励在大学和中学开办中文课程，支持华文教育的发展。印度尼西亚教育部就和中国教育部签订了师资培训协议，一些地方政府也对开办各种华文学校给予鼓励和支持，如巴厘文桥三语学校的校舍，就是当地政府将移民过境宿舍低价租给校方的。对华人办的独立于国家教育体系的华文学校，许多国家的教育当局都给予不同程度的支持、资助，有的还承认其学业成绩。

华文学校应该在坚持华文课程的重要性、传授与发扬优秀的中华文化的同时，为创造所在国的多元文化、促进民族和睦共荣、推动所在国与中国的友好合作而作出贡献。

五、华文学校与国内外大学

（一）华文学校与大学中文系、汉语系

现在不少国家的大学都设有汉语系（中文系），它们的华文教学是外语教学或者第二语言教学，偏重于语言技能和理论研究，属于语言学研究和文化研究的范畴。华文学校的教学在各国的情况不同，有的采用语文教学的方法，有的使用外语教学的方法。对华文学校来说，大学的华语研究理论层次较高，其语言教学方法、技巧丰富，是可供借鉴的。华文学校可以向大学里的中文系请求教学帮助和师资支持，同时，华文学校也可以利用自己的条件协助大学研究。互惠互利，对华文教学和汉语言研究都是一种贡献。

（二）华文学校与中国国内华文院校

很多国家都面临华文师资匮乏的困难，培训大批合格的华文教师是目前华文学校需要迫切解决的问题。中国院校有较充足的培训资源和培训经验，而且中国政府也一直支持海外华文教育的发展。暨南大学、华侨大学、厦门大学等更是有支持华文教育的传统，现在还开办有专门的华文教师培训课程。华文学校应该充分利用这些条件，积极联系，寻求在培训教师、教学研究和提供教材等相关方面的合作。比如，请中国专家前来培训师资或者直接到学校任教，选派教师到中国大学进修等。

（三）组织院校之间的各类夏令营等活动

华裔青少年夏令营和寻根之旅是近年来蓬勃开展的活动。海外华文学校与中国院校、机构联合组织华裔青少年到中国各地进行参观学习，使其直观地了解祖（籍）国的情况，感受中华历史文化，实践所学知识。这种形式得到了学生、家长和社会的普遍赞同，是海内外的华文教育部门进行合作的成功模式。

参考文献

1. 贾益民：《华文教育学学科建设刍议——再论华文教育学是一门科学》，《暨南大学学报》（哲学社会科学版），1998 年第 4 期。

2. 贾益民：《海外华文教师培训教程》，北京：北京师范大学出版社 2009 年版。

3. 孙浩良：《海外华文教育》，上海：上海人民出版社 2007 年版。

4. 吴勇毅：《新时期海外华文教育面临的形势及主要变化》，《浙江师范大学学报》（社会科学版），2010 年第 2 期。

5. 张向前、朱琦环、吕少蓬：《世界华文教育发展趋势及影响研究》，《云南师范大学学报》（对外汉语教学版），2005 年第 4 期。

6. 李方：《海外华文教育管见》，《语言文字应用》，1998 年第 3 期。

7. 林蒲田：《海外华文教育溯源》，《海外华文教育》，2000 年第 1 期。

8. 马兴中：《华侨华文教育的回顾与前瞻》，《暨南大学学报》（哲学社会科学版），1999 年第 2 期。

9. 彭俊主编：《华文教学研究》，广州：暨南大学出版社 2009 年版。

10. 丘进：《认清特点　把握机遇》，《海外华文教育》，2000 年第 1 期。

11. 巫乐华：《华侨史概要》，北京：中国华侨出版社 1994 年版。

12. 周聿娥：《东南亚华文教育》，广州：暨南大学出版社 1995 年版。

13. 庄国土：《华侨华人与中国的关系》，广州：广东高等教育出版社 2001 年版。

14. 盛炎：《语言教学原理》，重庆：重庆出版社 1990 年版。

15. 束定芳、庄智象：《现代外语教学——理论、实践与方法》，上海：上海外语教育出版社 1996 年版。

16. 赵金铭：《对外汉语教学概论》，北京：商务印书馆 2004 年版。

17. 胡建刚：《初级留学生标点符号的使用特征和偏误分析》，暨南大学硕士学位论文，2002。

18. 李大遂：《从汉语的两个特点谈必须切实重视汉字教学》，《北京大学学报》，1998 年第 3 期。

19. 刘珣：《对外汉语教育学引论》，北京：北京语言文化大学出版社 2000 年版。

20. 吕必松：《汉字教学与汉语教学》，载《汉字与汉字教学论文选》，北京：北京大学出版社 1999 年版。

21. 谢泽文编：《新加坡华文教学论文集》，北京：北京语言学院出版社 1994

年版。

22. 徐子亮：《汉语作为外语教学的认知理论研究》，北京：华语教学出版社 2000 年版。

23. 周健、彭小川、张军：《汉语教学法研修教程》，北京：人民教育出版社 2004 年版。

24. 周小兵、李海鸥：《对外汉语教学入门》，广州：中山大学出版社 2004 年版。

25. 罗青松：《对外汉语写作教学研究》，北京：中国社会科学出版社 2002 年版。

26. 陈贤纯：《对外汉语阅读教学 16 讲》，北京：北京语言大学出版社 2008 年版。

27. 杨惠元：《对外汉语听说教学十四讲》，北京：北京大学出版社 2009 年版。

28. 李晓琪主编：《对外汉语综合课教学研究》，北京：商务印书馆 2006 年版。

29. 吕必松：《对外汉语教学概论》（内部讲义），北京：国家教委对外汉语教师资格审查委员会办公室 1996 年版。

30. 彭志平：《汉语阅读课教学法》，北京：北京语言大学出版社 2007 年版。

31. 周小兵、吴门吉、王璐：《怎样教阅读》，上海：华东师范大学出版社 2007 年版。

32. 吕必松：《华语教学讲习》，北京：北京语言学院出版社 1992 年版。

33. 魏本亚：《语文教育学》，徐州：中国矿业大学出版社 2002 年版。

34. 胡建刚编：《海外华文教师培训教程 · 华文微型教学》，北京：北京师范大学出版社 2009 年版。

35. 崔永华、杨寄洲：《汉语课堂教学技巧》，北京：北京语言文化大学出版社 2002 年版。

36. 李杨：《对外汉语教学课程研究》，北京：北京语言文化大学出版社 1997 年版。

37. 李雁冰：《课程评价论》，上海：上海教育出版社 2002 年版。

38. 王钟华：《对外汉语教学初级阶段课程规范》，北京：北京语言文化大学出版社 1999 年版。

39. 曾毅平主编：《海外华文教师培训教程》，北京：北京师范大学出版社 2009 年版。

40. ［美］赖格卢思，裴新宁、郑太年、赵健译：《教学设计的理论与模型：教学理论的新范式》（第 2 卷），北京：教育科学出版社 2011 年版。

41. ［荷］山尼 · 戴克斯特拉等主编，任友群译：《教学设计的国际观》（第 2 册），北京：教育科学出版社 2007 年版。

42. ［美］罗伯特 · 坦尼森等主编，任友群等译：《教学设计的国际观》（第 1 册），北京：教育科学出版社 2005 年版。

43. 戴汝潜主编．《说课论》，北京：北京科学技术出版社 1996 年版。

44. ［美］霍华德·加德纳，沈致隆译：《多元智能新视野》，北京：中国人民大学出版社 2008 年版。

45. ［美］加里·D. 鲍里奇，易东平译：《有效教学方法》（第四版），南京：江苏教育出版社 2002 年版。

46. 乌美娜：《教学设计》，北京：高等教育出版社 1994 年版。

47. ［美］R. M. 加涅、L. J. 布里格斯、W. W. 韦杰，庞维国、皮连生译：《教学设计原理》，上海：华东师范大学出版社 1999 年版。

48. 孙立仁：《教学设计——实践基础教育课程改革的理论与方法》，北京：电子工业出版社 2004 年版。

49. 柏晓静、俞士汶、朱学峰：《自然语言处理中的技术评测及关于英语专业考试的思考》，《外语电化教学》，2010 年第 1 期。

50. 陈丽：《远程教育中教学媒体的交互性研究》，《中国远程教育》，2004 年第 2 期。

51. 陈向明：《实践性知识——教师专业发展的知识基础》，《北京大学教育评论》，2003 年第 1 期。

52. 董剑桥：《教学媒体的形态差异及其意义》，《外语电化教学》，2003 年第 10 期。

53. 郭睿：《汉语教师发展》，北京：北京语言大学出版社 2010 年版。

54. 何克抗：《论现代教育技术与教育深化改革（上）——关于 ME 命题的论证》，《电化教育研究》，1999 年第 1 期。

55. 何克抗：《当前我国“教育技术学”界的一场重大争议》，《现代教育技术》，2011 年第 5 期。

56. 何克抗、李文光：《教育技术学》，北京：北京师范大学出版社 2002 年版。

57. 教育大辞典编纂委员会编：《教育大辞典》，上海：上海教育出版社 1998 年版。

58. 焦建利、汪晓东、秦丹：《技术支持的教师专业发展：中国文献综述》，《远程教育杂志》，2009 年第 1 期。

59. 南国农：《80 年代以来中国电化教育的发展》，《电化教育研究》，2000 年第 12 期。

60. 南国农、李运林：《教育传播学》，北京：高等教育出版社 2005 年版。

61. 杨开城：《学生模型与学习活动的设计》，《中国电化教育》，2002 年第 12 期。

62. 杨翼：《对外汉语教学测试与评估的历史演变与发展趋势》，《中国考试》，2009 年第 1 期。

63. 尹韵公：《新媒体蓝皮书——中国新媒体发展报告（2011）》，北京：社会科学文献出版社 2011 年版。

64. 俞树煜：《单一媒体观到环境资源观：一个信息化教育隐含前提的变化》，《电化教育研究》，2007 年第 5 期。

65. 王冬青等：《LAGrid：远程学习评价网格——基于网格计算环境的 CAA 系统》，《中国电化教育》，2005 年第 12 期。

66. 熊玉珍：《基于网上资源利用的“对外汉语视听”教改试验研究》，《电化教育研究》，2005 年第 1 期。

67. 张和生：《对外汉语教师素质与培训研究的回顾与展望》，《北京师范大学学报》（社会科学版），2006 年第 3 期。

68. 陈山木：《第四届中加汉语教学研讨会论文集》，温哥华：加拿大中文教学学会，2007。

69. 金宁、顾圣皓：《论海外华文教师的基本素质》，《华侨大学学报》（哲学社会科学版），2000 年第 3 期。

70. 林蒲田：《华侨教育与华文教育概论》，厦门：厦门大学出版社 1995 年版。

71. 马跃、温北炎：《印尼华文教师的现状、问题与对策——从社会问卷调查看印尼华文教育的状况》，《东南亚纵横》，2003 年 9 月。

72. 周健：《浅议东南亚华文教师的培训》，《暨南大学学报》（哲学社会科学版），1998 年第 4 期。

73. 《美国中文热幕后传薪者：华文教师的苦乐教学路》，中国新闻网，2011 年 06 月 20，http：//www. chinanews. com/hwjy/2011/06 -20/3122219. shtml。

74. 《大马教总主席鼓励华文教师重视“自我增值”》，中国新闻网，http：//www. chinanews. com/hwjy/2011/06 -15/3112935. shtml。

75. 陈德京：《现代语文教育理论》，大连：辽宁师范大学出版社 1998 年版。

76. 葛金国：《学校管理学》，合肥：中国科学技术大学出版社 1996 年版。

77. 江月孙、赵敏：《学校管理学》，广州：广东高等教育出版社 2000 年版。

78. 吴秀娟、陈子良：《学校管理学导论》，上海：华东师范大学出版社 1990 年版。

79. 田志馥：《东南亚华侨华人与华文学校互动探微》，《河北青年管理干部学院学报》，2009 年第 6 期。

80. 吕园园：《提高教师继续教育效果的几点思考》，《继续教育研究》，2006 年第 1 期。

81. 梅林：《马来西亚华文学校地位日益受到重视》，《八桂侨刊》，1992 年第 2 期。

82. 黄德永：《来华泰国中小学汉语师资培训情况调查》，《汉语国际传播研究》，2011 年第 1 期。